新型职业农民兴起与农业经营组织形式演变

——来自南市的经验（1949—2019）

程秋萍　著

ZHEJIANG UNIVERSITY PRESS
浙江大学出版社
·杭州·

图书在版编目(CIP)数据

　　新型职业农民兴起与农业经营组织形式演变：来自
南市的经验：1949－2019 / 程秋萍著. --杭州：浙江
大学出版社，2023.8
　　ISBN 978-7-308-23799-4

　　Ⅰ.①新… Ⅱ.①程… Ⅲ.①农业经营－组织结构－
研究－中国 Ⅳ.①F324

中国国家版本馆 CIP 数据核字(2023)第 089152 号

新型职业农民兴起与农业经营组织形式演变
——来自南市的经验(1949—2019)

程秋萍　著

责任编辑	傅百荣	
责任校对	徐素君	
封面设计	周　灵	
出版发行	浙江大学出版社	
	(杭州市天目山路 148 号　邮政编码 310007)	
	(网址：http://www.zjupress.com)	
排　　版	杭州隆盛图文制作有限公司	
印　　刷	广东虎彩云印刷有限公司绍兴分公司	
开　　本	710mm×1000mm　1/16	
印　　张	15.25	
字　　数	282 千	
版 印 次	2023 年 8 月第 1 版　2023 年 8 月第 1 次印刷	
书　　号	ISBN 978-7-308-23799-4	
定　　价	68.00 元	

前　言　····························· >>> >

　　自 2012 年中央一号文件首次提到新型职业农民，全国上下掀起了新型职业农民培训的热潮。2013—2021 年的历年中央一号文件均涉及了新型职业农民的发展问题，但 2021 年的中央一号文件有了高素质农民的新提法，表明新型职业农民经过一段时期的发展后有了新的分类和发展重点。农业部印发的《"十三五"全国新型职业农民培育发展规划》明确提出，到 2020 年，我国新型职业农民数量发展到 2000 万人。各地"十四五"规划对新型职业农民的发展就水平和规模又提出了新的要求。在当今推动共同富裕的进程中，这个"特殊的群体"回答了"谁来种地"的问题。

　　本书从新制度主义的视角分析治理背景下新型职业农民的兴起，试图在理解主义和实证主义的基础上，在制度变迁的进程中，赋予治理、制度和行动者意义，并结合实证主义的角度，收集历史数据说明问题。以南市农业发展为研究对象，调查访谈了包括新型职业农民、农经干部、村干部等在内的数十人，并在档案馆和地方文献部调取大量史料，同时结合调查问卷的方法了解新型职业农民的发展现状。对南市农业经营主体变迁历程的考察，旨在探析制度的主体如何出于治理的目的，或者出于更进一步降低治理交易成本的目的，采取不同的治理方法和手段，从而推动了新型职业农民的兴起。新型职业农民的兴起历程即是农业经营主体变迁的历程。改革开放后，由于市场经济的兴起、土地的规模化，以及在利益与技术的驱使下，种田能手先后发展成为农业专业户、重点户以及职业农民。2004 年以来，税费改革使国家对农民长期的"索取"变为"索取"与"给予"并重，制度和市场条件的改善使得外来农民和本地农民、工商资本和大学生开始纷纷涌入农业规模经营领域，新型职业农民开始兴起。新型职业农民的兴起呈现了较明显的阶段性特点，以及更高程度的资本密集、技术密集和政策密集的特征。本书主要内容包含新型职业农民兴起的阶段性研究、基于制度视角的新型职业农民的兴起、治理交易成本与新型职业农民的兴起以及农业经营组织形式的演变。

新中国成立后的集体化时期，农业合作社的建设使个体隐藏在集体的背后，使以人民公社为形式的集体成为组织农民的"单位"。集体的形成是国家试图以更大规模的治理单元降低治理交易成本的非常典型的尝试。国家政权这种高度集权的、类似全能式的政府，惯于采用政治动员和社会动员进行运动式、革命式的治理。这个阶段，国家代替了市场，国家代替了社会，小农与市场隔绝，农民以集体的名义在耕种。高度合作化虽然达到了国家的部分目标，建立起基础的工业化体系，但农民的积极性受到抑制，农业劳动生产率的提高程度堪忧，甚至并不比传统社会时期高。改革开放后，市场经济体制鼓励竞争，农民与市场重新建立了联系，工业化、城镇化给农村剩余劳动力带来更多的非农机会。在农民可以流动并具有选择权的情况下，农业较非农产业的低效益促使农民的非农化快速发展。这样，多种因素导致了土地集中的必要。20世纪90年代后期，不发达地区的农民到发达地区务农成为一种选择，而仍然坚持在本地从事农业的部分农民也渐渐发展成为规模经营主体。这两种来源的农民具有一定的相似性，一方面具有较高的专业技术优势，另一方面家庭的主要收入来源于农业。于是，他们具有了职业性，完成了传统农民到职业农民的过渡。进入新世纪后，税费改革使国家与农民的关系发生了转变，国家对农民从长期的索取变为索取与给予并重，在各种补贴和支持下，农民有了新的发展和特征——政策密集型，从而完成从职业农民到新型职业农民的过渡。

在制度层面，新型职业农民的兴起也与我国改革开放以来持续的制度转型密切相关，与农业经营组织形式的演变交织在一起。土地制度的规模化实践、户籍制度的不断弱化、供销制度的市场化以及农业政策的调整等一系列制度变革成为新型职业农民兴起的重要制度基础。第一，土地制度的集中化演变，促使小农经济向规模经济转变，成为影响新型职业农民兴起的主要生产资料所有制基础。第二，户籍制度的初始禁锢促进了城乡之间的割裂，改革开放后期对户籍制度实施的弱化逻辑使农民非农化发展迅速，后期城乡一体化的推行越加使得户籍制度趋于形式化。如此，户籍制度的演变为新型职业农民的形成带来了土地集中的可能性。第三，供销制度的市场化指向了产业化和合作化。产业化为新型职业农民的兴起确立了内部规模和纵向的外部规模化基础，合作化为新型职业农民提供了横向的外部规模化基础。产业化和合作化是现代农业的发展逻辑，建立在现代农业基础上的新型职业农民有着促动。第四，对新型职业农民的直接的政策性推动表现在：培训对新型职业农民技术密集化的促进；宽松的借贷政策对新型职业农民资本密集化的促进；国家补贴的进入对新型职业农民政策密集化的促进。

从根本上看,治理交易成本则构成新型职业农民兴起的基本动力机制。除了集体化时期,国家将每个小农纳入治理视野之内以外,交易成本的独立承担使得有限理性的各个部门必须有选择地进行治理。体系化治理构成职业农民和新型职业农民兴起的横向方面的推动力。治理目标的多元化与工业化成为体系化治理的实施基础。体系化治理主要通过"块"的形式和对内部规模化的鼓励实现降低治理交易成本的目标。供应链治理是职业农民和新型职业农民兴起的纵向推动力量。供销体制通过小农排斥降低其交易成本。改革时期的这两种方式的介入,成为政府部门降低交易成本的理性选择,有选择的治理推动了职业农民的兴起。

本书以南市某个具体产业为例透视了国家治理与农业经营组织形式演变的关系。在这个产业的发展中,国家治理的实施与演变体现得淋漓尽致,在不同时期发展了各种治理术,越是发展,治理越是牵涉更多的部门、更多的要素,但却又有大致的发展目标——规模化,并提出治理的交易成本是影响农业经营组织形式的一个重要变量。农民作为结构中的主体,不能忽视其能动性和主动性。不可否认,农民的转化具有被动性,但也具有积极性的一面。新世纪的政策密集化,促使大量工商资本、大学生群体进入农业。但他们的经营现状并非一帆风顺,存在着不少急需解决的现实问题。各层级政府和各不同部门为降低农业治理的交易成本,在治理过程中发展出了简单粗暴式的一体化治理、横向的体系化治理、纵向的供应链治理和以数量为标准的减量化治理等多种机制,这些机制在磨合中形成了推动新型职业农民兴起和规模化农业经营的渐进模式。在特定条件下,渐进模式转向激进模式,通过运动式治理迅速改变了农业经营组织的形态。在此意义上,局部的改变引起整体的变化,新型职业农民的兴起也直接促进了农业经营组织形式的演变。这让研究点继续深入,着眼于农业发展路径的选择。因此,本书对农业发展路径进行了初步的探讨,认为适合我国农业的发展路径是家庭范围内的适度规模经营,并对其进行了社会学角度的分析。

CONTENTS

目　录 ·················≫≫≫　≫

第 1 章
导 论

1.1　研究背景

　　"我们选择的问题、题目和论点不该局限于来自西方的时髦理论和问题。那样的话,中国研究将永远只是一个西方政治和思想的附属品,并且不可避免地会出现论点与经验证据之间的脱节和背离……我们应该返回我们研究的主题——中国——而由它的实际来塑造我们的问题意识。"[①]我国理论界的研究尤其是农民研究也有从以西方为中心的理论崇拜到以中国为中心的转变过程。在这方面,中国和西方的研究背景有着巨大的差异,特别是土地所有制(中国和西方具有完全不同的土地所有制),那么与之紧密相关的农民研究就有较大的不同。改革开放之后,我国农民非农化的现象凸显。统计资料显示,进入新世纪后,非农化的速度更加迅猛。统计数据显示,2001 年底,我国农村人口 79563 万人,占全国人口的 62.34%,36399 万人从事农业生产经营,占就业总人数为 50.0%;2013 年底,我国农村人口 62224 万人,占全国总人口的 45.51%;共有 23838 万人从事农业生产经营活动,占就业总人数 31.3%。2020 年底,农村人口数为50992 人,占全国人口 36.11%;共有 17715 万人从事农业生产经营活动,占就业总人数 23.6%。[②] 随着从事农业的农民越来越少,农产品供应安全问题的凸显

[①]　黄宗智:《我们的问题意识:对美国的中国研究的反思》,《开放时代》2016 年第 1 期,第 155-183页。

[②]　数据来源:《中国统计年鉴 2022》。

迫使我们必须思考将来谁会留在农业，即"谁来种地"的问题。虽然从数量来说，我国仍然不会缺少种地的农民，但更需要关注的是"谁更能合格地种地"，原来农村的"386199部队①"显然不能满足，因为无论是土地利用效率还是农产品供应安全问题，已经不能容许其相对松散落后的经营形式。

2012年，中央一号文件首次提到"新型职业农民"，将上述问题的解决答案指向了新型职业农民。为响应国家的号召，全国各地兴起了对新型职业农民的培育热潮，包括国家要求的试点培育和地方政府自发的培育。2013年农业部决定在全国31个省（区、市）选择100个试点县，每个县根据农业产业分布选择2～3个主导产业，力争通过3年试点，培育新型职业农民10万人。此后每年农业（2018年改为农业农村部）都出台有关培育工作的规定，作为地方政府新型职业农民培育的指导方案。各个地方政府也积极出台各种有关新型职业农民培育、认定和扶持的相关政策措施，甚至建设了新型职业农民网络平台，及时发布国家有关政策和地方培育信息。这也说明，新型职业农民是一个在近年逐渐流行的词语。新型职业农民群体在政策引导下开始大量地"兴起"。

这就引发了我们对以下问题的思考：首先，新型职业农民的兴起是一蹴而就的吗？从集体化时期的集体经济到改革开放后家庭经营经济的发达再到税费制度改革后更加趋向的职业农民新型化的发展，新型职业农民的兴起背后有何推动因素？其次，新型职业农民的含义到底是什么，其含义的模糊性引发了对"新型职业农民"群体的质疑。因为"新型职业农民"名词从使用到现在，似乎仅仅停留在表面，其管理也很难实施统一的制度。各个地方的培育标准、方法、认定和扶持都有很大的差异，这加大了对新型职业农民群体认知的模糊性。既有的新型职业农民的含义与传统农民具有较大的区别，农业部给出了相关定义："新型职业农民是指以农业为职业、具有一定的专业技能、收入主要来自农业的现代农业从业者。"②这个定义颠覆了先前我们对农民的理解。"现代农业从业者"意味着不一定仅仅限定在以往所认为的农民范围，已经跳脱出具有农业户口或者具有承包责任田的农民范围。再次，目前的"新型职业农民"并没完全具备类似其他职业的特征，如进入与退出机制、社会保障机制等，虽然目前有试点推行，但并没有全面实践。这样，让我们看到实实在在的国家政策对于这个群体发展的促

---

① "38"代指妇女，"61"代指儿童，"99"代指老人。"386199部队"是中国城市化进程中，农村大量男性青壮年老劳动力外出打工后，在中国农村形成的庞大队伍。

② 参见《农业部办公厅关于新型职业农民培育试点工作的指导意见》（农办科〔2013〕36号）。

动,其未来发展导向在国家治理的介入下却相对明确,国家治理已经在力图通过培育、通过政策引导明示或暗示了将来从事农业的主体应该是新型职业农民。因此,研究新型职业农民的兴起更加有社会现实意义。当诸多的研究滞后于国家政策文本时,当考虑到中国特色的"国家治理"时,我们就会将国家作为新型职业农民兴起的主要推动因素。最后,国家治理推动新型职业农民发展的最终目的或者说后果是什么? 由此,这些思考综合起来引发本书试图解决以下具体问题:第一,这种现象是如何产生的,即"新型职业农民"是如何兴起的? 第二,若将国家治理作为新型职业农民兴起的主要影响变量,其是如何发生作用的? 其背后的深层次原因是什么? 第三,国家治理是如何引导农业经营组织形式的演变的,其未来理想的农业经营组织形式是什么?

1.2 研究意义

农民历来是国家重要的群体,其支撑的农业提供了人类赖以生存的物质基础,农民问题一直是"三农"问题的核心,研究农民群体的变迁,尤其是研究承担了将来"谁来种地"任务的新型职业农民群体具有重要的现实意义。从农民到职业农民再到新型农民最终成为新型职业农民,绝不仅仅是名称的变化,其背后隐含的逻辑和变迁主线值得我们探讨。以往对农民的研究,特别是变迁研究,其重点要么放在失地农民,要么放在农民工群体。对未非农化的农民的研究焦点在新型农业经营主体。而对于新型职业农民的研究,往往停留在对其概念的阐释、特征的分析,尤其是在其培育方面有大量的研究,缺乏对其现象及其背后推动因素的研究。同时,这些研究如概念、特征的阐释也往往停留在表面理解,缺乏社会学理论视角的运用和剖析。

因此,本研究的理论意义在于:第一,试图去弥补现有研究的不足,试图用不同时期以及不同部门所采用的治理术,分析农业经营方式的转变、农民特征的转变,从历史脉络研究新型职业农民的兴起。第二,试图将治理尤其是治理的交易费用作为变量,影响农业经营方式和农民的整个演变历程。第三,试图从理论上提出我国新型职业农民的发展走向。

本研究的现实意义在于:第一,基于我国非农化以及人口众多需要保证农产品供应的现状,同时基于目前生态环境的压力、农产品安全问题的压力,亟待解决的是"谁来种地"的问题。新型职业农民的研究给了我们一个可行的答案。第二,新型职业农民的研究给有关部门提供了另一个思路,治理交易成本是影响农业经营组织形式的一个重要的变量。第三,以1949—2019年这70年的时间段为研究的时间长度具有特别的参考价值。70年的发展凝聚了跨时代的农民发展和农业发展,可以让我们更进一步地思考现代农业的发展方向。

1.3 文献综述

自古以来农民问题都是统治者关心的重要问题,农业为统治者提供了物质基础,而今农民是"三农"问题的核心。历来专门研究农民的学者为我们提供了不同的理论视角。如马克思和恩格斯在其资本主义背景下预言了小农的结局;舒尔茨的理性小农着重研究了小农的生产特性,认为小农也是理性人,其精于计算而非随性生产,斯科特指出,小农的生产原则是"安全第一"[1];恰亚诺夫认为农民应该组织起来进行生产,以实现外部规模化,从而取得规模经济效果[2];波兰尼认为研究农民必须使用嵌入性的视角,理解农民身处的环境原因[3]。随着改革开放的深入,农民的非农化现象迅速成为学者的研究热点,众多学者转向非农农民的研究,而对于坚守农业的农民的研究反而处于弱势。但学者孙达人历数了农民在新中国成立之前的变迁过程[4];费孝通提出了农民生活的秩序是差序格局[5];曹锦清通过分析农民的日常生活研究农民与土地、市场、政府等之间的关系[6];周飞舟等人对农民与政府之间关系的研究[7];曹东勃对"农民农"现象的研究,为农民研究提供了一种从下至上的研究视角,一种关注农民的角度[8];华中学派的村治研究坚持以农民的田野调研为基础,透视农民的生产生活现状,

---

[1] [美]詹姆斯·斯科特著:《农民的道义经济学:东南亚的反抗与生存》,程立显、刘建等译,译林出版社2013版,第19-32页。

[2] [俄]恰亚诺夫著:《农民经济组织》,萧正洪译,中央编译出版社1996年版,第263-271页。

[3] [英]卡尔·波兰尼:《巨变:当代政治与经济的起源》,黄树民译,社会科学文献出版社2013年版,第367页。

[4] 孙达人:《中国农民变迁论》,中央编译出版社1996年版,第3-5页。

[5] 费孝通:《乡土中国》,人民出版社2012年版,第25-34页。

[6] 曹锦清:《黄河边的中国》,上海文艺出版社2013年版。

[7] 周飞舟:《从汲取型政权到"悬浮型"政权——税费改革对国家与农民关系之影响》,《社会学研究》2006年第3期,第1-38,243页。

[8] 曹东勃:《职业农民的兴起:对长三角地区"农民农"现象的研究》,中国政法大学出版社2013版。

可以说是一种集体角度的研究视角[①]；周雪光从制度、治理角度分析对农民的影响[②]；熊万胜通过研究粮食市场的市场秩序，分析了各种层面对农产品市场的影响，可以说是一种从上至下的宏观角度的研究。[③] 各种角度的阐释，为推动农民的研究做出了自己的贡献。

探析新型职业农民的产生，无疑为农民研究提供了另一个角度，是一种针对过程的研究。这个研究必须结合国家与农民的关系，其经营组织形式是其研究的核心方面。也就是说，本书在研究新型职业农民的产生过程中，主要针对伴随其改变的农业经营组织形式的演变研究，注重国家治理方式在农业经营组织形式方面的影响。在农民变迁的过程中，国家起到了重要的作用。研究这个群体必须研究伴随其产生或导致其产生或对其产生有抑制作用的治理方式。国家制度体现了国家与公民的契约，这种契约的存在目的之一是降低治理的交易成本。可以想见当国家面对如此众多的小农时，如何对接、如何方便而便宜地对接是国家必须考虑的问题。那么制度的问题会转到治理本身，治理的交易成本的问题。同时，国家与农民之间总是有中间变量，如农业经营组织形式是关系到农民和国家的重要问题。对于规模和生产方式，国家是怎样的态度和引导方式呢？同时对于政策文本上的"农民"，称呼上的改变是否意味着农民有本质的变化呢？新型职业农民与传统农民又有何不同？本综述围绕制度、治理、农业经营组织形式、农民本身的研究四个方面展开。

1.3.1 制度和制度变迁

1.3.1.1 制度研究

制度形塑了人们的行为方式，减少了行为发生的不确定性。制度的存在为农民的生产提供了引导作用、限制作用。因此在对农民变迁研究中，对制度的研究是基础。对于制度，西方新制度经济学提供了基础的研究框架。制度研究具有国家导向，交易费用是其研究的核心之一。

新古典制度经济学所提供的对经济制度的描述并没有改变现代经济学的发

---

① 贺雪峰：《为谁的农业现代化》，《开放时代》2015 年第 5 期，第 133 页。
② 周雪光：《运动型治理机制：中国国家治理的制度逻辑再思考》，《开放时代》2012 年第 9 期，第 105-125 页。
③ 熊万生：《体系：对我国粮食市场秩序的结构性解释》，中国政法大学出版社 2013 年版，第 20-26 页。

展方向。康芒斯将经济研究的基本单位定位为"交易",将其作为合法控制权的转移单位,认为制度是"控制个人行为的集体行动"。传统社会的国家制度以统治秩序为目的,在农业方面以控制和约束农民的行为为主。新制度经济学认为制度就是人为构造的约束,是包括了正式和非正式的规则,具有分散的治理结构。强调有限理性、机会主义,认为组织和个人都是行动者,并以激励为目的。正是因为有非正式的规则比如文化的约束,更加强了统治和治理的合法性。在国家和农民的关系框架中,制度无疑是连接两者的桥梁。无论是从制度的含义还是其作用看,新制度经济学的制度理论为阐释国家和农民的关系提供了解释框架。治理理论可以作为一种调适的新制度主义[①],使其不仅关注宏观,也关注微观因素,这种微观—宏观相结合的机制可以探讨如新型职业农民产生的农业经营组织形式的变化、国家治理作用、农民选择等方面。制度的国家作用导向可以从对于政治社会学、组织社会学和经济社会学的制度研究这三个脉络进行理解。

(1)政治社会学制度研究中国家作用的倾向性

政治社会学的制度研究强调制度本身具有合法性,从而使行动者有不顾及个人利益也要服从制度的义务。霍布斯和洛克都强调了政府过度介入的弊端。霍布斯从人性本恶的角度阐述制度对于挽救人类的必要性,想要社会和平就得有社会制度的约束[②],但也抨击了当时黑暗的罗马教会,即过分强势的国家。洛克发展了公共制度的概念,在《政府论》中提出了"三权分立"的治理思想,认为应该提倡有限政府[③]。这些学者认为制度分析和制度设计是嵌入于政治思想的。这有助于理解集体化时期国家过度介入农业经济的副作用。马奇和奥尔森采用行为主义和理性选择理论进行分析,认为个体的选择形塑了集体行动,凸显了个体的重要性,同时认为政治和社会是相互影响的,制度是"相互关联的规则和惯例的集合体,从个体角色和周围环境的关系角度界定适当的行动",农民在发展中,其主体性一直存在。霍尔比较了英国和法国两个国家的经济政策的形成,认为制度塑造了相关行动者的偏好和目标,并借助权力的分配帮助达成决策结果[④]。在治理体系中,不同的治理层级和不同的部门有不同的治理目标,连同它

---

① 翁世洪、顾丽梅:《治理理论:一种调适的新制度主义理论》,《南京社会科学》2013 年第 7 期,第 49-56 页。

② [英]霍布斯著:《利维坦》,张妍、赵闻道译,湖南文艺出版社 2011 年版,第 102-105 页。

③ [英]洛克著:《政府论(下)》,叶启芳、瞿菊农译,商务印书馆 1996 年版,第 78 页。

④ 苏国勋、刘小枫:《社会理论的知识学建构》,华东师范大学出版社 2005 年版,第 261 页。

们的偏好影响了农业经营组织形式的演变。政治社会学中的制度分析着力于社会中不同层次的互动。可见,政治社会学中的制度是具有更高程度的合法性的,它为国家统治者找到了合法性的途径。新中国成立后我国央地关系的变化体现了国家治理的目标和手段的差异。制度一旦形成会有一定的稳定时期,在这个稳定时期内,国家统治阶级利用制度简化了统治工作,降低了社会上不同层次的交易成本。由此看来,制度的存在消除了统治阶级不断声明其地位合法性的必要性,因为制度已经强调了这点,并且内化在不同层次之间的行动者交往行为中。这样,制度的存在降低了不同层次之间的交易成本,朝向制度预先设定的行为。探讨制度变迁必然要分析国家的目的和采用的手段,都会牵涉制度的合法性。因此这个脉络对于国家与农民的关系有一定的解释力,放到历史的长线中,可以解释在我国各个历史时期国家所采取的不同的制度,但却无法解释在新时期下,农业经营组织形式发生巨大转变的原因。在我国,家庭承包经营是一项基本制度,不管农业经营组织形式有多大的变化,至少不能超越这条红线任由其发展。

(2)组织社会学制度研究的国家倾向性

组织社会学的制度研究强调了其行动主体受制于对合法性顺从的程度,这种合法性产生于由规则、文本、神秘、故事等构成的制度环境,在某种程度上弱于政治社会学中制度的合法性。处于传统社会的中国,统治者不仅仅依靠军队和暴力追求合法性,同时也进行文化愚民以加强民众顺从的程度。行动者是作为制度化的组织的代理人,在宏观机制上强调国家治理、国家压迫和组织同型性。微观机制表现为模仿性、顺从性和耦合性。组织社会学的制度概念更加强调由关注组织内部环境转移到组织生存的外部环境上来。相比于组织内部的行动者,组织外部的行动者往往处于更加重要的地位,其存在于合法性的监控机构中。事实上,农民的发展是处于国家的监控下的,但农民作为主体并非没有主动性。

韦伯认为应建立理性组织,但这种理性组织只存在理想中,现实中没有组织是完全理性的。他认为,一个社会的不同制度融合在一起,成为一体,其作用是相互加强的,要么遵循传统的逻辑要么遵循进步逻辑。周雪光将组织必须遵循的合法性机制定义为诱使或迫使组织采纳在外部环境中具有合法性的组织结构或做法的一种制度力量①。这解释了农业经营组织形式在制度变迁的背景下为

---

① 周雪光:《组织社会学十讲》,社会科学文献出版社 2003 年版,第 78 页。

何改变,但改变的机理却需要进一步探讨。研究新型职业农民不仅要关注群体的静态现象,也要关注新型职业农民产生的兴起过程,其是与农业经营组织形式的演变息息相关的。农业经营组织形式的研究要关注农业组织本身的发展,并将其置于发展的大环境里进行。

(3)经济社会学制度研究的国家研究倾向

经济社会学的制度研究强调组织是行动者,个体在组织和网络内部表达利益,认为制度包含了正式因素和非正式因素。宏观机制表现为国家治理、市场机制和集体行动,微观机制强调组织和网络内部受利益驱动的行为。涂尔干也关注与财富的产生、交换和分配有关的经济制度。马克思则认为经济决定了社会的普遍进化。人类的历史是一直为自己的物质利益奋斗的历史。这为我们理解在一定条件下具有相似经济利益的人群为何联合起来实现他们的目标提供了框架,强调了经济利益以及阶级因素在经济生活中的作用。在现代社会,农业经营组织形式的改变无论是出于国家还是农民自身的原因,在某种程度上都可以说是为了某种利益而存在或改变,但并非完全是经济利益。韦伯的研究提供了一种超越经济的视角来理解制度框架内的所有。他认为经济制度遵循对制定者有意义的逻辑,并且是受周围制度影响的,关注社会制度、习俗和惯例是如何影响经济行为的。例如传统社会经历了几千年沉淀的小农经济的生产经营习惯在集体化时期被打破,在以"人民公社"为单位的集体合作下进行生产经营,家庭联产承包责任制的建立又使小农回归以家庭为单位的生产经营,直至规模化经营的出现。这些都受制于当时的社会制度。韦伯强调利益应该是可以被主观感知到的,只有当行动者自己意识到利益的存在才是实实在在的利益。在两个相互关联的行动者之间的经济行动所建构的经济关系有冲突、竞争和权力。这可以解释新型职业农民的兴起有政府背后推动的原因,并非完全出于经济利益,说明了经济制度的嵌入型,但却无法解释在不同的历史时期,到底是何种利益推动了农业的发展或者说农民的发展。

关于国内学者对制度的研究,本书综合了上述几个脉络,而不是单一地从某一脉络出发进行研究,即以国家治理方式的历史变迁为主线,探讨治理与农业、治理与农民之间的关系。我国对于制度的研究由来已久,甚至可以追溯到几千年前的诸子百家、孔孟等,如《诗经》述:"天生蒸民,有物有则",认为万物都有生存的规则。

当前我国学者对于制度的研究受到西方新制度主义的影响,比较有代表性的有汪丁丁、张旭昆、张曙光等。张旭昆认为,制度是关于人们权利、义务和相关禁忌的规定①。这种概念显然比较宽泛,但仍然可以容纳到诺斯的定义中。张曙光认为,制度是人们交换活动和发生各种联系的准则,其制定取决于人们的选择,这决定了人们的行为方式和社会特征②。这种定义显然更接近诺斯的定义。但制度并不是形塑人们行为方式的唯一要素,这种定义忽略了主体的主观能动性。汪丁丁总结了制度分析的三个特点:一是注重制度分析的差异;二是注重制度分析的历史;三是注重观念对制度变迁的影响③。他还从博弈论的角度定义了制度,从最开始认为制度是已经达成均衡的行为方式,到认为制度是已经达成均衡的行为方式并且已经达成均衡的意义解释,到最后更加成熟却又简练地认为制度是人际关系的总合④。他认为制度的理论框架和范式可以归纳为比较体制分析、体制效率分析和交易费用分析⑤。汪丁丁对于制度的定义的变化基础也是建立在西方对制度的研究基础之上的,在试图跳出既有解释框架时,其定义又过于抽象。李建德认为制度是人们在相互交往中必须具备的特定信息⑥。这种定义相对诺斯的定义则更加模糊。

1.3.1.2　制度变迁

制度变迁理论有两条经典脉络。第一是有关社会制度的集体利益研究,认为制度变迁有三种机制解释:自发形成、市场协调交易和社会选择。休谟认为制度变迁是在社会成员反复的互动中自发形成的一种可以作为解决社会集体利益的惯例,可以理解为是一种实用主义或实践主义的制度。亚当·斯密进一步研究认为,通过市场协调的交易,制度能够继续发展。斯宾塞则完全是从另一种角度出发,认为社会制度的发展秉持适应性的标准,但为了某些统治目的,适应性显然不能成为制度变迁的理由。第二是认为制度强调的是社会分配问题。马克思认为制度变迁主要涉及不同群体的利益安排,注重分配效应⑦。这种解释将制度分析掺杂进了当时社会体制下的阶级斗争的过程。将制度放置于不同时期进行研究的诺斯,认为制度变迁对经济发展有重要的影响,社会的基本产权结构是受到国家权力影响的,制度变迁的动力来源于与组织的互动过程。这种直接

---

① 张旭昆:《制度的定义和分类》,《浙江社会科学》2002 年第 6 期,第 3-19 页。
② 张曙光:《论制度均衡和制度变革》,《经济研究》1992 年第 6 期,第 30-36 页。
③ 汪丁丁:《制度分析的特征及方法论基础》,《社会科学战线》2004 年第 6 期,第 45-55 页。
④ 汪丁丁:《制度是人际关系的总合》,《经理世界》2010 年第 5 期,第 87 页。
⑤ 转引自:《规则的分析与建构》,中山大学出版社 2004 年版,第 13-24 页。
⑥ 李建德:《论制度成本》,《南昌大学学报(人社版)》2000 年第 1 期,第 44-49 页。
⑦ [美]杰克·奈特著:《制度与社会冲突》,周伟林译,上海人民出版社 2009 年版,第 5-19 页。

结合了权力作用的理解的解释面更加广泛。由于非正式制度的存在才使得制度变迁前后不是完全断裂的,将过去和现在连接起来。认为制度与组织之间的交互作用决定了制度变迁的方向,其制度变迁理论由产权理论、国家理论和意识形态理论三个大的框架构成。这对于解释制度变迁视角下新型职业农民何以形成提供了一个大致的框架,但对于农业经营组织形式的演变依然缺乏强有力的说服力。对农业经营组织形式的演变的研究可以将国家和农民分别作为主体进行研究,国家作为主体,其行动也受制于其理解能力,而其理解能力又形塑了其制度性安排。

制度和制度变迁的研究具有国家作用转向。中国社会转型的例子说明,建构于本土社会结构基础上的制度的混合体是更加有效的,是逐渐在不脱离原有社会体制的前提下建立市场经济体制,且国家在市场经济的建构中起到了非常重要的作用。威廉姆森构建了社会分析的四个层次,在这个层次体系中较高层次的因素控制了较低层次的因素。这四个层次从高到低依次是:社会嵌入性层次(包括规范、习惯、传统等)、制度环境、治理、资源分配和雇佣,将制度环境和治理作为分析社会的两个层次有助于在制度变迁下深究其原因。但本书并未将制度环境置于治理的上层,相反将制度解释层面置于治理的大框架下,这似乎是一个先有鸡还是一个先有蛋的问题,但如果考察某个群体的变迁,将制度环境作为中间层次,而治理作为出发点是否更加合理呢?

国内学者范如国认为,制度是不同主体之间基于自身利益的多次博弈的,能够规范和激励主体的行为,给集体或社会带来意义、稳定的认知性及标准性结构,并对制度演化进行了分析[①]。姚洋认为制度是人为的集体选择的结果[②]。冯仕政认为中国的社会转型是包含了现代化和市场化进程的,认为之前的制度变迁研究对市场化的逻辑很重视,但却淡化了现代化的逻辑。[③] 可见,国内学者对制度的研究无论是对制度的含义还是对制度变迁的解释尚未形成一个清晰的理论脉络。

---

① 范如国:《制度演化及其复杂性》,科学出版社 2011 年版,第 21 页。

② 姚洋:《制度与效率:与诺斯对话》,四川人民出版社 2002 年版,第 325 页。

③ 冯仕政:《国家、市场与制度变迁——1981—2000 年南街村的集体化与政治化》,《社会学研究》2007 年第 2 期,第 24-59,207 页。

1.3.2　农业治理与交易成本

1.3.2.1　治理与农业社会学

（1）治理与国家治理

《现代汉语词典》（修订本）解释了治理的两种含义：第一种是指统治和管理如国家治理；第二种是指处理和整修，如治理污染、治理水源等。20 世纪 80 年代末在世界银行总结非洲情况时使用了"crisis in governance"，即"治理危机"后，"治理"被广泛应用于政治研究中①。治理可以说是涵盖在制度中的一个概念，又高于制度，因为另一方面治理必须通过制度去实现。治理体现了制度间的相互关系，一般与机制联系在一起。诸多学者对国家治理的概念②、国家治理体制③和治理模式④等进行了相关研究。"治理（governance）"原指控制、引导和操纵。在国内外学者的研究中，治理是一个不断发展的概念，被运用在经济学、社会学、政治学等领域，如公司治理、社会治理、政府治理等。治理是"一种新的统治过程，意味着有序统治的条件已经不同于以前，或是以新的方法来统治社会"⑤。统治是要征服和控制，而治理除了控制还讲求法律面前人人平等的社会秩序。罗西瑙认为治理包括了政府的行为，也包括了许多可以实现"支配"的方式，如制定目标、下达指令、出台政策等⑥。全球治理委员会在 1995 年发表的《我们的全球伙伴关系》研究报告中指出：治理是各种公共的或私人的，是个人和机构管理其共同事物的诸多方式的总和。党的十八届三中全会提出"全面深化

---

① 俞可平：《治理与善治》，社会科学文献出版社 2000 年版，第 1-15 页。

② 殷崇浩：《汉代名田制与限名田管见》，《江汉论坛》1987 年第 5 期，第 62-66 页；徐勇：《Governance：治理的阐释》，《政治学研究》1997 年第 1 期，第 63-67 页；[美]D. 赫尔德、J. 罗西瑙等著：《国将不国？》，俞可平译，江西人民出版社 2004 年版，第 371 页。

③ 周业安、赵晓男：《地方政府竞争模式研究——构建地方政府间良性竞争秩序的理论和政策分析》，《管理世界》2002 年第 12 期，第 52-61 页；曹正汉：《中国上下分治的治理体制及其稳定机制》，《社会学研究》2011 年第 1 期，第 1-40 页；王亚南：《中国官僚政治研究》，商务印书馆 2010 年版，第 89-97 页；胡鞍钢：《中国国家治理现代化》，中国人民大学出版社 2014 年版，第 88 页。

④ 俞可平：《治理与善治》，社会科学文献出版社 2000 年版，第 2 页；周雪光：《权威体制与有效治理：当代中国国家治理的制度逻辑》，《开放时代》2011 年第 10 期，第 67-85 页；折晓叶：《合作与非对抗性抵制——弱者的"韧武器"》，《社会学研究》2008 年第 5 期，第 1-28 页；渠敬东：《项目制：一种新的国家治理体制》，《中国社会科学》2012 年第 5 期，第 113-130 页；周雪光：《国家治理逻辑与中国官僚体制：一个韦伯理论视角》，《开放时代》2013 年第 3 期，第 5-28 页。

⑤ 俞可平：《治理与善治》，社会科学文献出版社 2000 年版，第 2 页。

⑥ [美]D. 赫尔德、J. 罗西瑙等著：《国将不国？》，俞可平译，江西人民出版社 2004 年版，第 371 页。

改革的总目标是……推进国家治理体系和治理能力现代化"。徐勇认为治理是指公共权力的配置和运作,是公共权力和社会的互动过程①。Christopher Carrigan 和 Cary Coglianese 认为新制度主义与新型治理的关注点不同,前者关注政策的制定过程,后者关注战略本身而不是传统的"命令—统治"型的制度②。可见治理的含义有一个不断发展、不断变迁的过程,是相对统治更加宽泛的概念。

小集团可以通过协议进行自愿的集体行动,人口众多的大集团却无法通过自愿行为实现共同利益。那么作为超大社会如何实现集体的利益,本质上需要政府进行治理③。治理的兴起源于几个方面,一是对凯恩斯主义的质疑,因而重新考虑政府与市场的边界问题;二是制度主义的兴起;三是传统政治学范式的变革,将市场、社会也纳入政治学分析中④。制度变迁的背后隐含治理的目的。在国家治理体系中,中央政府和地方政府以及村集体都有不同的利益诉求和目标设定,因此基于不同的角度会设定不同的制度。西方的治理概念,更加偏重于"公民社会"角色的作用,具有淡化国家作用的倾向。直至后来,治理的概念被广泛用于政治、经济、社会和管理等多个学科领域,其涵义远远超出了传统的范围。而西方在20世纪90年代以后,治理的提出更多是因为政府的失效和市场的失败,从而主张用治理机制去解决资源的优化配置问题,更加强调的是公共治理⑤。盖伊·彼得斯提出了四种治理模式,倡导建立市场型、参与型、弹性型或解制型政府⑥,但也强调了并不存在治理模式的理想模型。这四种模式无一不是淡化了国家的作用。西方实行的政治体制强调强大的社会和市场职能,弱化了国家的职能角色。而我国的治理仍然以国家为中心,强调国家的作用。这显然与西方的治理有较大的区别。在我国新型职业农民的兴起过程中,农民的技术获取、土地分配、对农民的组织都充分体现了国家的作用。

---

① 徐勇:《Governance:治理的阐释》,《政治学研究》1997年第1期,第63-67页。

② Christopher Carrigan, Cary Coglianese, *The Politics of Regulation: From New Institutionalism to New Governance*, Annu. Rev. Polit. Sci. 2011. 14, pp.107-129.

③ [美]曼瑟尔·奥尔森著:《权力与繁荣》,苏长河、嵇飞译,上海世纪出版集团,2005年版,第71-72页。

④ 包国宪:《治理、政府治理概念的演变与发展》,《兰州大学学报(社会科学版)》2009年第3期,第1-7页。

⑤ [英]鲍勃·杰普索:《治理的兴起及其失败的风险:以经济发展为例的论述》,《国际社会科学杂志:中文版》1999年第1期,第31-48页。

⑥ [美]盖伊·彼得斯著:《政府未来的治理模式》,吴爱明、张成福校译,中国人民大学出版社2014年版,第20页。

　　国家治理的逻辑有一种从统治到治理的变化。治理其实一直是存在的,但治理的发展有一种历史的惯性,有一个从统治到治理的转变。古代的"修身、齐家、治国,平天下"更多地凸显了封建统治阶级国家治理的统治含义。俞可平认为"国家治理体系和治理能力现代化"是一种全新的政治理念。他提到"从统治走向治理是人类正式发展的普遍趋势,'多一些治理,少一些统治'是 21 世纪世界主要国家政治变革的主要特征"①,又一次提出国家治理的逻辑从统治开始转变到治理。统治意味着通过权力的支配达到对被统治阶级的统治。统治的主体和客体在早期社会中显然有一道鸿沟,统治者通过暴力以及精神上和文明上的优越性来达到统治的目的。② 国家是建立在统治者和被统治者之间的统治契约基础上的,有"权力国家"和"任务国家"两种类型。如果说早期国家倾向于一种"权力国家",那么我们现在的国家更加倾向于"任务国家"的类型,涵盖从统治到治理的转变。俞可平用权威和主体辨析治理和统治。虽然治理和统治两者最终的目的都是维持正常的社会秩序,但两者也存在明显的区别。首先,"治理虽然需要权威,但这个权威并非一定来自政府,而统治的权威必定来自政府"。治理的主体可以是公共机构也可以是私人机关,而统治的主体必须是公共机构。其次,管理过程中权力运行的向度不同。统治的权力运行方向是自上而下的单一向度,治理的权力运行方向是多元的、相互补充的③。之所以依据从统治转变到治理的逻辑提出治理的概念,是因为西方政治学家在社会资源的配置中既出现了市场的失灵又出现了国家的失效。因此,俞可平提出,有效的治理应该建立在国家和市场的基础之上,是国家与市场的有效补充。

　　(2)国家治理方式

　　文献表明,治理的主体从一元转向多元,治理的方式也呈现多元化、现代化的趋势。卢梭曾经建议将管理家政的方法运用到国家治理层面,认为管理国家就像管理一个家庭一样。福柯按照治理原因、治理规则和治理实践将西方治理史分为四个不同的时期:古希腊罗马的执政官时期、基督教牧领政权时期、基于国家理由的管治主义时期、尊重市场的自由主义和聚焦市民社会的新自由主义

---

　　①　俞可平:《推进国家治理体系和治理能力现代化》,《前线》2014 年第 1 期,第 14-17 页。

　　②　[德]罗曼·赫尔佐克著:《古代的国家——起源和统治形式》,赵蓉恒译,北京大学出版社 1998 年版,第 320-323 页。

　　③　俞可平:《治理与善治》,社会科学文献出版社 2000 年版,第 5 页。

时期。这是治理焦点逐步从宪制转向经济、转向社会的历史[①]，也是治理考虑的范围更广、更加注重人的发展的历史。曹正汉认为我国治理体制的特征是中央政府通过直接治官间接治民，是一种"上下分治的治理体制"[②]，正所谓中央政府是具有治官权的，而治民权掌握在地方官僚体系中。这种治理体制具有分散执政风险和自发调节集权程度的好处，这两个好处维持了上下分治的治理体制的稳定。在众多学者的研究中，涌现了对于治理方式的总结和提炼，如传统社会的简约式治理[③]、单位制治理[④]、项目制式国家治理[⑤]、运动式治理[⑥]。藏雷振通过文献梳理，提出了多种治理的类型并进行了相应的比较，如善治、全球治理、多层次治理、互动治理、元治理和智性治理等。任何治理的类型都是在提升国家的治理能力和治理效能。现实世界的复杂性要求政府采用多类型的治理优势[⑦]。

国家治理需要权威体系的建构，也需要观念制度的维系。尤其是在国家与民众的关系中，观念制度更加具有稳固政权的作用。国家治理模式有两条线索可以理解：第一是中央与地方关系的治理；第二是国家与民众的治理[⑧]。本书试图将地方看作中央的治理媒介，这就凸显了国家与农民的关系。同时，周雪光认为，任何政治权利的维系尤其是权威体制的维系，除了正式的科层体系对权威体制的贯彻执行之外，要保证治理的有效性，必须使与之相适应的治理机制渗透和链接到各层组织中，也就是说，起码国家的科层体系以及治理的所有对象能够顺从和认同权威体制的合法性。正因如此，历代封建王朝努力强化儒家文化。封建时期，在提倡等级制度之儒家文化的浸透下，小农生产和生活方式具有同质性，使人们安于现状，维系了权威体制的观念制度。国家与小农的非直接对接将矛盾指向地主与农民的矛盾。新中国成立初期，国家试图通过全域的政治动员

---

① 莫伟民：《从国家到自然现实——福柯论治理理由的转型及其与马克思思想的歧异》，《复旦学报（社会科学版）》2013年第1期，第48-57页。

② 曹正汉：《中国上下分治的治理体制及其稳定机制》，《社会学研究》2011年第1期，第1-40页。

③ 黄宗智：《集权的简约治理——中国以准官员和纠纷解决为主的半正式基层行政》，《开放时代》2008年第2期，第10-29页。

④ 李汉林：《中国单位现象与城市社区的整合机制》，《社会学研究》1993年第5期，第23-32页。

⑤ 周雪光：《项目制：一个"控制权"理论视角》，《开放时代》2015年第2期，第82-103页。

⑥ 周雪光：《运动型治理机制：中国国家治理的制度逻辑再思考》，《开放时代》2012年第9期，第105-125页

⑦ 藏雷振：《治理类型的多样性演化与比较——求索国家治理逻辑》，《公共管理学报》2011年第4期，第40-49页。

⑧ 周雪光：《权威体制与有效治理当代中国国家治理的制度逻辑》，《开放时代》2011年第5期，第67-85页。

和各种宣传方式替代传统儒家文化的地位,正所谓运动式治理在当时确实取得了成效,民众的制度观念前所未有的高度统一。

在发展的实践中,治理逐渐具有了一种空间上的转向,空间作为国家主动建构的行动场域,同时也限定了国家治理术的选择①。所谓领土空间就是一种空间上的治理,国家不仅仅是政治共同体或者是一种政治形势,同时也是政治地理空间单位,这种思维方式的构建已经越来越多地体现在国家治理方面。从单位制的建立到城乡二元体制的形成,将全国人民分割约束在不同的空间中,空间与空间的封闭性极强。随着改革开放,国家对空间的治理导向发生了改变,新世纪实行的新型城镇化体现了国家对空间的再次治理。在本书分析的新型职业农民的产生进程中,无不体现着国家对空间的治理,这种空间既包含了政治空间也包含了物理空间。对规模化的支持无疑是国家意欲通过空间单位数量即所治理对象的减少达到节约治理交易成本的目的。

(3)治理与农业社会学

从国家治理的视角来理解农业经营组织形式,理解新型职业农民的兴起,结合了农业政治经济学和农业社会学的学科知识。国家在农业发展中的作用属于农业政治经济学的研究范畴,而农业经营组织形式、新型职业农民的研究可以涵盖在农业社会学中。但农业社会学也包含而且重点包含了农业政治经济学的研究领域,毕竟国家视角是农业社会学一个非常重要且越来越主要的视角。农业社会学最初关注的就是农业经营组织形式而不是作为社会实体的农民,但后来伴随着人类学的发展逐渐关注对农民的研究。因此,从国家治理的角度来理解农民的变迁问题也可以说是一个农业社会学的问题。但本书又着重从生产经营的角度关注新型职业农民的兴起,专注于研究生产经营型新型职业农民是如何产生的。

农业和农民问题在政治学家那里一直备受关注,对其的研究是马克思主义历来的有机组成部分②。农业的政治经济学的研究主题有一个从规模大小关系的讨论或研究向国家—农户的关系研究的转换。早期的农业政治经济学关注的焦点是小农和大农的命运走向,以及两者之间的关系。正如恩格斯所预言:"资本主义的大生产将把他们那无力的、过时的小生产压碎,正如火车把独轮车手推

---

① 茹婧、杨发祥:《迈向空间正义的国家治理基于福柯治理理论的谱系学分析》,《政治学研究》2015年第 5 期,第 61-65 页。

② 何增科、周凡:《农业的政治经济学分析》,重庆出版社 2008 年版,第 1-2 页。

车压碎一样是毫无问题的"①,农民阶级的衰落将是不可避免的。之后,卡尔·考茨基和爱德华·大卫、保罗·恩斯特对不同规模农业企业的竞争力的研究和考茨基后来的著作体现了将农业和政府作用相结合研究的转向。他们探讨了国家在农业发展中必须发挥的作用,如国家对农业贷款、负担农业基础设施的建设等,更多强调的是国家的支持地位,转向了讨论政府在农业发展中的作用,从而导向了对于国家治理问题的关注。例如 Johan F. M. Swinnen 和 Scott Rozelle 从农产品价格确定和农用土地产权改革的角度分析了国家治理如何通过农业政策影响农业发展的研究。② 而国家对农业的治理始终是放在国家对整体领域的一盘棋中的,即农业治理服从国家治理,是国家治理的一部分,但农业治理又同国家治理的其他部分交织融合在一起。因此本书在关注国家治理的基础上,讨论农业治理介入下农民的发展。

1.3.2.2 治理交易成本概念

对于交易成本的研究起始于对其在经济学领域的解释。科斯(Coase)认为任何交易都是具有成本的,并用此解释了存在组织的原因:组织内部的交易成本低于通过市场交易的成本。但此后的 30 年,交易成本的概念却处于尴尬的沉寂阶段。肯尼斯·约瑟斯·阿罗首次提出清晰的交易费用的概念,将其定义为经济制度运行而产生的费用。奥尔森(1965)讨论了组织费用的概念,将组织费用理解为一组不同的交易费用,其重要性随着组织规模的变化而发生变化③。交易费用作为新制度经济学的一个重要概念,赞同行为者认知和自利性特点,以承认人的有限理性为前提。西蒙(Simon)在其著作《管理行为》一书中提到有限理性模型,认为人的有限理性的特点使之只能选择令人满意的方案,而不是最优方案④。1975 年,威廉姆森在西蒙以及科斯理论的基础上提出了其交易成本的理论框架,将交易作为基本的分析单位,认为有限理性、不确定性和复杂性、人类行为的投机性等构成了交易成本理论的来源,所以比较容易导致市场的失败⑤,并

---

① [德]恩格斯:《法德农民问题》//《马克思恩格斯全集》(第 22 卷),人民出版社 1965 版,第 568 页。
② Swinnen, Johan F. M. & Scott Rozelle, *Governance Structures and Resource Policy Reform: Insights from Agricultural Transition*. Annual Review of Resource Economics,2009 1(1),pp. 33-54.
③ [美]曼瑟尔·奥尔森著:《集体行动的逻辑》,陈郁、郭宇峰、李崇新译,格致出版社 2010 年版,第 37-42 页。
④ [美]赫伯特·A. 西蒙著:《管理行为》,詹正茂译,机械工业出版社 2007 年版,第 75-79 页。
⑤ [美]奥利弗·威廉姆森著:《资本主义经济制度》,段毅才、王伟译,商务印书馆 2004 年版,第 27-64 页。

将交易成本区分为搜寻成本、信息成本、议价成本、决策成本、监督成本和违约成本，之后又将交易成本分为事前交易成本和事后交易成本。市场和组织的选择取决于其中比较重要的交易成本，其会导致某种具体的组织形式和组织行为。正是因为一体化的形成，从而降低了交易费用。可见原初对交易成本的理解认为交易费用的存在以及企业对交易费用降低的努力是企业组织形式演变的重要动力。这就将交易费用框定在对市场主体的理解，是解释一种经济现象，即经济组织存在及其组织形式选择的原因。这种框架很容易忽略经济意外的因素，比如重要的政治因素。

20世纪80年代，交易费用经济学转向交易费用政治学的研究，学者注重制度和制度变迁中交易成本的动力研究。诺斯将交易成本理解为制度变迁的一个变量，认为交易成本会影响政治交易和政治制度的制定，将政策问题看作是使政治市场接近零交易费用模型，以有效地促进经济交易，认为在给定制度的基本框架下，如果政治权利的初始分配已经给定，没有交易成本的驱使，定能实现最优的制度结果，这种结果也不依赖政治权利的初始状态[1]。这导致了交易成本的研究转向了政治学领域。基于有限理性，哈耶克认为制度和组织的建立是需要实际资源的，并且承认交易费用的存在，而国家也是有限理性的，这使国家只能进行选择性思维，制度具有不完善性。在降低交易成本的前提下，选择何种制度与制度的目的有关。国家提供的制度，无论是非正式的习俗还是正式的法规，都有两个目的：第一是界定产权结构中竞争与合作的基本规则；第二就是在实现第一个的目的的进程中尽量降低交易费用[2]。但竞争和交易费用的存在，使国家在和不同利益集团的博弈中，往往会建构低效甚至无效的产权结构。格兰诺维特甚至将交易成本的解释范围扩大到每个个体，认为人类大多数的行为都镶嵌在社会网络中，社会网络影响了交易成本的大小[3]。埃里克·弗里博顿和鲁道夫·芮切特将交易费用视为与建立、使用、维持和改变法律意义上的制度和权利意义上的制度有关的费用[4]。这种解释显然扩大了交易成本的诠释范围，而不仅仅局限于经济范围。这种解释认为交易费用包括三种类型的费用：第一种是

---

[1] ［美］道格拉斯·C.诺斯等著：《交易费用政治学》，刘亚平编译，中国人民大学出版社2013年版，第24页。

[2] 胡永佳：《新制度主义国家理论评述》，《政治学研究》1997年第4期，第89-92页。

[3] ［美］马克·格兰诺维特著：《镶嵌：社会网与经济行动》，罗家德译，社会科学文献出版社，第17-31页。

[4] ［美］埃里克·弗里博顿、［德］鲁道夫·芮切特著：《新制度经济学：一个基于交易费用的分析框架》，姜建强、罗长远译，格致出版社2006年版，第59-60页。

市场性交易费用,这种类型是基于法律意义上的制度产生;第二种是管理型交易费用,基于组织内部由于管理活动的需要而产生;第三种是政治型交易费用,基于政治制度的运行和调整所包括的费用。这三种类型的费用又都可以分成两类:固定的交易费用(无论规模的大小,制度的制定和安排需要花费一笔实际的投资)和可变的交易费用(与交易类型和交易规模有关的费用)。

显然,本书提出的治理的交易费用的概念更加与上述的第三种类型的交易费用有关,关注可变的交易费用,注重规模的大小与治理交易费用之间的关系,并假定政府在治理进程中致力于实现目标的同时有努力降低治理交易费用的动力。如果说制度的安排本身就有降低交易费用的意图,那么在多种制度中选择何种制度更多地是应该考虑如何最大限度地降低交易费用的因素了。而对于国家治理方面,也可以用交易成本理解政府与各种组织的对接形式。在中国,国家必须面对的一个无法更改的现实是人口众多、小农众多,若想控制小农,交易成本的因素不可忽视。用交易费用框架解释新型职业农民的兴起,是一个关注国家与农民关系的视角,体现了国家与农民之间的博弈。从集体化时期到后税费改革时期,农民的变迁体现了不同时间点国家追寻的两者关系的平衡点。没有国家的推动,新型职业农民就无法形成,因为现代农业需要国家的引导和支持,农业技术的提高也需要国家的政策倾斜。这样,在凸显国家介入的必要性及国家对接农民的必要性时,治理交易成本的作用也就愈加明显和重要。

1.3.3 农业经营组织形式

农业经营组织形式是由其经营制度所决定的,农业经营制度是一定农业生产资料所有制中农业经营单位的具体组织形式和经营管理的制度,包括产权制度、积累和分配制度、资源载体形式。目前我国基本的农业经营制度是建立在家庭联产承包责任制基础上的统分结合的双层经营制度。农业经营组织形式是由不同的生产资料所有制形式和农业经营制度所决定的,现有文献的研究主要包括农业经营规模、组织主体经营形式等。

1.3.3.1 经典理论的解释

农业经营组织形式历来是学者关注农业问题的一个焦点,对其的研究有一个从纯粹经济学的技术角度的界定到国家和社会作用的转向。

(1)经济学角度

学者对农业经营规模的研究也始于经济学角度的考察,最早来源于边际效用理论。17 世纪英国古典政治经济学家威廉·配第在论述关于放弃爱尔兰和苏格兰高原地区的提案时,提出了关于规模经济最早的论述,他认为"土地收益的递增一直进行到这个地方的人口增加到整个土地所能养活的最大限度为止"[①]。杜尔阁在《关于财富的形成和分配的考察》一文中,提出边际收益递减的理论[②],认为在一定时期内,在其他条件不变的情况下,当劳动增加尚未达到一定点时,随着劳动投入的增加,边际收益是递增的,到一定点之后,边际收益就递减。这个"点"就是规模经济的点,是针对在其他条件不变的前提下劳动力的规模经济。而在其他条件不变的前提下土地规模的扩大意味着单位土地劳动力的稀释,即土地规模扩大应是在劳动力已经超过规模经济点之后,维持高的边际收益的途径。

18 世纪法国重农学派的代表人物魁奈曾经在其《租地农场主论》和《谷物论》中比较了大农经营和小农经营两种生产经营方式,直接表达了对大农经营的倾向性,开启了关于农业生产规模的讨论和研究。其对生产投入、产出和赋税进行了详细比较。大农往往使用先进的生产工具包括劳动效率较高的马,为了来年更好的收成往往会有更多的"生产支出",其产出和赋税较高;小农因为贫困只能自己投入生产或使用效率较低的牛,因为产出总额较少,为了维持生计,"非生产性支出"比例较大,其土地产出和赋税较低。他认为大农经营是"真正的耕作者",能对土地进行大规模的支配和管理,正是"他们的财富肥沃了土地,繁殖了家畜,招徕了农村住民,从而形成国家的繁荣和实力"。相对的,小农因为对土地投入较少,产出远远少于大农,同时赋税较大农少得多,因此对国家的贡献很少。其在《农业国经济统治的一般准则》中清楚地描述了对大农场的偏好:"用于种植谷物的土地,应当尽可能地集中在由富裕的租地农场主经营的大农场。"[③]而后来的李嘉图等秉承了边际效用理论,认为分工可以提高效率、大规模可以节省交易成本等,在不考虑社会和其他因素的作用下,农业会有一个适度规模,是规模经济角度的适度规模。显然,这种角度过于纯粹,农业的发展并不是在真空的环境中进行的,而是必然会受到外界诸多因素的干扰。

(2)政治经济学角度

随着社会转型,学者将研究的兴趣转向国家与农业的关系,由此得到农业经

---

① [英]威廉·配第著:《配第经济著作选集·政治算术》,陈东野译,商务印书馆 1983 年版,第 55 页。

② 彭群:《国内外农业规模经理论研究述评》,《中国农村观察》1999 年第 1 期,第 41-45 页。

③ 魁奈:《魁奈经济著作选集》,吴斐丹、张草纫译,商务印书馆 1997 年版,第 30,32,54,336 页。

营规模的不同结论,大致形成了以下几种派别。

第一种为大规模倾向。农业社会化理论表达了农业生产经营无论如何都要规模化的思想。农业生产经营组织结构的演变和选择揭示了生产的社会化过程(熊万胜,2010)。马克思和恩格斯一直秉承对小农的观点是在面对社会化大生产时,小农会被消灭。恩格斯在论述法德农民问题时提到,小农必然走向灭亡①。他认为:"资本主义的大生产将把他们那无力的、过时的小生产压碎,正如火车把独轮手推车压碎一样是毫无问题的"②,"在其他条件不变时,商品的便宜取决于劳动生产率,而劳动生产率又取决于生产规模。因此,较大的资本战胜较小的资本"③。大规模经营的主要优点之一是节省了劳动力。他论证了与大资本家相比,小农因为无法实现规模化,无法提高劳动生产率,是没有竞争力的,必然失败,成为未来的无产者。这一论述将规模经济的作用上升到阶级斗争。同时也说明马克思、恩格斯倾向于规模化的观点,而规模化的途径有生产的社会化和生产资料的社会化。同时恩格斯提倡用合作化的方式解决农业工人问题。从生产的社会化来说,农业生产经营组织结构的选择是实现规模化的途径。从生产资料的社会化来说,土地流转和土地集中说明了规模化的过程。在新中国成立之初,毛泽东是马克思恩格斯理论的有力实践者,从农业合作化到集体化的提倡是其理论的实践应用。尽管后来由于市场化的冲击和其他因素遭遇失败,但无论如何这是一种外部规模化的大胆尝试。而且马克思、恩格斯在论述小农和农业问题时,结合了不可忽视且力量巨大的政治因素,这也是一大进步。规模化也好,小块土地也好,除了受制于经济因素之外还有其他强有力的干扰因素。

第二种为中等规模倾向。19世纪乔治·拉姆塞在《论财富的分配》中提到大企业主管理社会的生产性资本比许多小企业在这方面有很大的优越性,这一规律同样适用于农业。但农业对土地大规模的占有是经营管理的障碍因素。除此之外,农业生产的精细化、劳动工具等因素,都使大规模农业经营具有难度。相比之下,中等规模的农业"对国民财富和个人财富都更为可取"。虽然小土地所有者的耕种方式是使得土地总产出最大化的一种方式,但对国民财富来说未必是一件好事。因此,无论是土地大规模的集中还是分割成极为分散的小土地,都是拉姆塞提倡避免的极端方式④。拉姆塞在论述土地规模时,显然考虑了人

---

① 《马克思恩格斯选集》(第四卷),人民出版社2012年版,第370页。
② 《马克思恩格斯选集》(第四卷),人民出版社2012年版,第372页。
③ 《马克思恩格斯选集》(第二卷),人民出版社1995年版,第272页。
④ [法]乔治·拉姆塞著:《论财富的分配》,李任初译,商务印书馆1984年版,第226-271页。

为经营管理、农业本身的特点,但最主要的是转变了思维的角度,从整个国民的角度选择农业经营形式。

第三种为小规模倾向。波普金认为小农的农场最宜用资本主义的"公司"来比拟和描述。而作为政治行动者的小农,最宜于比作一个在政治市场上的投资者。在波普金的分析中,小农是一个在权衡长、短期利益之后,为追求最大利益而作出合理生产抉择的人。舒尔茨认为,传统农业的失败不在于农业规模的大小,而在于是否有新生产要素的注入,农民是具有理性的,在市场经济的运作下会把生产要素的使用推向均衡。但其并没有考虑到农业发展中除了市场机制的作用还有社会和其他经济因素的影响,比如就业趋势、食品消费结构的转变等,这是在美国经济发展的前提下提出的观点。

黄宗智在这点与舒尔茨是一致的,认为中国农业已经出现了"过密化",是人多地少的"制度化了的过密型农业",应走适宜中国国情的"小农经济"的发展道路。

第四种注重外部规模化。20 世纪早期,开启农民学研究的俄国民粹派学者恰亚诺夫在《农民经济组织》中着重研究了家庭农场这一农业经济形态,在近 30 年经济数据的基础上,兼顾不可忽视的社会因素,认为基于家庭经营的家庭农场有异于"资本主义企业的运行逻辑和规则",比大企业更加具有活力和优越性,农民家庭农场具有长期发展的合理性。家庭农场应通过合作组织形式加强自己的经济实力,从而抵御大型资本主义的农场。这默认了外部规模化的优势[①]。在某种程度上,他是恩格斯理论的继承者,主张小农应该通过合作化的方式壮大自己的力量。但他并非只看重家庭农场的规模,而且也看重其以家庭劳动为基础的生产经营性质,着重从组织的角度认识家庭农场。他运用劳动消费均衡理论分析农场内部的经济活动过程并确定农民家庭经济活动的动机,认为家庭成员规模和结构决定了家庭经济规模的大小,影响了价格形成过程以及市场结构。恰亚诺夫的研究不仅仅考虑了经济因素,更将家庭农场作为社会的构成部分,考察何种因素影响了其规模、生产和组织特点,同时考察了其生产过程对国民经济和社会的影响程度。

这些经典的理论对农业经营组织形式都有一定的偏好,但是,可以看到他们背后发展的不同历史背景,也就是说对于农业经营组织形式的研究是有一定的历史局限性的。同时,对于中国和西方大国的巨大差异,农业经营组织形式的倾

---

① 〔俄〕恰亚诺夫著:《农民经济组织》,萧正洪译,中央编译出版社 1996 年版,第 20-21 页。

向必然有其自身的发展规律。经典的理论可以作为指导,但必须结合中国的实际情况。人多地少是中国的一大特点,必然不能够直接照搬西方大农场的经验,但也不能以人多为由一味地强调小规模的家庭经营,必然要考虑土地产出效率。尤其是在我国经营规模的大小受到以国家为中心的治理作用的影响,受制于我国的农业基本经营制度,尤其是家庭承包经营责任制的影响。而现代农业的特征之一就是规模化,那么考察国家在推动规模化的进程中所起到的作用就显得十分必要。

1.3.3.2　国内学者的研究

我国学者对农业经营组织形式的研究始于 20 世纪 80 年代中期,综合起来,最主要的内容聚焦在农业经济、农业基础科学、农业工程和宏观经济管理四个方面。其发展有三个小高峰:第一个高峰在 1987 年到 1990 年,对适度规模的条件、必要性和适度规模的形式进行了初步研究;第二个高峰在 1994 年到 1997 年,着重研究适度规模经营的形式和实践样本;第三个高峰在 2011 年至今,研究新的环境下发展适度规模经营的必要性、条件及其模式,发表的文章数量逐年递增。

(1)从规模经济的角度研究农业经营组织形式。规模经济讲求各种农业生产要素的最佳结合,其实质是在农业生产中由于增加投入生产资源,并能经济地、合理地利用有限的生产资源所增加的经济效益[①]。改革开放初期,非农化的发展为土地流转创造了条件,也为种田能手追求规模经济打下基础。诸多学者对适度规模的必要性及其含义、作用进行了探讨[②],认为适度规模经营稳定了农业的发展[③],提高了农业劳动者的素质,适当减少农民的数量,实施适度规模经营。适度规模本身应该具有历史局限性,有内涵和外延之分[④]。杨继瑞给定了

---

①　沈达尊:《试论农业规模经济的技术经济意义》,《农业技术经济》1989 年第 2 期,第 6-9 页。

②　王其南、范远谋、李仲源、徐亚平:《农业生产方式的深刻变革》,《农业技术经济》1989 年第 2 期,第 10-15 页;宋育良:《论适度规模在农业集约化中的作用与效果》,《农业技术经济》1996 年第 2 期,第 49-52 页;吕佳:《论我国农业适度规模经营的主要约束条件和实现途径》,《数量经济技术经济研究》1999 年第 9 期,第 75-79 页;孙自铎:《农业必须走适度规模经营之路》,《农业经济问题》2001 年第 2 期,第 35 页;范爱军:《谈我国农业适度规模经营的实施条件》,《经济问题》2005 年第 3 期,第 47-49 页。

③　孙颔:《农业适度规模经营和实行"以工补农"的探索》,《农业经济问题》1986 年第 3 期,第 9-13 页。

④　伍业兵:《农业适度规模经营的两条道路及其选择》,《农业经济》2007 年第 12 期,第 34-35 页。

适度规模的含义[①]：农业的适度规模是按照生产力要素最佳组合的科学的规模，生产要素包括土地、劳动力和资金，近似地表现为，土地的适度规模是为了达到或超过当地非农平均收入水平的土地面积。他指出，适度规模大约为 1.3～2 公顷，但其有时间性、空间性和多元相对性的特点。但这种适度规模的细化，必然是针对特定产业的适度规模，否则就丧失了存在的意义。新型职业农民必然经营一定的规模，追求规模经济，否则对主体就没有吸引力。

（2）适度规模的形式和途径也是学者们研究的热点之一，如早期的形式：种粮大户加社会化服务，合作农场加专业化服务；其后的家庭农场、联户经营（农场）、租赁承包、双层经营和集体经营形式[②]、站办农场[③]。集体化时期，集体内部的规模化和集体本身的规模化，这双重规模化成为当时的特点。王富玉、杜越新[④]提出了代营制，认为在河北省获鹿县（现鹿泉区）有一定发展的代营制的农业生产经营方式可以实现农业的规模经营。代营制是指在农户对土地拥有经营权的前提下，"由农户委托他人代为经营生产的某些环节"，和土地规模经营一样解决了农户经营规模过小的问题。各个地方发展出的适度规模经营形式，丰富了其含义，并且对当地的农业发展提供了可参考的范本。曾福生认为适度规模经营主体应以家庭为主，工商企业不应该成为适度规模经营主体[⑤]。工商企业主已经失去了农民性，资本性过强，且对土地的利用目的不一定单纯。学者的研究根据地区有所差异。如彭俊祥等对湖北荆州地区的适度规模做了分析，认为形成适度规模的有三种类型：开发型、转包型和自然型，并相应提出了适度规模的三种形式：分工分业、双田制和不完全的双田制[⑥]。曹东勃从理论与政策的角度分析了适度规模的理论来源和政策文本中适度规模的体现[⑦]。饶旭鹏认为自从我国实施家庭联产承包责任制以来，国家权力的嵌入在某种程度上改变了农

① 杨继瑞：《农业的适度规模经营探讨》，《社会科学研究》1987 年第 5 期，第 24-28 页。
② 吴梦蛟：《农业适度规模经营与土地集中机制》，《浙江学刊》1988 年第 6 期，第 29-32 页。
③ 吴坤珅：《农业适度规模经营的新形式——站办农场建设的实践与思考》，《中国农村经济》1996 年第 6 期，第 65-69 页。
④ 王富玉，杜越新：《代营制是实现农业适度规模经营的有效途径》，《中国农村经济》1989 年第 9 期，第 27-31 页。
⑤ 曾福生：《农村土地适度规模经营主体及实现形式研究》，《农村经济》2010 年第 12 期，第 21-24 页。
⑥ 彭俊祥、张雪年、杨书伦：《土地适度规模经营现状与对策探析》，《中国农村经济》1988 年第 11 期，第 43-46 页。
⑦ 曹东勃：《农业适度规模经营的理论渊源与政策变迁》，《农村经济》2014 年第 7 期，第 13-18 页。

户对土地、劳动力的配置方式①。叶敏等认为政府对规模化经营的倾向性动力主要来源于政府追求的方便性。为了"便于管理"而不纯粹是为了规模经济而考虑规模化经营,也体现了国家权力在规模化经营方面的作用②。可见,学者的研究,有从概念到产生机理的,也有从经济学角度到国家、市场等角度的转向。

(3)对地区性农业适度规模实践的研究,在实践中,由于非农化等其他因素的影响,发达地区更加容易实施适度规模研究。有学者们对苏南、乐清③、顺义、台湾等地区进行了相关研究。苏南作为全国农村改革——土地适度规模经营和现代农业建设的试验区,学者对其进行了跟踪性的研究。1984 年,苏南乡村就有了农户间自发的土地转包活动,而且基本是无偿转包,并对适度规模量的大小进行了初探④;季辉对适度规模经营的社会关系进行了研究,认为客农是就地农民的比较有效的补充⑤;戴思锐讨论了制度与适度规模的关系,认为适度规模是农业制度建设的延伸,而如果要实现适度规模经营就应该使土地流转制度和生产组织结构等方面的制度与之相适应。⑥ 孔立对台湾有机农业进行了适度规模的研究,认为其已经超过了均衡规模,但承认存在较大的空间差异,不发达的北部地区仍较难达到均衡规模⑦。这些研究实际承认了地区间的差异,由于地区自然空间和社会空间的不同,会使适度规模差异化。

在目前国内的理论学派中,对农业经营组织形式,存在针锋相对的两派,一派是小农经济学派,一派主张走农业资本化道路。小农经济学派认为目前中国农业仍然以小农或小规模经营为主体,小农在现实中有顽强的生命力⑧⑨,从而提出了以小农为主体的农业现代化。小农经济学派主张从小农的角度考虑问题,从我国的实际情况出发思考小农的走向,认为小农不仅有生命力而且有存在

---

① 饶旭鹏:《嵌入性视角中的国家与农户经济行为》,《广西社会科学》2013 年第 8 期,第 82-86 页。
② 叶敏、马流辉、罗煊:《驱逐小生产者:农业组织化经营的治理动力》,《开放时代》2012 年第 6 期,第 130-145 页。
③ 艾云航:《实现农业集约化、现代化的必由之路》,《农业技术经济》1994 年第 8 期,第 1-5 页。
④ 江苏省农村发展研究中心课题组:《对苏南农业适度规模经营的研究》,《农业经济问题》1992 年第 3 期,第 27-33 页。
⑤ 季辉:《江苏农业土地适度规模经营中客农现象探讨》,《中国农村经济》1995 年第 7 期,第 64-65 页。
⑥ 戴思锐:《制度创新与农业适度规模经营》,《农业技术经济》1995 年第 12 期,第 47-51 页。
⑦ 孔立:《有机农业适度规模经营研究——基于我国台湾地区数据的空间分析》,《农业技术经济》2014 年第 6 期,第 103-109 页。
⑧ 黄宗智:《"中国新时代小农经济"导言》,《开放时代》2012 年第 3 期,第 5-9 页。
⑨ 贺雪峰:《为谁的农业现代化》,《开放时代》2015 年第 5 期,第 133 页。

的合理性。小农就家庭而言,其经营规模具有较大的灵活性,但其并不主要考量土地的利用效率,而是从家庭的收入最大化考量,显然,有时,甚至经常会与国家当初土地的分配目的相矛盾。与之相对的是,部分学者通过数据说明,中国农业资本化已经开启[1][2]。农业资本化道路关注的是资本化农业的优势,其要求远远大于小农经济,小农数量的优势抵不过其对资本化大农业的依附性。资本化大农业对小农在生产领域和流通领域的排挤和覆盖使小农必然走向灭亡。这显然是另一种极端,我国与资本主义社会的国情差异大,一味追求资本化所带来的后果未必是社会主义国家所希望看到的。

可见国内学者纠结于具体的理想规模类型,但问题是,这种理想类型是否存在,即使存在,其找寻的依据是否过多依赖理性的客观的经济学数据。在现实中,这种仅仅依靠经济学推理的理想类型未必是现实的,它一定会受到社会诸因素的影响,比如社会制度因素、农民自身非农化的程度、农民家庭情况、政府目标等。这就意味着理想的农业经营组织形式必定不是纯粹的。

1.3.4 "农民"的相关研究

1.3.4.1 农民及其研究

从农民到新型职业农民难道仅仅是政府文本上名称的变化吗?这种变化是否伴随着其实质内容的变化?文献表明文本上名称的变化往往与之相伴的是农民经营组织形式的变迁,但这种相伴是否真的名副其实呢?以往关于"农民"相关定义集中在以下几个议题:

(1)学术典籍中"农民"的研究

研究什么是新型职业农民,必须也不能忽视农民概念的变迁。早期文献对农民的定义褒贬不一。文献对农民的定义本来是职业上的区分,但在长期的发展中,其含义渐渐有了贬义性。中国的典籍中,对农民的含义很少争论,似乎"农民"是一个不言自明的定义。一般典籍中,"农民"即指务农的人。孙达人(1996)指出夏商周三代农民处于人人都不脱离农业的时代,是宗法农民时代,以家族

---

① 严海蓉、陈义媛:《中国农业资本化的特征和方向:自下而上和自上而下的资本化动力》,《开放时代》2015年第5期,第49-70页。

② 孙新华:《农业规模经营主体的兴起与突破性农业转型——以皖南河镇为例》,《开放时代》2015年第5期,第106-124页。

公社为最基本的生产单位①。虽已经可以看出农业和非农业的区别,但区别不大。《书·盘庚》:"若农服田力穑,乃亦有秋。"《谷梁传·成公元年》:"古者有四民。有士民,有商民,有农民,有工民。"北齐的颜之推《颜氏家训·勉学》:"人生在世,会当有业,农民则计量耕稼,商贾则讨论货贿。"这些典籍所提到的"农民"定义已经基本按照职业的种类把从事农业的劳动者称为农民。这些对农民的释义基本是中性的,但繁写的"農"字,上部分"曲"有"奴"的含义,本身也意味着卑下。甚至在 20 世纪 90 年代,仍然可以很方便地找到诸多轻视鄙薄农民的词汇。即使在今天的中国,虽然"农民"的境况有了很大的改观,但"农民"仍然意味着弱势,卑微。甚至年轻人群体之中流行的口头语中也不乏含有这样的意思,如"你才是农民,你全家都是农民"。言语中充满了对农民的鄙夷之意。农民能够掌控的资源除了仅仅具有承包权的土地之外,无非是局限于血缘和地缘的社会资源,这决定了农民自身的开放性程度。若这些社会资源同样无法触及外面的世界,那么农民也少有其他的途径对外交往。在漫长的农民变迁中,农民的状况在很大程度上取决于它与外界交流的性质和程度②。这也充分显示了农民其实有很大的封闭性。历史文献中表示"农民"的语词有"农""农人""小农""自耕农""农夫"等。这些词语是建立在传统社会的基础上,一方面小农经济是整个统治阶级的物质基础,一方面农民的地位极其低下。在新中国成立初期,我国农民有两层含义:一层是职业角度的农民,一层是户籍身份的农民③。在 21 世纪初,我国也一度出现"新型农民"等类似的名称,用以区别以前的传统小农,如 2013 年的中央一号文件引用的是"新型农民",一般指代具有新技术、新的经营方式的农民。从集体化到后税费改革时期,从传统农民、职业农民、新型职业农民的兴起背后是三者不同的特点。

在 20 世纪 70 年代到 90 年代之间,国外文献大约有三种不同的有关农民定义:一种是把"农民"看作历史上一切世代的个体农业生产者。这种笼统的划分方法具有一定的合理性,但在农民越来越职业化的发展趋势下,却失去了解释力。一种把"农民"看做不发达社会、宗法式社会或"农业社会"的居民,包括农业生产者与非农业生产者。这种划分排除了发达社会的农业生产者,对我国的情况来说也不符合,因为在目前新农村的建设热潮中,诸多居住在农村的人,大多

---

① 孙达人:《中国农民变迁论》,中央编译出版社 1996 年版,第 3-5 页。
② 孙达人:《中国农民变迁论》,中央编译出版社 1996 年版,第 195-196 页。
③ 严新明:《生存与发展-中国农民发展的社会时空分析》,社会科学文献出版社 2005 年版,第 62 页。

数却并不从事农业,也不能称为农民。一种是马克思主义学者主张的,即"农民"是中世纪生产关系中的一个阶级,不包括非农业社会的农民①。这种具有政治成分的划分方法,凸显了农民的阶级性,而在现代社会,阶级性被阶层所取代,淡化了政治意涵。而且即使在西方的诸多著作中,农民也算不上是一种正儿八经的职业,即使是,也似乎是最为底层的职业。"我要是有一项职业,将比当农民好多了。"与职业相比,"农民"更加意味着一种身份。生在农村的人们天生是农民,他们的子孙后代也是农民。"农民是一种存在,是对自我的一种整体的和静态的规定,农民拥有的或占有的东西是他的田地……由于农民没有学习某种职业,现有的职业在他看来是与自己'同生同灭'的。"②现在看来,这些定义与传统社会的农民含义更加符合。与亨利·伯恩斯坦(2010)给出的"小农"的定义相一致:"小农(peasant)"这一术语指的是为了简单再生产,显然是为了满足自身事务的需要而从事家庭农业的农民。可见,中西方的学者对于农民的定义虽未完全一致,但也能达到部分共识,而且部分的类似与我国历来对农民的看法,虽然承认其职业性,但这是建立在对其贬低的基础上。

从农民到职业农民的研究,可以说跨越了一大步。职业农民承认了农民具有职业性的特点。农民(peasant)是前近代的传统群体,农民(farmer)则是一种超时代的职业③。秦晖在这里提到的"农民(farmer)"其实是西方用以指代职业农民的名称。根据美国人类学家沃尔夫的经典定义,传统农民主要追求维持生计,身份有别于市民;而职业农民则充分地进入市场,将农业作为产业,并利用一切可能的选择使报酬极大化。这肯定了职业农民与市场更加紧密的连接特点,以及职业农民与传统农民生产目标的差异性。前者为了获得最大收益,后者为了满足基本所需。大部分学者认为职业农民应经过专业培训和学习,取得相应技术资格证书,如徐永祥认为国家相关部门应制订一套适合农业职业培训的管理办法,使有一技之长的农民,能持证上岗④。随着农业从传统转向现代,农业技术的应用大大提高了土地的利用效率以及农产品的品质和数量,拥有先进而专业的农业技术也逐渐成为职业农民的条件。郭智奇认为,职业农民是以从事农业生产经营作为自身职业的人员,且具有较高的科技文化素质、专业生产技能和职业道德素养,具有较强的自我发展能力和市场竞争意识,具有稳定的工作岗

---

① 秦晖、苏文:《田园诗与狂想曲》,中央编译出版社 1996 年版,第 11-12 页。
② [法]孟德拉斯著:《农民的终结》,李培林译,社会科学文献出版社 2005 年版,第 177 页。
③ 秦晖、苏文:《田园诗与狂想曲》,中央编译出版社 1996 年版,第 24 页。
④ 徐永祥:《中国农业:呼唤职业农民》,《甘肃社会科学》2004 年第 3 期,第 115-117 页。

位和收入来源①。这个定义肯定了农民的职业性、专业性、市场性,但将农业视为稳定的工作岗位却容易引起争议。农业因为其自然风险,生产过程中本身有部分不可控的风险,加之市场风险必然导致其不会那么稳定,那么这个定义显然就有点太过于具体而无法对这个群体具有明确的指向性。

从农民到职业农民再到新型职业农民的研究转向,出现在2010年代。"新型职业农民"是中性指称,更加具有"新型""职业"的意涵。但目前对新型职业农民的定义存在着分歧,比如朱启臻认为新型职业农民首先是农民,所谓农民是指长期居住在农村社区,并凭借土地等农业生产资料,长期从事农业生产的劳动者。②那么这就将非农民排除在新型职业农民群体之外了。后来朱启臻修正了这一观点,认为新型职业农民就是指以农业为职业并且具有较高素质、其收入来源主要是农业生产经营的现代农民③。这个定义显然更加合理,而有的定义更是进一步规定了从业年限,如美国农业部认为新型职业农民是指从事农业经营时间不超过10年的农业生产经营者④。但如果仅仅以从业时间界定新型职业农民,显然不够合理,现实往往是一些一直从事农业的农民,由于自己主动也好,政府推动也好,渐渐地具备新型的农业技术和管理较大规模土地的经验,这其实是新型职业农民非常重要的来源。

(2)政策文本中的"农民"语词变迁

2005年之前,各类政策文件中均使用"农民"指代农村居民,主要指社会结构所规定的农村身份属性的人。2005年底,农业部颁发《关于实施农村实用人才培养"百万中专生计划"的意见》中,首次提出"职业农民"的概念。突出农民的专业性、职业性特征。对于职业农民的概念具有一定的滞后性,职业农民按照其定义早在改革开放后就有所涌现,但却强化了农民的发展走向。2007年1月,《中共中央 国务院关于积极发展现代农业扎实推进社会主义新农村建设的若干意见》中,首次提出"新型农民"的概念,指代新型农业经营主体。新型农民更加与农业现代化契合,比职业农民的含义更为广泛。直到2012年的中央一号文

① 郭智奇:《大力发展农民职业教育,培养高素质职业农民》,《中国农业教育》2011年第1期,第6-9页。

② 朱启臻:《新型职业农民与家庭农场》,《中国农业大学学报(社会科学版)》2013年第2期,第157-159页。

③ 朱启臻:《新型职业农民的内涵特征及其地位作用》,《中国农业信息》2013年第9期,第16-18页。

④ 李国祥、杨正周:《美国培养新型职业农民政策及启示》,《农业经济问题》2013年第5期,第93-97页。

件,首次提到"新型职业农民"的概念,2013 年,农业部给出了新型职业农民的含义界定,2013 年中央一号文件又引用了"新型农民"的概念,2014—2019 年中央一号文件又重新使用"新型职业农民"的概念。可见在我国政策文件中,有关农民语词经历了"农民"到"职业农民"到"新型农民"到"新型职业农民"再到"新型农民",然后又回到"新型职业农民"的过程。这个过程表明国家已经看到了农民在社会发展中的变化,政策中的语词定义也带有治理的含义,因为这对全国的农业、农民发展指明了方向,具有较大的引导作用。在新世纪对未来农民的语词使用上,国家做了反复的权衡,既要保证具有前瞻性,又不能脱离现实世界。"新型职业农民"语词的出现与"职业农民"不同,后者是在其出现之后才成为政策文本语词的,前者却走在诸多学术研究的前面。尽管如此,符合新型职业农民实质的群体,早在税费改革之后,国家补贴大量进入农业时,就已经悄然推动形成了。

1.3.4.2 新型职业农民

对于新型职业农民的研究,自 21 世纪以来逐渐增多,但更多的研究聚焦于新型职业农民的培育。

(1)政府政策对于新型职业农民的重视

从其含义的界定、类型划分到其培育都做了相应的规定。2006 年中央一号文本中首次提出"培养推进社会主义新农村建设的新型农民""培养造就有文化、懂技术、会经营的新型农民"。之后的 2007 年到 2013 年新型农民的概念多次被提及,这说明起码政府力图从字面上将传统与现代分开,并将其提高到政策的高度。2012 年中央一号文件首次提及"新型职业农民",2016 年 9 次提到"职业农民",显示了尽快培育农民的迫切性,"将职业农民培育纳入国家教育培训发展规划"。在同一个时期"职业农民"、"新型农民"和"新型职业农民"交叉使用,说明几个概念在含义上有相当的模糊性。从新型职业农民的发展阶段来说,"职业农民"和"新型农民"具有共通性,但"职业农民"本身含义的边界的模糊性,又能将新型职业农民容纳其中。仅从字面上,"新型职业农民"既包含了"新型农民",也包含了"职业农民",是两者属性的合并。

2012 年农业部出台《新型职业农民培育方案》,将新型职业农民划分为生产经营型、专业技能型和社会服务型,并给出了相应类型的内涵和外延,这样就在官方层面给予了生产实践的指导。同时培育方案和后来的《农业部办公厅关于新型职业农民培育试点工作的指导意见》(农办科〔2013〕36 号),将培育的制度体系、认定方法和信息管理系统的建设容纳其中,对新型职业农民进行进一步的规范。2012 年可以说是具有突破性的一年,国家在分析农业发展现状和未来发展时,提出未来农民的发展方向是"新型职业农民",承担将来农业发展的重担。从国家的角度来说,当号召一个群体产生时,也往往会通过培训的角度介入,引导其形成。需要清楚的是,即使在此文本语词出现之前,国家也已经涌现了大量基本符合这个定义实质的"新型职业农民",仅相差一纸官方的认定证书而已。

(2)既有文献对新型职业农民的研究

既有研究主要归集于新型职业农民的含义、特征、培育以及国外政策借鉴四个方面。

新型职业农民的含义,有关定义的评述在农民的含义及其变迁中已经进行了阐述,因此不另行分析。对于新型职业农民的特征。不少学者对新型职业农民与传统农民的区别进行了分析。张辉认为新型职业农民是市场主体,能够充分地进入市场,而传统农民主要是维持生计的生产[1]。郭智奇等认为,新型职业农民打破了传统农民的身份界限,具有经济理性人特征[2]。这些定义并没有指出新型职业农民的本质特征,以及与传统农民的区别。作为农民,自然应该从其从事的农业经营特点入手,寻找其区别和自身本质特点。

对新型职业农民的培育是学者对新型职业农民的主要关注点。张辉认为应该在新型职业农民培训思路、培训模式和培训保障措施方面有所创新。[3] 沈红梅、霍有光、张国献探讨了新型职业农民培育的困境,包括人才困境、培育机制困境和外部关联缺陷,并试图从以上三个方面提出解决路径。[4] 米松华、黄祖辉、朱奇彪对新型职业农民的发展现状做了实证分析,并分析了其来源和主要的政策需求。[5]新型职业农民的培育研究占据了绝大多数有关新型职业农民的文献,但主要是从实际经验入手,理论分析较少,缺少前瞻性。本书意欲将培训看作是国家治理介入的一种方式,是新型职业农民兴起的促动因素。而且,对培训主体的分类、分级体现了不同的治理导向。

---

① 郭智奇、齐国、杨慧、赵娉、白瑜:《培育新型职业农民问题的研究》,《中国职业技术教育》2012 年第 15 期,第 7-13 页。

② 张辉:《关于培育新型职业农民的探讨》,《农业经济》2014 年第 5 期,第 87-88 页。

③ 郭智奇、齐国、杨慧、赵娉、白瑜:《培育新型职业农民问题的研究》,《中国职业技术教育》2012 年第 15 期,第 7-13 页。

④ 沈红梅、霍有光、张国献:《新型职业农民培育机制研究——基于农业现代化视阈》,《现代经济探讨》,2014 年第 1 期,第 65-69 页。

⑤ 米松华、黄祖辉、朱奇彪:《新型职业农民:现状特征、成长路径与政策需求——基于浙江、湖南、四川和安徽的调查》,《农村经济》2014 年第 8 期,第 115-120 页。

不少学者对中外新型职业农民进行了政策比较分析,认为发达国家在新型职业农民的培育、资格准入及管理上为我的相关政策制定提供了有益借鉴。如李国祥、杨正周对美国培养新型职业农民的政策措施进行了分析,认为美国坚挺的财政支持为新型职业农民培育提供了强有力的保障①。通过发展教育和培训提高职业农民的从业能力,根据资源特点支持职业农民从事不同农业,同时通过对农村条件的改善,增强农民从事农业的吸引力;并在补贴和农业融资方面给予农民极大的支持。郭智奇等认为美国自 19 世纪以来的一系列立法为农民的职业教育提供了制度保障;德国、英国等实行的农民资格准入制度为农业从业者提供了素质保障,此外许多发达国家建立的高等教育、中等教育、继续教育等多层次的培训体系迎合了农业发展对人才不同方面的需求。这些国外经验的总结的确可以作为我国新型职业农民培育、管理的有益借鉴,而且体现了国家的强力引导。相较之下,无论在农民素质、农民教育培训方面我国都存在一些问题②。倪慧、万宝方、龚春明分析了国外先进经验并对比了国内发展现状,认为美英的立法、法国和日本完善的培育体系、德国和韩国的多部门合作为我国新型职业农民的发展提供了参考③。这些有益的比较研究为我国新型职业农民的发展提供了参考,但必须认识到即使在培训中,我国和发达国家的方式也存在较大的条件差异,这一方面来自我国的农民发展现状的差异,另一方面来自国家方面提供教育培训的方式差异。且必须考虑的一个问题是难道经过培训就具备了成为新型职业农民的所有条件?答案显然是否定的,但当我们试图将培训作为治理的途径之一时,在培训是必须的前提下,如何在既定的条件下,更方便而便宜地达到目标是本书更加感兴趣的地方。

此外,孙达人对中国农民变迁的研究从历史的长线纵向地研究了各个时期历史背景下农民的发展,但其关注点过于涵盖了有关农民的方方面面,既包括其生产与生活,甚至其性格特征的变化等,因此很难聚焦④。曹东勃对职业农民的兴起进行了研究,但其关注的是外来农民在发达地区的发展,是"农民农"⑤。本

---

① 李国祥、杨正周:《美国培养新型职业农民政策及启示》,《农业经济问题》2013 年第 5 期,第 93-97 页。
② 郭智奇、齐国、杨慧、赵娉、白瑜:《培育新型职业农民问题的研究》,《中国职业技术教育》2012 年第 15 期,第 7-13 页。
③ 倪慧、万宝方、龚春明:《新型职业农民培育国际经验及中国实践研究》,《世界农业》2013 年第 3 期,第 134-137 页。
④ 孙达人:《中国农民变迁论》,中央编译出版社 1996 年版,第 3-70 页。
⑤ 曹东勃:《职业农民的兴起:对长三角地区"农民农"现象的研究》,中国政法大学出版社 2013 年版,第 4-20 页。

研究关注的一个群体的兴起,并没有聚焦于某一种生成来源。可见,现有文献主要关注新型职业农民的含义、表面特征和培训方式、管理方式,但对其兴起的研究较少。与专业技能型、社会服务型新型职业农民相比,生产经营性的同类群体更容易覆盖在国家治理的视野下,因为首先生产经营性最主要的生产资料——土地和生产的产品更加容易或者说必须受制于国家的管控;其次,三种类型的新型职业农民具有较大的差异性,国家治理介入的方式也不同。因此,本书研究的是生产经营型新型职业农民的兴起机制,国家对农民的发展导向体现了国家的治理逻辑,而治理的交易成本在其中起到何种作用,又是怎样实现的,这些内容是本书的研究聚焦点。

学者对于制度在农民发展进程中的研究给本书提供了一个良好的平台,站在前人的肩膀上更进一步地分析制度变迁背后的治理因素对农民生产经营的影响具有重要的现实意义。就农业经营组织形式的研究而言,国内外学者给出了经典的理论渊源和现实的发展趋向。但马克思也好,舒尔茨也好,学者们都或多或少地存在一个问题,在历史局限的视野下试图给出农业经营组织形式的理想图景较难。理想图景恐怕要受制于更多的因素,治理目标是否是一个非常重要的变量呢?尽管这个变量并不是唯一的,但从治理的角度,是否也可以透视农业经营组织形式的变迁,以及在治理的维度下所谓的理想的农业经营组织形式?已有治理的文献偏重于国家单一角度的研究,而忽视了作为治理的对象的主动性和能动性。本书在分析国家治理逻辑的基础上,研究治理交易成本在有关农民自身和其生产资料方式的影响,去透视新型职业农民的兴起是一个新的领域,在关注国家政权的同时,也关注治理的对象。

本书提出治理的交易成本的存在是因为国家本身也是有限理性的,如何降低治理的交易成本,优化资源配置,是国家一直考虑的问题。纵观已有文献,其实很难对农民、职业农民、新型职业农民有一个比较清晰的界定。而政策文本上的"新型职业农民",可能比现实中的"新型职业农民"使用的频率更高,而且更多的是与"培育"工作结合起来,这也说明,某种程度上新型职业农民具有一种"文本化"现象,毕竟在我国似乎还是一个新兴起的群体,其扶持政策还是一如既往地按照新型农业经营主体的类别进行分类,但并没有弱化新型职业农民的研究价值,相反对其的研究承担了更多的历史使命。

1.4　基本概念

1.4.1　制度变迁

本书引用诺斯对于制度的定义,认为"制度是社会的博弈规则,是人为进行设计的,形塑主体互动关系的约束"①。组织也会受到制度的约束,其演化受到制度框架的影响,反之,制度框架也受到制度所约束的主体的影响。行动主体必然是受制于某些制度的,不可能超脱于制度之外。之所以存在制度,因为人们行动的需要。自从有了私有制,社会中的强势群体为了满足自身所需,会制定某些制度使自己能够从弱势群体中得到所需。制度的存在约束、规范了人们的行为,维持了社会秩序。制度形塑了社会结构,并成为统治者的统治工具。

制度变迁是指制度需求下新旧制度的更替,多数情况下,新制度的效率要高于旧制度。制度变迁意味着社会秩序、社会形态的改变和迁移。本书意欲在制度变迁的视角下窥探新型职业农民的兴起过程。如果将制度放诸传统社会以来的长久的发展进程中,制度的目标有一个从稳定为主到追求发展再到稳定与发展并重的变化过程。

本书在分析南市农民和治理方式变迁时②,以各个时期的制度变迁为线索,以不同的治理方式去探讨农民和农业的发展变化。

1.4.2　治理交易成本

(1)治理与国家治理

本书将王浦劬的传统社会和社会主义社会关于国家治理的观点进行了综合,认为国家治理即治国理政,但传统社会和当代社会的治国理政的目标和手段都发生了变化。在我国,"治理"更多地与传统语词中的"治国"联系起来,与西方治理理论所强调的治理具有十分不同的理论原型。在中国的治理实践中,

---

① ［美］道格拉斯·诺斯著:《制度、制度变迁与经济绩效》,杭行译,格致出版社 2009 年版,第 3 页。
② 按照学术惯例,本书对地名、人名均作了处理。

"'国家'才是'国家治理体系'这一概念的核心"①。传统的中国统治者寄希望利用刑法和统治文化思想使国民臣服于国家强权,强调的是"官本位",是国家的导向作用和统治地位。王浦劬认为,新中国成立后,党领导下的国家治理,既在本质上区别于中国传统统治者的治理国家,又在价值取向和政治主张上区别于西方的治理理论及其主张②。中国共产党领导的治理遵循的是马克思主义国家理论逻辑,即国家的职能由政治统治与政治管理有机组成。既追寻国家社会结构的稳定,又希望在稳定的基础上发展。在国家治理与社会治理的关系上,国家治理包含了政府治理和社会治理,是总体治理,中国的"国家治理体系是在党领导下管理国家的制度体系,包括经济、政治、文化、社会、生态文明和党的建设等各领域体制机制、法律法规安排,也就是一整套紧密相连、相互协调的国家制度"③,这说明了国家治理地位的统领性和内容的广泛性。新中国成立后的国家治理,将国家凌驾于社会、市场之上,这显然与西方有很大的差异性,需要从中国自身的特点出发进行分析。

(2)治理交易成本

尽管制度的目标发生了重大的改变,我国还存在一个必须面对的比较稳定的结构性事实:我国是一个具有数量众多的小农的集权型大国,这是我国社会中与农业生产经营组织关系最为直接的一般结构性因素。那么,在这样一个超大型社会中建立的高度集权的国家如何对接千家万户,就是我国国家治理必须面对的基本结构性矛盾。对于这个基本结构性矛盾的化解,存在一个如何降低"治理交易成本"的问题。在制度变迁中,交易成本的发生机制从索取转向了治理。但即使是索取农业税,也是国家治理的内涵之一,因此,从国家治理的概念出发,具有更强的解释力。所以这里提出一个替代性的"治理交易成本"的概念。

本书"治理的交易成本"是指国家在治理过程中与互动主体发生的交易费用,主要包括国家与主体的谈判成本、制度运行的监督成本、发生各种冲突时的处理成本。如果把国家比喻为一个超级企业④,那么除了让这个企业正常运转

---

① 薛澜、张帆、武沐瑶:《国家治理体系与治理能力研究:回顾与前瞻》,《公共管理学报》2015 年第 3 期,第 1-12 页。

② 王浦劬:《国家治理、政府治理和社会治理的基本含义及其相互关系辨析》,《国家行政学院学报》2014 年第 3 期,第 12-20 页。

③ 习近平:《切实把思想统一到党的十八届三中全会精神上来》,*Beijing Review* 2014 年第 1 期,第 4-6 页。

④ [美]罗纳德·哈里·科斯著:《论生产的制度结构》,盛洪、陈郁译,上海三联书店 1994 年版,第 141-161 页。

外,还得考虑在管理企业时所花费的成本。企业考虑盈利的目的,而国家考虑稳定和发展的目的。如何安排有限的国家资源,使其产生更高的效益是国家需要考虑的,同时还要考虑制度实施所花费的主体之间的互动成本,即治理过程所发生的成本。如果把农业制度作为国家与农民之间的一种合约安排①,那么交易费用的存在影响了合约安排的选择。因此除了制度的既定安排的费用,本书更加注重在治理进程中发生的可变的交易成本。这种可变的交易成本取决于农业经营主体的数量。

降低交易成本起码有出于治理便利性的目的、有治理的便宜的目的、有新时代项目对接以及生态治理占据重要地位时必须考虑交易成本的目的。但无论哪种目的,归结起来却对农业经营主体的数量有着天然一致的倾向。

1.4.3　农业经营组织形式

农业经营组织是对农业生产性资源的整合和农业生产活动实施进行组织和管理的机构或者实体。农业经营组织形式是指农业方面的生产资料所有制基础上的经营单位的具体组织形式和经营管理制度,具体包含了农业经营组织及其运营方式。作为对接农民与国家的一个非常重要的方面,国家对农民的生产治理甚至生活治理要依赖于农业经营组织形式的治理。新型职业农民作为农业经营组织的部分主体,其兴起过程会引起农业经营组织形式整个格局的改变。这样,新型职业农民的兴起过程也是农业经营组织形式演变的过程。因此本书通过此重要途径分析新型职业农民的产生历程。

农业经营组织形式作为农业生产要素的配置方式,包括要素投入方式、生产规模、劳动方式等。农业经营组织形式在一定程度上影响了农民与市场、农民与国家的连接方式。农业组织经营形式的选择往往需要考虑三个变量:产权的界定方式、外部性的程度和交易费用的多少②。在农民与市场的对接不再是问题的时候,那么这里的交易费用自然主要指向了农民与国家的对接。农业组织经营形式的演变体现了交易成本考量的因素。在传统社会时期,我国农业采用的是小农经济,以家庭或家族为单位进行生产,农民分散而封闭性的经营为其提供了自给自足的生活。新中国成立后,我国政府制定了一系列农业制度,农业经营

---

① 张五常著:《佃农理论》,易宪容译,商务印书馆 2000 年版,第 96-97 页。
② 蔡昉:《论农业经营形式的选择——着重于社区合作组织的经济学分析》,《经济研究》1993 年第1 期,第 26-32 页。

组织有了互助组到高级社再到人民公社的发展,以集体为单位的经营往往降低了农民的生产积极性。随着社会经济的发展,农民有了更多从事非农职业的机会,土地开始向种田能手集中,有了规模化经营的雏形,国家政策鼓励农业企业、农业产业化、农业合作化经营。农业经营组织出现了家庭、企业、合作社并存的现状。这种规模化经营与传统社会时期地主和官僚的规模经营不同(一般将土地租给佃农耕种,没有改变耕种的实质形式),农民有了职业化的特征。进入 21世纪后,农业税取消了,对农业各项补贴也密集起来,新型农业经营主体称为新型职业农民,既具有技术密集型、资本密集型又具有政策密集型特点。

1.4.4　新型职业农民

(1)农民

"农民"的发展经历了一个由农民到职业农民到新型农民再到新型职业农民的发展历程。

农民(peasant),是具有农民性的。提到农民,不仅仅会联想到职业种类,还会涉及社会等级、地位与身份的含义;不仅意味着从事农业劳动,还意味着地位低下、身份卑微。这里所指的农民与传统小农相对应,所经营的主要是小块土地,过着自给自足的生活。由于社会生产力水平低下,国家又通过种种措施将农民固着在土地之上,因此,农民与农民之间分化不明显,具有较强的同质性。农民过去被概念化为村庄集体成员,现在主要指被政府登记为农村居民的人。

(2)职业农民

职业农民,是指主要从事农业为主,具有一定经营规模、具有较高农业技术水平的农民。职业农民产生于国家允许土地可以流转之后,部分土地集中到种田能手,这部分种田能手成为职业农民的主体。这里的"职业"显然区别于我们通常所讲的职业,而是侧重于能够将具有较高农业技术水平,并且经营规模土地,取得规模效益。

(3)新型职业农民

新型职业农民的界定比较模糊,"新型"是具有相对性与历史局限性的。就目前阶段我们可以认定其是指以农业为职业,具有现代经营理念和较高素质,能充分地进入市场,其主要收入来源于现代农业的从业者。这个定义来源于农业部的界定,其核心是"现代农业的从业者",但对其是否是农民,是否具有进入的时间,并没有限定。

首先,新型职业农民是以现代农业为职业,是现代农业的从业者。这说明了新型职业农民的核心。传统农业是小规模的,用传统农业技术和经验进行经营和管理。现代农业是规模化的①,用现代工业进行装备,用现代科技武装农业,用现代化的经营体系进行管理。现代农业属于资本密集型和技术密集型产业②。作为现代农业这里所指的现代农业与大卫·弗罗伊登伯格③的"后现代农业"具有类似的意涵,他指出中国必须走"后现代农业"之路,农业的发展应该秉持伦理和环境的可持续性。从认为现代农业就是机械化、电气化、水利化到目前生态农业与可持续发展成为现代农业的新理念,人们对现代农业的理解是一个不断深化的过程。同时,作为一种职业,新型职业农民应该具有和其他职业类似的保障和进入退出机制。

其次,新型职业农民应该具备现代经营理念和较高素质。不同于传统农民,新型职业农民应该具备敏锐的市场意识,有现代经营理念。正如大卫·弗罗伊登伯格所说,不能指望低素质的人从事农业还能把农业做好,"后现代农业依靠的却是让成百万的农民受良好的教育,得到很好的保健……",而且在实际操作中,大多数地方政府将新型职业农民的培育对象限定了年龄、基本的学历和农业进入年限、土地经营规模、基本生产经营状况等,按照这种定义,目前所谓的新型职业农民已经基本具备以上条件,虽然并不理想,如在职业保障和进入退出机制并没有全面普及,但毕竟新型职业农民的概念也具有历史局限性。本书主要研究的是与国家农业治理更加紧密相关的从事农业生产的生产经营型的新型职业农民。

(4)新型职业农民外延的界定

第一,工作性质和内容分类下的界定。按照上述定义,必须经过规定时间和相应等级的专业培训,才能有资格成为职业农民。无论城市居民还是农民都有资格成为一名职业农民。新型职业农民也未必一定要居住在农村社区。既然强调其职业性就必须打破陈旧的观念,允许有创业想法的城市居民甚至大学生从事农业。新型职业农民和其他职业一样,应建立相应的准入、培育、认定、管理和

① 黄祖辉、王鹏:《农村土地流转:现状、问题及对策——兼论土地流转对现代农业发展的影响》,《浙江大学学报(社会科学版)》2008年第2期,第38-47页。
② 戴小枫、边全乐、付长亮:《现代农业的发展内涵、特征与模式》,《中国农学通报》2007年第3期,第504-507页。
③ [澳]大卫·弗罗伊登博格:《中国应走后现代农业之路》,周邦宪译,《现代哲学》2009年第1期,第68-71页。

退出机制。在目前社会化服务体系并不完善的大环境下,新型职业农民按照其工作性质和内容即从管理学的角度应该包括生产经营型、专业技能型和社会服务型三类。

第一类为生产经营型新型职业农民。目前所指应包含专业大户、家庭农场主、合作社骨干成员、部分中小农业企业主。其中专业大户因为没有在工商登记,不能作为一个法人主体充分地进入市场,所以从严格意义上来说并不是真正的新型职业农民,应该称为准新型职业农民。但由于专业大户一般会向家庭农场主转化,从而成为真正的新型职业农民,所以在外延的界定中通常也把专业大户囊括到新型职业农民群体中。2013年中央一号文件指出:"引导农村土地承包经营权有序流转,鼓励和支持承包土地向专业大户、家庭农场、农民合作社流转,发展多种形式的适度规模经营。"家庭农场成了与专业大户、农民合作社具有同样地位的农业经营主体。农业部定义的家庭农场是指以家庭成员为主要劳动力,从事农业规模化、集约化、商品化生产经营,并以农业收入为家庭主要收入来源的新型农业经营主体。从2007年《合作社法》的出台,到几乎每年一号文件都在强调专业合作社的作用。专业合作社骨干是新型职业农民的重要组成部分,而且这部分成员在带动农业技术推广连接农户和市场方面起到了重要作用。这里的部分中小农业企业主指从事适度规模经营的农业企业主,他们自己也从事农业劳动,不包括农业龙头企业主(农业龙头企业产业链向两端延伸,企业本身不种地,失去了农民的本质,因此,农业龙头企业主不能称为新型职业农民)。小农业企业主自己也会从事农业生产,农业企业的规模实际上与大多数家庭农场的规模相差无几,只是家庭农场2013年才开始注册,而在之前,要想方便地进入市场,要么依靠专业合作社,要么自己申请企业,而在2010年前后,政府鼓励工商资本入农业,大力发展农业企业。各个地方农业企业数量剧增,但规模同现在的家庭农场相比并无太大的差距。因此这部分农业企业主也应该划归新型职业农民之列。

第二类专业技能型新型职业农民。包含技术含量较高的技术能手和技术含量低熟练程度高的农业工人。目前来看,技术能手一般也有一定规模的土地,但又同时可以作为几个新型经营主体的技术顾问。这里所说的农业工人主要指受雇于新型生产经营主体的主要劳动力。

第三类社会服务类,包括农机服务人员等为生产经营主体从事服务性工作,或为其和市场搭建桥梁的农业经纪人等。可见,第二类和第三类都是为第一类服务的。

第二,生成渠道分类下的界定。按照新型职业农民形成的来源不同分为:外源型和内生型。外源型新型职业农民可以分为政策导向型和外来传统小农转化型。政策导向型是指上述主体抗争中的第三种类型,主要由政策引导工商资本入农业以及大学生创业,主要从事经济作物和水产养殖类生产等高附加值的领域。值得注意的是,政策导向型新型职业农民户籍未必是农民,这部分来源现在是将来更是新型职业农民不可缺少的组成部分。外来传统小农主要是指由不发达地区转移到发达地区继续从事农业,主要从事粮食类的生产,少数从事经济作物的生产。内生型新型职业农民是本地传统小农在社会结构变化情况下的被动转化而来。内生型的新型职业农民一般从事经济作物和养殖类的生产经营。

需要清楚的是"新型职业农民"含义是随着时代变迁的,从身份性到职业性,从传统性到现代性,其外延的界定也必然随之而变。由于各种类型新型职业农民特点有明显区别,很难同时放在本书的研究主题中探讨。相对专业技能型、社会服务型新型职业农民,生产经营型新型职业农民而因为生产资料所有制的形式,与国家治理的关系更加密切,因此本书着力分析的是有关生产经营类新型职业农民兴起的现象。

1.5　理论基础与分析框架

1.5.1　理论基础

当我们试图理解一个现象的发生时,总要追寻这个现象发生的原因,一般可以从市场、社会和国家角度分析。如果用市场的角度理解新型职业农民的兴起,如之前诸多研究围绕农民与市场的关系展开,可以解释市场竞争压力导向的规模经济的产生,但解释力度不够,因为即使规模经济的发展也需要框定在我国的基本制度之内,包括我国土地所有制形式等,这样就很难解释为什么我国不能一味地借鉴西方的大资本农业了。况且市场更加注重的是效益,市场对小农也并没有过度的排斥。如果从社会的角度理解,对新型职业农民的兴起可以从村集体内部理解,按照"分利秩序"可以部分解释村集体本身有推动规模化产生,但显然"分利秩序"只是项目制推行进程中发生的结果,项目制是国家推动的,因此也不能纯粹从社会的角度进行解释。另一个可能的角度是从国家的角度进行理解,鉴于国家官方界定的新型职业农民的定义,以及当更多的国家政策试图去推动新型职业农民的发展时,从国家的作用解释更加有说服力。从国家角度进行分析,起码有两个理论可以借助,第一是制度变迁理论,第二是交易费用理论。

(1)制度变迁理论

国家往往希望通过制度的设定达到其治理的目的,因为制度本身就可以降低治理的交易成本,大大提高国家的治理的稳定性。所以通过制度变迁的视角,目的是便于观察和分析国家治理的方向和手段,更深刻地剖析国家在农民的生产生活中的作用。因此本书分析和观点明显具有政治社会学、组织社会学和经济社会学的影子,但本书更加强调的是国家设立制度的行为,是为了更方便更节约的治理,探求的是制度背后的治理。

制度变迁理论可以通过新制度主义的三个派别进行理解。历史制度主义代表人物保尔·皮尔森认为在政治生活变化的分叉点或临界点上,面临着制度的选择。认为制度的变迁不仅仅取决于制定者本身,其有一定的路径依赖。制度是制约行动者行为的因素或者环境,但不是唯一因素,如非正式规则也会对行动者造成一定的影响。历史制度主义关注制度,采取的分析路径是一种独特的制度起源与变迁。它不通过制度效率是否能为人们带来物质利益来展开,而是通过新的制度提高了组织及其成员的社会合法性来说明制度的合理性,这是一种制度成为现实的根本原因。而其对制度变迁的解释源于克拉斯纳提出的断裂均衡模型,认为制度变化只在发生巨大的环境变化或事件如战争等情况下才会发生,并且,变化后的新制度在相当长的时间内会保持稳定。这样,既关注宏观结构和制度脉络,又关注理念对个人选择的影响。

理性选择制度主义认为制度选择是人们理性选择的结果,是功能主义的产物,不存在无效率的制度。科斯提出用交易成本衡量和选择制度,基于公共选择理论,认为制度是人们理性选择的结果,是一种在美国政治学界占据主导地位的学派,肯定了制度在社会发展中的作用。杰克·奈特认为,对于制度的解释立足于冲突性因素的分布还要关注权力的存在,制度通过提供违规制裁的性质和其他人可能的未来行为这两种信息影响社会冲突。[1]

社会学制度主义运用认知、文化因素解释个人的理性选择、组织设计和决策过程。默顿将制度视为一种机会结构从而塑造了利益及个体策略行动。但客观现实是人是有限理性的,对制度的选择也非完全理性,这无疑对理性选择制度主义是有力的抨击。迪马奇奥和鲍威尔认为组织面临的制度环境导致了组织的趋

---

[1] [美]杰克·奈特著:《制度与社会冲突》,周伟林译,上海人民出版社2009年版,第16页。

同性,在反驳韦伯理性组织的基础上提出正是由于国家制度和专业组织的存在导致了组织形式和组织行为的趋同性。强迫性机制、模仿机制和社会规范机制促进了组织的趋同性。社会学制度主义强调了制度主义的社会学转向,也非常重视权力的因素。

本书主要研究的是一个群体的生成历程,在制度变迁理论分析的基础上,分析小农在制度变迁的作用下是如何发展到现代农民,如何由小农发展到职业农民,职业农民又是如果发展到新型职业农民的历程。新制度主义为其提供了一个合理的视角,解释了在历史的长河中,制度如何形塑了社会结构,形塑人们的行为。农民作为制度实施的客体之一,其农业经营形式和行为受到土地制度、户籍制度、行动者观念、社会规范等多重因素的影响。政府如何根据现实情况选择制度,以降低交易成本等。这样,本研究采用新制度主义的视角理解国家如何建构社会结构,理解农民主体的行为选择及其影响因素,理解农民如何对接国家。

(2)交易费用理论

从国家的角度解释,必然牵涉国家与农民的对接。而作为国家与农民对接,或者说作为一个理性并且是有限理性的国家与农民对接,必须考虑到对接成本。我国是集权型的国家,国家有对接农民的迫切性,同时我国农民数量众多,在对接中,国家必须考虑如何减低对接成本。因此本书将治理交易成本作为研究视角,考察新型职业农民兴起的逻辑。交易成本理论是新制度经济学的核心概念[1]。交易成本概念来源于科斯的交易费用理论。科斯试图用交易费用理论分析企业成立的原因,企业是自己生产还是购买比较经济。为了降低外部的交易费用,人们成立企业将外部交易费用内部化,并试图发展和控制企业的规模产生规模经济[2]。但科斯并没有非常明确提出交易费用的概念。可见交易成本最初用于经济学角度,但后期却有了国家的研究转向。

温铁军运用科斯的交易费用概念评价了国家制度的有效性,认为如果制度能够有效降低与高度分散且剩余极少的亿万小农的交易费用,并且完成了资本积累,那么这种制度就是有效的[3]。他所说的交易成本主要是建立在政府在索

---

① [美]斯梅尔瑟、[瑞典]斯威德伯格著:《经济社会学手册》,罗教讲、张永宏译,华夏出版社 2009 年版,第 61-88 页。

② [美]罗纳德·哈里·科斯著:《论生产的制度结构》,盛洪、陈郁译,上海三联书店 1994 年版,第 1 -18 页。[美]罗纳德·哈里·科斯著:《企业、市场与法律》,盛洪、陈郁译,上海三联书店 1990 年版,第 34- 52 页。

③ 温铁军:《"三农问题"与制度变迁》,中国经济出版社,2009 年版,第 6 页。

取农业剩余时与农民对接的交易成本,这可以称为一种"索取的交易成本"。用这个框架来解释当时集体化和后来的税费改革具有很大的效力。但是,索取的交易成本框架放在整体的历史演进中的农村制度变迁却有一定的局限性。起码在新世纪税费改革之后,国家对农村的治理目标和治理手段发生了变化。国家治理起码包含了稳定和发展两个大的目标,索取的交易成本的框架显然过于强调了如何实现工业化这个发展的目标,结果会导致对过去经验理解的过于狭窄,对新出现的现象更加缺乏解释力度。对过去一直存在的旧经验来说,索取交易成本注重从税赋的角度来理解国家与农民之间的关系具有片面性。近年来国家对农村的经济功能有所调整,从单纯的索取转向了索取和给予的并重,并注重农村地区的内需对于国家经济发展的意义。农业的功能也发生了重要的变化,原来一味重视发展生产和保障供给,现在也越来越重视生态环境的功能。同时各种社会矛盾的变化,现代法治社会的兴起和市场某种程度上的过于强大也使得国家治理从发展主义转向了发展与稳定并重。这样,更加凸显了治理的意义,治理的交易成本的框架无论对旧有或是新发生的经验都有足够的解释力,并可以比较前后两种制度安排在交易成本维度的优劣。① 用治理的交易成本的理论去分析新型职业农民的兴起,无疑为前者找寻了一个新的应用领域,同时对于后者的研究来说,又是一个新的角度的剖析。

在国家运行中,国家与小农的对接自然也要考虑交易费用的问题。人们开始是在元制度下相互影响,形成惯例,通过惯例,制度主体在参与活动中可以最小化其交易和决策成本。② 在国家运行中,执政者总是会寻找一种能够更方便的治理或者花费更小交易成本的方式。

1.5.2 分析框架

(1)农业治理术:国家治理与农业的结合

国家治理是国家站在宏观角度对国家政治、经济、文化、社会、生态等各个方面的综合治理。农业治理是国家对农业领域进行的治理包含控制和引导。国家治理包含农业治理,农业治理服从国家治理。农业治理是国家治理的重要组成

---

① [美]道格拉斯·诺斯著:《交易费用政治学》,刘亚平编译,中国人民大学出版社 2013 年版,第 254-279 页。

② [美]盖伊·彼得斯著:《政治科学中的制度理论:"新制度主义"》,王向民、段红伟译,上海世纪出版集团,第 33 页。

部分,也是一种国家治理。

如表 1.1 所示,农业治理术有一体化治理、体系化治理、供应链治理和减量化治理。新中国成立初期,国家政权是高度集权的全能式的政府。惯于采用政治动员和社会动员进行运动式、革命式的整体性治理。这种治理具有一定的强制性,采用的是一元化的治理主体。其利用政治动员提高治理的合法性,利用社会动员提高治理的有效性。这个阶段,国家代替了市场,代替了社会。为了降低索取交易成本,同时也为了政治稳定,国家采取的基本方式是对小农乃至全体居民实施全面的直接的科层化组织。全国的居民都被编入某个单位化的组织中,组织之间按照条块关系结合起来,全社会成为一个一体化的组织体系,这是降低治理交易成本的一体化模式。人民公社既是政治单位又是生产单位,极大地减少了国家与农民之间的交易成本。

表 1.1　农业治理术

阶段	农业治理主体	治理术	治理路径	对规模化的偏好
集体化时期	农业部门基层组织	一体化治理	通过人民公社对接千万小农	与政治相结合的治理,"社会主义平均化"的思想显然对规模化是厌恶的,这种厌恶首先是基于政治意识
改革开放初期	农业部门基层组织	体系化治理	抓重点的工作模式;"带动"的逻辑;出亮点的思维,等	对专业户、重点户重点扶持,显示了对规模化的偏好
改革开放时期	商业部门质监部门	供应链治理	降低网络运营成本;供应的稳定性;质量安全;降低管理幅度,等	对农业产业化的推动显示了国家一方面偏好内部规模化,另一方面期望农业龙头企业的带动,但显然其带动对象是有选择的
后税费改革时期	环保部门土地管理部门	减量化治理	控制总量;优化区域布局;降低管理幅度;便于污染物集中处理等	环境治理的成本需要一定的规模才能经济的使用,同时小农的监控难度也使其成为首当其冲的减量对象

改革开放后市场和社会有了初步的兴起和发展。农业部门和基层组织在农业方面实施的是体系化治理。体系化治理是一种抓重点的治理,既无法对接单个的小农,但又要保证城市的供应,必须得抓住治理的重点。治理主体从一种"抓重点、重点抓"的思维出发,区别对待,分类治理。熊万胜(2013)认为在农业

治理体系中,不同层次的政府治理者的地位有高低之分,不同产业的地位有主次之分,不同所有制的生产经营者有地位差别,不同规模的生产经营者也有轻重的不同。除此之外,不同地区在不同产业上的地位也有差别。在层次、重要性差别明显的体系中,治理者可以选择重点对象重点抓,以减少治理交易成本。在这种体系化的治理过程中,能成为重点的自然是规模较大的,是能够在更大程度上保证供应任务完成的规模化的个体,这样就产生了对于规模的偏好。

供应链治理最主要的目的是保障城市的农产品供应。治理主体从城市的需要出发,确定从产出到供应的治理方式。人民公社体制也可以说是供应链治理的一种选择,它在最大程度上用总体的农业保障了工业的发展。但在改革开放后,商业和质量技术监督等部门一直在努力重建新的纵向一体化组织体系,以继续实现保障供应的功能。但无法要求基层组织承担交易成本的前提下,为了更加方便而又便宜的达到目的,治理主体倾向于挑选有少数规模化农户,以降低交易成本。

减量化治理在农业领域通常发生在后税费改革时期的新世纪对生态环境构成威胁的某些产业。其目标是减少污染物不经处理的排放,或者减少农业生产对于土地的占用。农业面源污染治理,就充分地体现了其偏好,因为小农监控成本过高,环保部门也倾向于大规模农业经营主体的偏好。以至于政府更加扶持这些大规模的农业经营主体,帮助其建立处理污染的设施。同时如果需要控制未经处理的污染总量,但又要保障农产品的供应,一个最容易又能在短时间内达到效果的治理术就是减少种养户的数量,发展规模化种养,提高用地的集约化程度。减量化治理与关注污染总量的减少,并没有直接排斥小农,但小农自身的污染处理能力弱,同时污染处理设备的规模化也都排斥了小农,间接降低了治理的交易成本。

而作为地方政府必须加以综合考虑,统筹全局,作出相应综合治理策略。体系化治理、供应链治理、减量化治理在地方政府的总体格局下被系统化地进行了综合,包括交易成本、各个部门的利益等。

(2)整体分析框架

要说明的是本书是用治理交易成本的理论视角,同时借助制度变迁理论探讨在社会转型背景下农民的变迁历程。而治理属于新制度主义框架中的层次之一,也是与农民变迁更息息相关的一个因素,中国是世界上政府与数量最多小农对接的国家,政府必然要考虑如何降低交易费用的问题,与其将资源平均分配于数量如此之多的个体小农,不如重点分配重点管理,以降低治理的交易费用。本书主要站在国家的角度进行分析,阐述实施不同治理术的动力机制,最后结合制度与主体,试图分析农业经营形式的走向。本书更多将国家治理术作为一种大背景,从而探讨国家在农业治理领域的方式和手段下的新型职业农民的兴起。

治理方式变迁反映了国家治理的走向,如若要分析治理的影响,制度是重要的研究环节。国家治理有从统治到治理的转向,同时国家与农民关系有从索取到索取与给予并重的转向。在不同的历史时期,国家治理的目的不同决定了其治理的重点和治理手段的差异性。划分历史时期的依据可以是重大的历史事件的发生和国家重大制度的制定。1950年国家集体化的逐步实施,彻底改变了传统小农以家庭为单位的生产经营方式;1978年改革开放的举措促进了农民非农化,同时紧接的家庭联产承包责任制又提高了农民的生产积极性;2004年税费改革使国家与农民的关系发生根本性的变化,由索取型转变为索取与给予并重。因此本书按照对农民生产经营有重大影响的制度将历史时期划分为集体化时期、改革开放时期、后税费改革时期三个大的阶段进行分析。这种差异性在引导农民的行为选择方面体现得淋漓尽致。在国家治理体系中,农业治理服从于国家治理的目标。治理交易成本是影响国家选择治理术的一个重要变量。同时,治理交易成本是影响新型职业农民兴起的动力机制。国家通过与农民自身和生产资料的制度设定达到对其农业经营组织形式治理的目的。在农民的生产方面,其治理效果主要体现在农业经营组织形式的演变方面。

(3)研究思路

对从事农业的农民来说,农业经营组织形式无疑决定了其主要特征,因此本书将其作为分析农民的重要维度,这个维度受到治理方式的影响。本书首先分析了南市农民变迁的历程,从传统农民变迁到新型职业农民,农民本身具有了不同的特点。接着将制度背景展开,试图展现制度变迁与新型职业农民的兴起之间的联系。但种种制度仅仅是表象,治理的交易成本才是国家治理方式变迁,以及导致新型职业农民兴起的深层次原因。发现治理交易成本降低的动因不同,同时治理交易成本展现了对规模化的青睐和对小农的排斥。接着用南市养猪业的兴衰史作为新型职业农民与农业经营组织形式演变的生动例子。最后探究了治理交易成本与新型职业农民理想的经营形式。从传统农民到职业农民再到新型职业农民,治理主体在采用不同的方式和手段时,要考虑如何使国家顺利的对接农民,并且能够方便而便宜的对接,即必须考虑治理的交易成本问题。在达到治理目的的过程中,国家对接如此众多的小农必然会发生交易费用,而怎样降低交易费用也是国家必须正视的问题。

（4）研究内容

本书共分为七章。第一章导论。包括选题缘起、研究意义、文献综述、基本概念、理论基础和分析框架、研究方法。第二章新型职业农民兴起的阶段性历程。通过分析农民从身份农民到职业农民的变迁以及从职业农民到新型职业农民的变迁,指出新型职业农民的兴起是具有阶段性的,每个阶段的特征有较大的差异。第三章新型职业农民兴起的制度背景。通过对土地制度的规模化、户籍制度的弱化、产品的市场化以及农业政策调整的分析,指出了新型职业农民兴起的制度基础。第四章治理交易成本与新型职业农民的兴起。通过国家采取的不同治理方式对交易成本指向的分析,指出治理交易成本是新型职业农民兴起的政治动力。第五章治理交易成本与农业经营组织形式演变。通过对南市某具体产业兴衰史的演变,分析了新型职业农民兴起的影响之一是农业经营组织形式的演变。指出治理交易成本的存在导向了农业经营组织形式的演变。第六章适度规模:国家治理逻辑下现代农业的发展路径。现代农业发展历来有大小农之分,通过对国家治理的交易成本降低的导向以及对农业治理相关治理角度的规模青睐,指出家庭范围内的适度规模经营是现代农业发展比较理想的路径选择。第七章结语。给出了结论,并以国家与农民的关系为主题讨论了两者的良性互动。同时也指出了创新及不足之处。

1.6 研究方法

1.6.1 方法论

方法论是人们认识世界、改造世界的根本方法。本书采用的方法论首先建立在理解主义的基础上,理解主义的社会理论既不同于实证的社会理论,也不同于批判的社会理论,力图在人们赋予社会行为的意义的水平上理解社会行为,认为社会科学的解释不仅仅包括客观解释,也包括主观阐释。作为传统人文主义的代表,韦伯认为行动背后的动机是无法观察到的,但是可以通过理解的方式解答行动的原因。新韦伯主义则将传统人文主义推进了一步,强调社会的生成性,认为社会是不断形成、不断变动的形态,社会研究应该注重过程分析。

本书试图用理解主义的角度赋予治理、制度和行动者的意义,制度的主体如何出于治理的目的,或者说出于降低治理交易费用的目的采取不同的治理方法和手段。新型职业农民的生成并非一蹴而就，而是在农业经营主体和国家治理互动中逐渐形成的。这就决定了本书的研究必然重视过程分析，从而探讨其生成背后的深层原因。在新型职业农民兴起的过程中，农业经营组织形式发生了相应的变化，这引导我们将视角转向未来农业的理想经营形式。因此本书的研究是基于过程、基于理解、基于国家与农民关系的研究。

1.6.2 研究类型和对象选取

（1）研究类型

就研究类型而言，本书是基于浙江省南市这个地级城市的实地研究，是一种质性研究。质性研究要求研究者深入研究对象的生产生活环境，可以收集到更加深入而又价值的资料，因为与研究对象有直接的互动，因此能够更加深刻地理解研究对象的生产经营逻辑。其研究方法的优势在于，能够深入到真实的生活环境之中，收集到更为详细而深入的资料，再现真实社会生活场景，深刻理解研究对象的行动逻辑与意义。就本书而言，对于历史文本资料、档案资料的分析是对农民发展到新型职业农民的途径与原因分析的重要途径。这样纵向分析与横向调查相结合，实地访谈与档案分析相补充，主要的质性研究与次要的定量研究相弥补，运用社会学、政治学、管理学、经济学等多学科知识共同展现了新型职业农民的兴起及其背后的推动。

（2）调查对象

"中国是一个最古老的农民国家"[①]，不了解农民的发展史就无法理解新型职业农民的产生。我国对于农民变迁的研究并不多，孙达人做了最初的尝试，他将各个历史发展周期下的农民进行了纵贯性的研究。但其主要关注的历史周期的变化，以及农民的性格变化和政治地位、生产生活的变化。本书主要关注国家治理交易成本视角下新型职业农民兴起及农业的发展走向。

本书南市为研究场域，对其场域内的农民发展进行研究。由于地形特点，南市历来是鱼米之乡，自古公粮任务繁重。农业发达，南市农民的平均收入水平常年处于全省之首，且在长三角沿海地区，由于离市场较近，交通发达。农民家庭经营发达，家庭经营收入占总收入的30％左右，其家庭经营收入超过上海地区。研究其农业、农民的变迁具有典型的借鉴意义。同时，南市2013年在中央一号文件号召下在善县进行新型职业农民培育试点工作，2014年和2015年扩大到

---

① 孙达人：《中国农民变迁论》，中央编译出版社1996年版，第3页。

秀区、桐市、善县、盐县。从专业技能上助推新型职业农民的生成。这在国家大力培育新型职业农民的背景下，以南市为研究场域具有普遍性的借鉴意义。

（3）场域简介

南市位于浙江省东北部、长江三角洲杭嘉湖平原腹心地带，是长江三角洲重要城市之一。如图 1.1 所示市境东临大海，南倚钱塘江，北接太湖，西接天目之水，大运河纵贯境内。市城处于江、海、湖、河交会之位，扼太湖南走廊之咽喉，与沪、杭、苏、湖等城市相距均不到百公里，在上海、杭州中间，区位优势明显。基于省为南市的定位，南市境内分为三大农区，经过长期农业生产经营，逐步形成，并相对稳定。东北部为粮、畜、油、瓜、淡水鱼区，总计 52 个乡镇，面积 1297.4 平方公里。这块区域以种粮为主，粮食亩产量和粮食商品率都位居南市前列，畜牧产值也比较大，淡水鱼面积占三个农区之首。中西部为粮、桑、畜、经济特产区。包括 38 个乡镇，是面积最大的一个农区，为 1954.7 平方公里。粮食总产量占全市 48%，产茧量占 70% 以上，湖羊存栏量占全市 90% 以上。东南部位于钱塘江、杭州湾北岸的狭长地带，包括宁市 23 个乡镇，面积 650 平方公里。该区农业集约化程度较高，棉花种植常年在 10 万～12 万亩，占全市产量 90% 以上。①

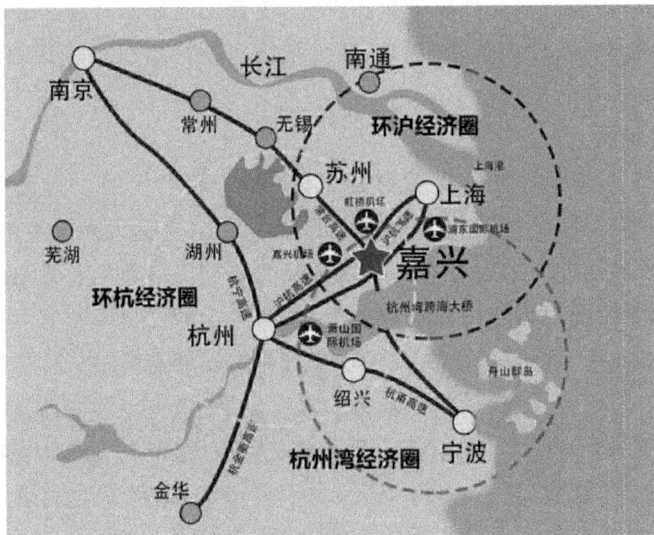

图 1.1　南市区域位置

① 全市农区面积按照 1987 年区划普查面积计算。

南市境陆域东西长 92 公里,南北宽 76 公里,陆地面积 3915 平方公里,其中平原 3477 平方公里,水面 328 平方公里,丘陵山地 40 平方公里,市境海域 4650 平方公里。市境地势低平,平均海拔 3.7 米(吴淞高程),其中秀区和善县北部最为低洼,其地面高程一般在 3.2～3.6 米之间,部分低地 2.8～3.0 米。南市有山丘 200 余个,零散分布在钱塘江杭州湾北岸一线,海拔大多在 200 米以下,市境最高点是位于盐县与宁市交界处的高阳山。市境为太湖边的浅碟形洼地,地势大致呈东南向西北倾斜,由于数千年来人类的垦殖开发,平原被纵横交错的塘浦河渠所分割,田、地、水交错分布,形成"六田一水三分地",旱地栽桑、水田种粮、湖荡养鱼的立体地形结构,人工地貌明显,水乡特色浓郁。

表 1.2,表 1.3 分别列示了南市基本情况和南市农村的基本情况。南市人均占有土地占据浙江省的前列,同时农民人均收入多年居全省之首。

表 1.2 2019 年南市基本情况

	镇(个)	街道(个)	居民委员会(个)	户籍人口(万人)	土地面积(公顷)	人口密度(人/公顷)	总人口(常住:万人)	国民生产总值(亿元)	人均生产总值(万元)(常住)	农业总产值(亿元)
总计	42	30	402	363.7	423000	8.60	480	5370.32	11.19	120.89
南区	4	9	90	52.66	43900	12.00	68.29	765.37	11.21	12.9
秀区	5	4	49	41.18	54800	7.51	62.9	676.35	10.75	13.2
善县	6	3	61	40.53	50700	7.99	59.2	626.81	10.59	23.25
平市	5	4	40	38.29	59000	6.49	45.1	539.65	11.97	17.21
宁市	8	4	75	70.25	86300	8.14	87.83	1026.57	11.69	18.27
盐县	6	3	52	50.32	55700	9.03	70.35	765.77	10.89	12.55
桐市	8	3	35	70.47	72700	9.69	86.33	968.17	11.21	23.5

资料来源:《南市统计年鉴 2020》

表 1.3   2019 年南市农村基本情况

	镇 (个)	村民 委员会 (个)	村民 小组 (万个)	乡村 总户数 (万户)	乡村 总人口 (万人)	乡村 劳动力 (万人)	从事 农业 劳动力 (万人)	耕地 (2018,公顷)	人均 耕地 (人/公顷)
总计	42	755	1.84	71.71	260.91	172.49	23.84	204897	0.04
南区	4	47	0.15	5.39	17.63	11.62	2.68	22142	0.03
秀区	5	113	0.25	11.38	40.28	26.04	3.43	28961	0.05
善县	6	104	0.26	9.36	30.82	20.77	3.46	26571	0.05
平市	5	81	0.18	8.56	28.44	19.07	3.24	25945	0.06
宁市	8	152	0.31	13.62	53.58	33.03	4.06	33117	0.04
盐县	6	82	0.26	8.97	32.57	22.81	2.65	29236	0.04
桐市	8	176	0.43	14.43	57.59	39.15	4.32	38925	0.05

资料来源:《南市统计年鉴 2020》

1.6.3   收集资料的方法

(1)实地调研法。作者在南市工作了十余年,对本地地形熟悉,积累了一定的关系资源,为入场调研减少了障碍。鉴于全国各地对新型职业农民的培育热潮,首先作者以他者身份入场,通过科教线采用实地调研法,收集了农经局干部、县干部、村干部、农业企业主、家庭农场主、专业合作社负责人、专业大户等 30 余人的研究资料,作为这些本身或是新型职业农民或是与之息息相关的人员的访谈资料的收集,能够从不同侧面研究主题。首次的调研为 2014 年 7 月,收集了南市姚庄镇面上资料及鹿村的实地资料。在资料分析的基础上,形成了初步的研究主题。2015 年 6 月到 8 月,经由农经局科教处收集部分资料后又到善县、盐县、秀区进行实地调研和访谈收集盐县华村、南区江村、南区胥村的有关资料及部分访谈资料,形成了本书的分析框架。2015 年 10 月再次入场访谈并收集善县横村相关资料及部分访谈资料,这次资料的收集使研究目的更加明确,研究框架更加具体。2017—2021 年间,多次到南市农经部门、县市区进行农业发展、农村治理的调研,丰富了本书的研究内容。

(2)文献法。首先,为能从理论上解释治理交易成本视角下新型职业农民兴起的过程,查阅了大量电子文献资料,并在学校图书馆和市图书馆查阅大量书籍。其次,研究新型职业农民的兴起,需要了解其历史的变迁过程,其更多地体现在史料里。因此,研究者在档案馆和图书馆的地方文献部进行了不定期的调档查询,最终查阅大量史料,为本书增添了翔实的数据和案例,包括地方志,力求站在前人的肩膀上有所突破。

1.6.4　分析资料的方法

结合研究的目的,本书对收集到的资料采取的分析方法主要有因果分析方法、功能分析法和比较分析法。

因果分析法主要探索现象之间因果关系。搜集的资料分为质性资料与定量数据,质性数据与定量数据的综合运用,对于呈现文章主旨起到了重要作用。质性资料的分析,需要分析其内在的话语结构及背景特征,诠释事件背后体现的真实意义,通过质性的分析方法厘清对话、文字背后的潜在逻辑。本书透过制度变迁的视角,将收集到的现场访谈资料进行整理分析,提炼调查对象的共性和差异性,这有利于分析不同来源的新型职业农民。同时利用查询到的档案文献资料重现农民发展的历史图景,利于在纵向分析国家治理背景下新型职业农民的产生过程。对于定量数据,通过对于数据的直观理解,解释其内在的深层次含义,相比较质性而言,其更为具体也更具说服力,力图阐释了群体产生的原因。

功能分析法在社会学研究中具有重要地位。其着力分析社会现象的功能,即在分析社会现象时探析去在既定的社会系统中发挥的作用和影响。新型职业农民作为农业经营组织形式中的一个重要主体,其局部的变化必然引起全局的变动。那么新型职业农民的兴起对农业经营组织形式演变之间的关系需要借助功能分析法进行研究,同时带动我们思考将来的农业发展路径。

比较分析法通过对各种现象的比较,寻找共同点和差异点,从而更深层次的揭示其本质特征。新型职业农民本身可以按照不同的标准划分为不同的类型,因为每种类型的差异性,本书着力研究的生产经营类新型职业农民的兴起。同时,因为新型职业农民的来源不同,导致在分析其生成机理时要按照不同的来源进行分析,从而能够使得分析更加具有针对性。

第 2 章
新型职业农民兴起的阶段性历程

新型职业农民的兴起并非一蹴而就,从传统小农到集体化时期被桎梏于"集体"之中的农民再到改革开放时期的生产经营积极性得到提高的经营规模土地的职业农民,再到后税费改革时期由于政府多种逻辑下极力推动的新型职业农民的产生,经历了漫长的过程。本书以南市农业经营主体发展为主线,窥探新型职业农民的兴起历程,主要研究生产经营型新型职业农民,因此本章分析了各个阶段农民的生产经营发展情况,力图从其经营情况和自身发展分析其变迁。

在经历了长久的传统社会时期后,随着国家集体化的推进,我国农业经营方式发生彻底的改变。首先传统的小农经济转变到了集体经济,传统小农成为被禁锢在集体中的小农。这为之后的农业集体化提供了政治基础和物质条件。1950 年土地改革的实施标志着封建土地所有制的灭亡和农民个体土地私有制的产生,极大地提高了农业生产的发展。[①] 农业总产值从 1949 年的 2.34 亿元上升到 1978 年的 9.69 亿元,但其发展具有阶段性,1949 年到 1952 的发展速度快于 1953—1975 年,1975 年到 1978 年发展的速度最快,显示了集体化不同阶段的农民合作形式对农业产生的影响。对于乡村人口来说,1962 年是个转折点,之前乡村总人口是平稳增长,之后迅猛增长,20 世纪 60 年代以生产队为基本核算单位的制度实施,使农民认识到必须有足够的劳动力进行生产,成为这段时间人口增长的原因之一。同阶段,农业现代化的含义具有历史局限性,按照我国当时的统计标准,农业机械化、电气化、工业原料的使用等属于衡量农业现代化的主要指标。在集体化时期,农业机械、农业总产值等在人民公社时期发展缓

---

① 马晓河:《中国农村 50 年:农业集体化道路与制度变迁》,《当代中国史研究》1999 年第 5-6 期,第 70-87 页。

慢,"文革"末期有较大的发展。

传统小农的职业性弱于身份性,其生产经营单位是家庭,同时生产经营投入方式属于劳动密集型。虽然集体化时期的农民也具有较强的身份性,但与之前传统社会有所区别。这个时期的身份农民可以从以下几条线索进行理解。

第一,"集体"的身份性突出。作为"单位"的集体,将农民的身份锁定,且身份是继承制,这与传统的农民类似。但不同的是,集体化时期,刚刚翻身做了"主人"的农民,其政治地位比较高。第二,以"集体"的合作形式进行生产。与传统小农不同的是,集体化时期是以"集体"的名义进行生产,实行"组织军事化、行动战斗化、生活集体化"。内部的平均分配方式降低了农民为"集体"生产的积极性和主动性。以"集体"的名义生产,模糊了个人的贡献水平,容易导致"搭便车"的现象出现。事实也表明,在集体化时期,农民的生产积极性总体比较低。"集体"最基本的经营形式也经历了多种变化,茆振华回忆了集体化的几种形式。① 第三,经济地位较低。这与传统社会类似。在很长一段时间内,我国城乡存在着巨大的剪刀差。集体小农有"被拿走"的义务,与享受的国家资源相比,呈现了绝对的不对等。沉重的农业负担、人口流动的限制、户籍制度的刚化等等,农民在此大背景下,明显处于被动的局面。他们非常清楚自己的身份地位,称工人是"端铁饭碗的",称自己是"土里刨食的"。"祖辈都是这样过得"成了众多传统小农安于现状也不知如何改变的理由。传统农民的耕种方式偏重人工,少有机械化和智能化,加大了劳动力的投入量,过着"脸朝黄土背朝天"的生活,农业属于劳动密集型的。从这几点来看,集体化时期的农民仍然具备了传统小农的某些本质特征,只是合作形式与传统小农有较大的差异。且在这个时期,农民虽然经济地位较低,但政治地位凸显,身份性更加明显,甚至可以与传统社会的农民统称为"身份农民"。②

---

① 见茆振华:《我的回忆》//《南市文史汇编第五册》,当代中国出版社 2011 年版,第 14-15 页。其中记载:伴工组是最早形式,二户即可。如农民捻泥,抗水旱灾害的推拉牛车盘和踏水车,都需多人作业。临时互助组一般每组三户以上,组有组长,有人记工,余缺以工找补,多属季节性组织。农忙建组,农闲撤组。常年互助组的规模一般以一个自然村落为单位,有的以一个行政组为单位,强调自愿结合。南市县第一个常年互助组是南湖乡姚岩宝组,组建于 1952 年春。初级农业合作组以土地入股,农具折价入股,评工记分,年终结算,按土、按劳分配。高级农业合作社与初级社不同的是,全部实行按劳分配,即平调土地和农具。南市首创者,是余新乡农庄。"农庄"一词引自苏联集体农庄译名,即高级农业合作社,余新农庄村名延用至今,农庄建于 1954 年冬。1955 年春,在坚决收缩期又转为初级社,昙花一现。

② 宋国恺:《从身份农民到职业农民》,中国社会出版社 2010 年版,第 2-4 页。

2.1 身份农民到职业农民的变迁

改革开放时期,是职业农民兴起的阶段。非农化的高度发展提高了土地集中经营的需求,同时农业中有技术专长的部分农民发展成为职业农民。

2.1.1 职业农民兴起的社会基础

南市在实施以粮为纲的单一农业经济时代,80%的农民劳动力从事农业,过密化严重。改革开放后,国家在农民家庭迸发了更高生产积极性的基础上实施了家庭联产承包责任制的诱致性的制度变迁。在20世纪80年代中期之前,农民的确展现了较高的生产热情,但平均分配土地的方式造成的结果是家庭无法在细小分散的土地上实现规模经济,得到规模效益,体现的仍然是内卷化的状态。但80年代中期之后,大量的农村剩余劳动力从土地上解放出来从事非农产业。

个案 01:Z 镇长,善县姚镇

> 原来有粮食任务时,善县的"粮食包袱"是很重的,因为是全国有名的产粮基地,加上政策相对现在比较死板,因此,农民主要种粮食为主,非农程度也很低。虽然有蘑菇和养猪产业,但都不上规模。粮食放开之后,蘑菇、养猪、黄桃产业迅速发展。①

1978年到1990年间,从事第一产业劳动力从88.49%降为61.6%,2003年降为33.13%,非农化速度非常快,这为农村土地集中耕种提供了现实基础。从图2.1显示1984年之后,非农化的速度迅速提高,家庭联产承包责任制和乡镇企业的兴起为农村剩余劳动力的转移提供了可能。

调整产业结构后农村劳动力逐步向非农产业专业,在以粮为纲单一经营时,80%的劳动力被耕地牵制,调整产业结构后,大量劳动力从耕地上转移出来,从事非农经营。

这样,农村经济向商品化发展,伴随而来的,专业户、新经济联合体应运而

---

① 2015年10月13日善县姚镇政府实地访谈。访谈对象:Z镇长,善县姚镇镇长。

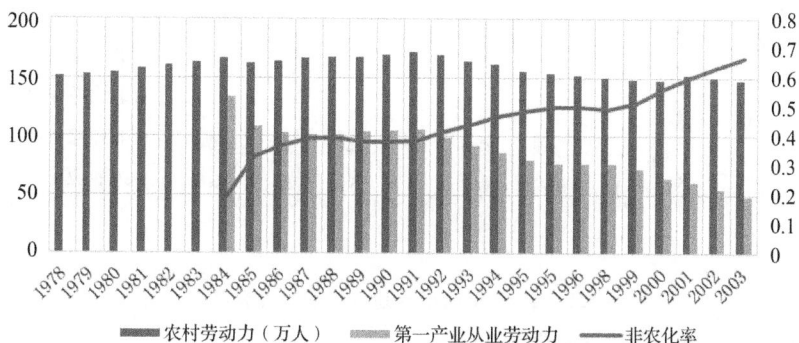

图 2.1　南市(1978—2003)非农化趋势

资料来源:《南市统计年鉴 2004》

生,1985 年南市涌现上规模的专业户 2993 户,其中种养业的占 55%,家庭工业的占 15%。1988 年上规模的专业户上升到 6613 户,其中农业种养业的占 24%,并出现了一批专业村。1986 年,全市有经济联合体 7547 个,总收入 2.35 亿元。1990 年尚有 1406 个,年收入 1.27 亿元,数量上虽有减少,但却开始由松散的合作走向紧密的联系。

在家庭联产承包制实施初期,政府提供的农业社会化服务,主要是为农户提供机耕、排灌、植保等产中服务,之后逐渐向产前与产后延伸。在南市形成以国家经济技术部门为依托,乡级服务站为骨干,村经济合作社服务为基础,民间专业服务组织为补充的多层次、多形式服务网络,为农民提供机耕、灌溉、植保、良种和各种技术服务。种地更加容易了,但农业较低的比较效益仍在推进非农化的进程。

资料显示,1996 年南市第一次农业普查结果显示当年共有 692440 户农村户,共 2675107 人。其中农业户 503785 户,其中纯农业户 131760 户,农业兼业户 146952 户,非农兼业户 225073 户,非农户 188655 户。也就是说在 20 世纪 90 年代后期,南市农民的非农化已经到了一个比较高的程度。这种高度的非农化,使土地便于集中,从而便于规模化的发生。

改革开放以后,家庭联产承包责任制的推行提高了农民的生产积极性,种地热情高涨。但农村工业化和第三产业的兴起,为农村剩余劳动力的转移提供了平台,农民有了更多的选择。甚至在农村形成了代际分工,老人种田,年轻人出外打工从事非农产业。

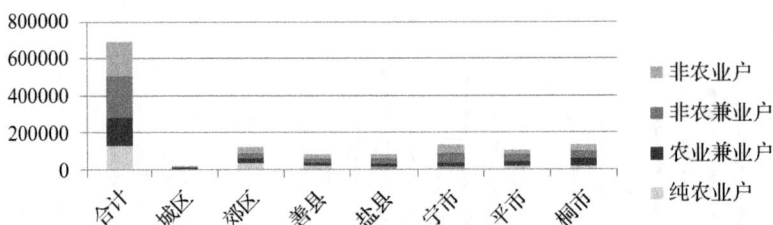

图 2.2　1996 年南市分地区农业户经营类型

资料来源:南市第一次农业普查资料

图 2.3 显示,从 1978—2003 年,农村总劳动力变化不明显,但中间有起伏,在 1992 年左右,农村劳动力数量达到顶峰,此后却直线下降,1996 年到 2003 年,农村劳动力缓慢下降。相比之下第一产业劳动力占比有非常显著的变化,从 1978 年的 88.49% 下降到 2003 年的 33.13%,具有显著的变化。但第二产业和第三产业的农村劳动力占比却有显著的上升。说明第二、三产业的发展吸收了大量农村剩余劳动力。有利于农村土地的集中和农民的职业化。

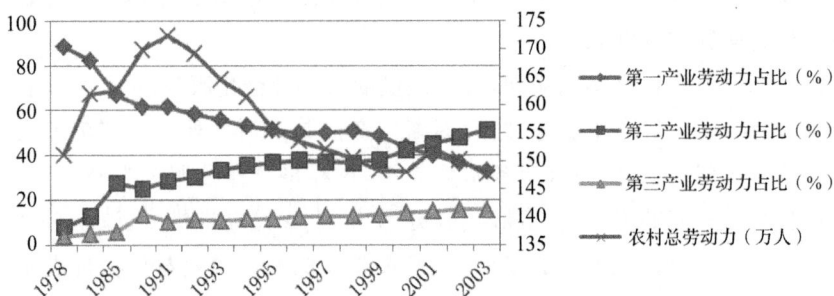

图 2.3　南市农村劳动力和各产业从业劳动力占比情况

资料来源:《南市统计年鉴 2004》

2.1.2　身份农民职业化的新转向

1980 年,陆学艺等人就曾经对包产到户的发展方向作出比较准确的预测,认为包产到户后农村发展分为三个阶段:第一个阶段是包产到户后形成的农户以农业为主的生产经营局面;第二个阶段是农户实行多种经营阶段,会出现大量的兼业农户;第三个阶段是专业户和专业农户大量出现,从而实现农业的专业化,以及由此带来的联合和协作形成农业社会化①。农村集体经济企业也由此而生。改革开放时期,家庭联产承包制的实行对农民种地是有积极性的,国家对社会、对市场的放权,大大提高了市场活力。1992 年邓小平南方谈话认为农村搞家庭联产承包责任制,其发明权是属于农民的,是国家顺应民意顺应形势的需要推广到全国。农村剩余劳动力纷纷向城市转移,但部分农村劳动力也正是因此可以集中土地进行耕种,这个群体发展迅速,成为国家农产品供应的重点供给主体。专业户和重点户大量发展,他们在自己的生产领域具有技术优势,其专业技术强于一般农户,同时,由于能够集中剩余劳动力所弃耕的土地,可以得到规模效益。这个群体我们可以称为职业农民。

(1)农村专业户:职业农民的主要来源

1986 年前后,南市曾经对农业专业户做过数量上的统计,如表 2.1 所示:

表 2.1　1986—1988 年农业专业户发展情况

	1986 年	1987 年	1988 年
农业专业户	1166	1762	1600
占比	24.84%	25.04%	24.19%
种植业专业户	162	416	197
林业专业户		1	2
畜牧业专业户	511	816	915
渔业专业户	493	529	486
二三产业专业户	3528	5276	5013
占比	75.16%	74.96%	75.81%
农村专业户合计	4694	7038	6613

资料来源:《南市统计年鉴》(1987—1989)。

在改革开放后,非粮非农的比较优势在专业户中也有所体现,农业专业户仅占农村专业户总数的 25% 左右,在农业专业户,种植业专业户数量大起大落,而畜牧业专业户发展飞速,从 1986 年 511 户发展到 1988 年 915 户,发展非常迅速。南市按照其区域特点,种粮是较好的选择,但是畜牧业的发展速度远远超过了种植业,这值得深思。

---

① 陆学艺:《三农续论——当代中国农业、农村、农民问题研究》,重庆出版社 2013 年版,第 18 页。

（2）重点户的补充

1985 年浙江省第六届人大常委第十二次会议通过《浙江省保护农村专业户合法权益的暂行规定》指出了专业户的定义：农村专业户是以商品生产、经营为主要亩地，以家庭生产、经营为主要形式的生产经营单位。"农村专业户使用的集体财产和自有财产及其合法收入，受法律保护，任何单位和个人不得侵犯。""可以根据自己的能力，自主决定生产经营的项目、方式和规模可以从事种植业、养殖业、工业等"。农村专业户的主要劳力一般不参加或少参加集体的生产劳动，但向生产队上交同量的劳力积累，同样享受社员的待遇。

重点户是带有家庭副业性的，其主要劳力一般不参加集体生产劳动，只是以辅助劳动力为主从事某项生产，其收入也不是整个家庭收入的主要来源。其从事的生产可以选择不想集体上交积累，仍可享受社员的待遇[①]。

专业户和重点户的区别在于经营项目的分工程度，经营项目是否从其他项目中分离出来，从而形成专业化生产[②]。重点户和一般户的区别在于经营项目占家庭收入的比例，以及在经营项目的劳动投入量的大小[③]。由副业变为主业的是重点户，由主业变为专业生产经营的是"专业户"，这体现了职业农民的主体是专业户。

（3）种田能手向专业户、重点户过渡

1984 年中央一号文件"鼓励土地向种田能手集中"促进了土地的集中化。这个文件的出台顺应了当时农民发展的趋势。家庭联产承包责任制使农民限定在小范围土地上的农业经营，但较低的比较效益、农民的非农化使无人耕种的土地逐渐以私下协商的方式集中到种田能手。这种集中，总体来看有两个好处：第一防止土地抛荒，第二发挥种田能手的技术优势。家庭联产承包制使每户都有人均类似面积的土地，人多地少职能导致农户分到的土地规模是较小的，是小于家庭劳动力能够耕种的范围的。并且农村劳动力的差异化表明仅有少部分具备田地劳作经营和管理的专业技术，而一部分有其他专长[④]。这种分化和现有的

---

① 李茂岚：《由"小而全"到"小而专"，再到"专而联"，是农村商品经济发展的历史必然》，《经济问题》1982 年第 12 期，第 19-25 页。

② 中共陕西省委政策研究室农财处：《关于重点户、专业户的调查》，《农业经济问题》1983 年第 3 期，第 40-46 页。

③ 中共陕西省委政策研究室农财处：《关于重点户、专业户的调查》，《农业经济问题》1983 年第 3 期，第 40-46 页。

④ 傅孟春：《土地向种田能手集中是发展粮食专业户的必由之路》，《农业经济》1984 年第 4 期，第 41-42 页。

土地制度产生了这样的现象：一方面，种田能手不能够发挥自己的优势，实现规模经济；另一方面不善于种地的农户将土地视为负担，别忘了当时的税制首先是以田地面积计算的。土地集中的政策推动给了农民合理流转土地的路径，也成就了种田能手向专业户和重点户的发展。同时促进了劳动力资源的优化配置，繁荣农村经济的同时，提高了土地的产出效率，有利于改变长期以来土地的"过密化"现象，推动了农村经济的专业化、社会化和商品化。

（4）职业农民的群体特征

职业农民的出现是身份农民发展到一定程度上第一次质的改变，以最具有职业农民性的两户为例分析其特征。

第一，规模较大、商品率较高。在农业生产中，为了生产者自身需要的生产和为了销售的生产并存。规模越大，后者占的比例越大；反之，规模越小，前者占的比例越大[1]。特别是种粮大户，要取得规模效益，而原来家庭经营责任田显然不能满足其需要。而以种植经济作物和养殖业的两户，由于其需要的劳动力密度大，因此，在这个阶段主要还是在责任田范围内进行耕种[2]。

规模的大小影响了商品率的大小。在农业生产中，为了生产者自身需要的生产和为了销售的生产并存。专业户和重点户由于产出较高，但每户自身的需要相差无几，因此，商品率相对较高。宁县养鸡养鸭两户 90 户，占总农户的 0.77‰，提供商品蛋占全县的 15％，商品鸡占 13％。[3]

特别是统购统销制度改革之前，商品率的提高为当地农作物的统购减轻了压力。当专业户和重点户感到规模和人力束缚了其本身的发展时，必然会主动地横向或者纵向联合发展，各种专业联合组织、专业协会就会大量产生。

第二，资本密集与技术密集。除了劳动密集，资本投入量大，为了维持既定规模，两户的资本投入量较大。有的雇佣部分剩余劳动力，解决了部分农村剩余劳动力就业。

> 周镇公社人多地少，有整半劳动力 11100 多人，实行双包责任制
> 后，剩余 3500 多个劳动力。1983 年从事多种经营生产的有 2600 多

---

[1]　Karl Kautsky：*The Competitive Capacity of the Small-scale Enterprise in Agriculture*，Die Neue Zeit，Jg ⅩⅢ，Bd，Nr.42(1894/5)，pp.481-491.

[2]　两户包括专业户和重点户。

[3]　参见《宁县多种经营专业户、重点户的一些情况》，档案馆资料。其中记载，宁县 1983 年，两户发展到 1023 户，重点调查的 14 户种，1982 年预计总收入达到 81050 元，其中多种经营收入占 86％，年收入在 3000 到 5000 元的 7 户，5000 到 10000 元的 5 户。

人，占剩余劳动力的 74％。

两户主要来源于农村中的大户、纯农户、生产有经验的农村干部和农民技术员。可见每类主体都有一定的技术基础，保证了其从事产业的成功率。使得懂技术的人找到用武之地。① 可以说，职业农民具有技术密集型的特征。两户的发展能够对其他农户构成一种"示范"，这种示范往往比制度还要有效。同时，两户专业技术的传播，有利于其他农户的发展。②

第三，迷茫与焦虑：职业农民的社会心态。面对粮食市场的放开，种粮大户普遍有种失落感、危机感和惧怕感。③ 失去了上交粮食而带来的政治地位和荣誉感，同时认为种粮比较效益低，而多种经营收入丰厚。农忙季节请劳力的报酬支出会越来越高，有几家种粮大户亏本，若是再放开，种出粮食来卖给谁呢？最后担心自己耕种的地会被要回去。

有些地方对种粮大户收取的承包款过高，增加了大户成本。土地流转不够规范，例如转包手续不健全，承包期限过短，承包的粮田过于分散，容易造成土地流转方面的纠纷。

粮食是保证农产品供给的首要产品，在改革开放初期，由于流通体制和土地承包制的实施，农民种粮的积极性大大提高，在 1984 年达到顶峰。但由于城市化、工业化的快速发展，种粮显然失去了比较效益，农民非农化速度很快，农民种粮的积极性下降。

洪溪镇总劳力 12097 人总有 7558 人转移到二、三产业，包括粮食在内的整个农业产值只占工农业总产值的 3.3％，全镇 3195 户不同程度地放弃土地承包权，面积为 443.61 公顷，占承包田的 29.9％，其中 372 户全部放弃土地。其中

---

① 参见《宁县多种经营专业户、重点户的一些情况》，档案馆资料。其中记载：黄湾公社群乐大队GYZ 有芦笋技术，承包 0.48 公顷芦笋，在挖笋季节，生产队安排 16 个劳动力，有其支付工资每工 10 元，剔掉承包，每年得净收入 500 多元。

② 参见《发展种粮大户，落实早稻面积》，档案馆资料。其中记载：1995 年南市新增种粮大户 481户，新增面积 1210.13 公顷，种粮大户的增加为早稻面积落实起了积极作用，出现大户带动千家万户，大户挑重担完成早稻种植计划。如秀城区木桥港村种粮大户 WGF，落实早稻 2.67 公顷，区乡先后在他的承包田召开播种、插秧和新技术现场会，影响和带动了全村农户共落实早稻 35.47 公顷。

③ 南市农村经济委员会：《粮食即将放开，种粮大户在想什么？》，《农村工作参考》1992 年第 13 期。

的沈七村情况更加严重。① 这种现状,早有苗头,20 世纪 80 年代中期,农村剩余劳动力有更多的非农选择,且平均收益高出务农效益。

因此政府将提高种粮积极性的主要途径定为要采取有效措施积极引导和扶持大户向种养、贸工农一体化方向发展,建立效益互补机制,实现良性循环。加强管理,强化服务,涉农部门:如农技部门进一步推广轻型栽培技术,建立和完善农机维修网络,粮食、供销部门提供售粮、购买农资方面的方便,土管部门对种粮大户的仓库、晒场等建设性设施用地优先安排,简化审批手续;农行等金融部门保证大户的生产性贷款,尽量简化手续。

第四,对外来竞争者的态度两极化。对于 20 世纪 90 年代中后期来南市发展的外地种粮大户,政府和当地种粮大户普遍持既恨又爱的态度。

首先,对外来户的恨。在有关档案文件中可以看到初始当地农户包括政府对外来种粮户是排斥的,认为他们素质低,就只是为了赚钱,甚至在文本中用了"掠夺"这个极具攻击性的词语。外来种粮大户不愿意投入生产设备,仅仅依靠土地面积的一味扩张争取总收入的提高。②

其次,对外来户的爱。政府是清楚本市的粮食经营暂时是离不开外来大户的,南市的第二、三产业比较发达,需要吸收来自农村的剩余劳动力,种地的积极性并不高,甚至在有的村在第二次土地承包时选择放弃土地,这让政府要重新组织资源进行土地的耕种,外来劳动力弥补了这个空间。

因此客观来讲,政府对外来大户又是欢迎的,又采取措施对外来大户给予支

---

① 参见南市日报社总编办公室:《善洪溪镇沈七村部分农民种粮积极性下降原因分析》,《农村工作参考》1998 年第 30 期,档案馆材料。其中记载:善县洪溪镇沈七村全村 214 户,786 人,劳动力人口 500 人左右。在第二轮土地承包种,有 149 户农户部分放弃和全部放弃土地承包权,占总户数的 69.6%,面积 41.12 公顷,占总面积的 41.1%。有 10 户全部放弃土地,除口粮田外全部放弃责任田的有 86 户,面积 25.38 公顷,部分责任田放弃承包权的有 58 户,面积 13.49 公顷。发达的二、三产业是农民放弃土地的第一个原因,村有 200 人搞运输,20 人开办水泥预制板场当老板,80 人外出开店,另外区乡镇企业的有 40 人,非农化达到 60% 以上,收入的可观对种粮农民是一个不小的冲击。第二个原因是种粮效益低,劳动强度大。特别是有文化有活动能力的青年,总感到种粮没出息,赚更多的钱才是出路。下田劳动的基本是 50 上下的中年男子和妇女。第三个原因是对未来的担忧,土地承包期 30 年虽有好处,但现实中,老的怕给小的负担,小的怕背包袱,影响以后从事其他产业。若难以转包,还给村里添麻烦,不如只种好 0.1 公顷的口粮田。第四个原因是规模经济问题。有些农户觉得面积一般在 0.67 公顷左右不上不下,效益也不是最佳(一般认为 2 公顷为最佳规模效益),认为要么多种点,要么只种口粮田,从事其他产业。而要了土地的认为种粮的同时种其他经济作物,收入还是不错的。

② 参见南市档案馆材料:1997 年 5 月 15 日《全市种粮大户调查分析》农村工作参考第 10 期,其中记载本地农户认为外来户不了解南市本地的种植方式、土壤条件和气候,唯一目的是赚钱,不想投入,搞广种薄收,甚至进行掠夺性经营。

持,包括户口迁移政策和贷款政策。[①]

2.2 职业农民到新型职业农民的变迁

2004 年,国家全面取消农业税,后期国家对农业的补贴越来越密集,国家与农民的关系发生了再一次的变化,由"索取"转为"索取"与"给予"并重。国家与农民关系的平衡点着落到新型职业农民。如果说职业农民的兴起是新型职业农民生成过程的第一阶段,是第一次具有质的变化;那么从职业农民到新型职业农民的变迁便是其第二阶段,是第二次具有质的变化。

2.2.1 新型职业农民兴起的社会基础

一方面,与职业农民兴起的背景有较大的差异,后税费改革时期,农民职业选择的多样化等使农村社会结构出现了更加明显的变化,农民的收入结构中,农业收入比重非常小。另一方面,农村税费改革,使从事农业的农民具有了扩大规模的欲望。

(1)农村劳动力绝对值与相对值的下降

如图 2.4 所示 21 世纪以来,南市农村人口呈下降趋势,从事第一产业的劳动力总数从 2004 年的 43.82 万下降到 2019 年的 25.32 万,农村劳动力占比从 2004 年的 29.33%下降的 2019 年的 14.68%。农村劳动力数量和比例的下降对土地集中或者说对于规模化经营来说是有利的。但要说明的是,由于农村土地政策的变化,2010 年后,升学与婚嫁均极少将户口迁走,导致农村总劳动力在较长一段时间内不降反升。

(2)非农户数量持续增长

如图 2.5,南市的纯农户农业兼业户是持续下降的,而非农兼业户和非农户却在持续上升。2014 年南市农民纯农户、农业兼业户、非农兼业户、非农户分别

---

① 参见南市档案馆材料:1995 年《建议注重对异地种粮大户的政策扶植》其中记载;以塘汇乡为例,17 户种粮大户,3 户为嵊县农户,其中 2 户还是 6.67 公顷以上。异地农户大多来自贫瘠山区,这里的土地对他们有很大吸引力,如果对于他们的农业投入也应该享受当地种粮大户的待遇。对异地种粮可以办理永久性户粮迁移手续。根据农期投入,分步到位优惠贷款。明确几年以上的异地种粮大户子女可与当地农家子女同样入学收费,个人建房应有明确规定。新增农具一次性投入应按 10%~15%的政策补足。

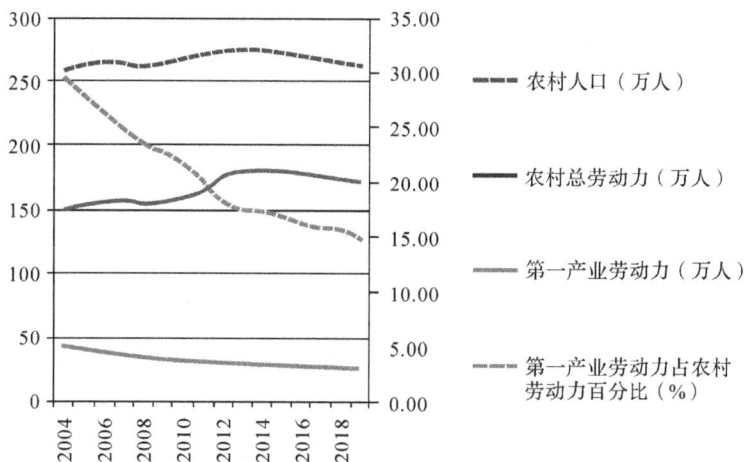

图 2.4　南市历年农村劳动力情况(2004—2020)

资料来源:《南市统计年鉴 2020》

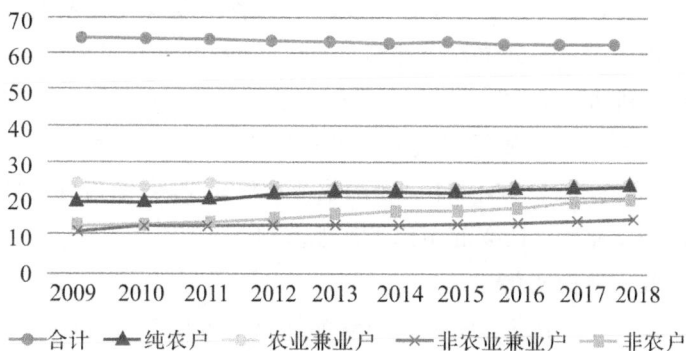

图 2.5　南市 2009—2014 农户类型(2009—2018)

资料来源:农经局历年内部资料

有 10.09 万户、21.11 万户、19.03 万户、14.01 万户。这种结果的出现应该从两个角度理解,一个是农户的角度,面对市场经济下众多的职业选择,农民具有较大的自由选择权,通过比较打工与务农的收入和方便性选择职业种类。另一个是农业现代化的角度,农业现代化的发展使农民有能力不放弃农业的同时可以兼营二、三产业。

国家统计指标体系中,这个阶段的农业现代化以三个主要指标呈现:农业机械动力、农村用电量和化肥施用量折算。如图 2.6,在 21 世纪,这三个指标中,农业机械动力在 2005 年之前有明显的下降趋势,之后发展平缓,变化比较大的当属农村用电量,呈线性增长趋势。

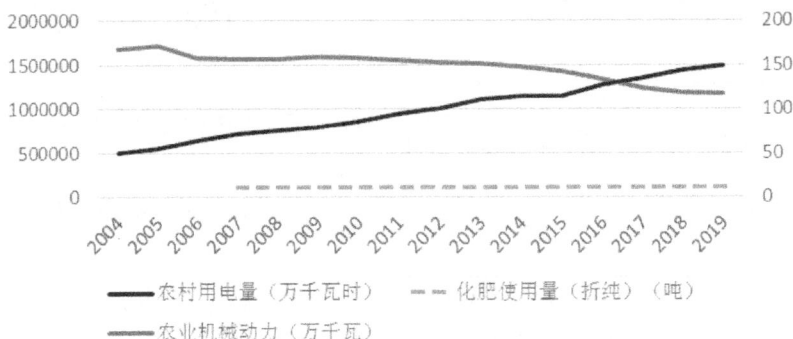

图 2.6　南市历年农业现代化情况(2004—2019)
资料来源:南市统计年鉴(2020)

2014 年下半年浙江省农业厅首次发布的全省农业现代化发展水平综合评价报告中,南市以 80.34 分位列全省第二,可持续发展水平居全省首位,所辖各县(市、区)全部进入前 30 名,同时在所有 26 项评价指标中,南市有 12 项相对领先。[①] 可持续发展水平是衡量现代农业的标准之一,意味着南市现代农业的发展已经具有较高的水平。2019 年公布的农业现代化排名,南市五县两区的排名居中,这为新型职业农民的兴起奠定了产业基础。

(3)农民收入结构变化

如图 2.7、2.8,从南市农民家庭经营的纯收入占比来看,虽然从 2004 年以来呈下降趋势,但仍然占到农民家庭纯收入的 30% 以上,说明南市农民的家庭经营比较发达。且从家庭经营的纯收入构成来看,来自第一产业的比例也有同样的发展趋势,在 21 世纪初下降迅速,而随着土地流转、社会化服务体系的完善,在 2004 年到 2009 年有上下的波动,但与之有差别的是家庭经营纯收入在农民纯收入中的占比在 2009 年之后平缓发展,而家庭经营纯收入的构成却一直在

[①]　参见王谭稳:《农业现代化的南市样本》,南市在线-南市日报,2015 年 03 月 1 日,http://www.cnjxol.com/xwzx/jxxw/szxw/content/2015-03/01/content_3282713.htm。其中记载:近几年,南市把农业"两区"建设作为推进农业现代化的重要载体,狠抓要素投入,完善基础设施。截至 2014 年年底,全市建成粮食生产功能区 1067 个,面积 5.26 万公顷;累计有 8 个现代农业综合区、10 个主导产业示范区和 41 个特色农业精品园通过省级验收,建设面积 4.86 万公顷。目前,全市建成标准农田 14.30 万公顷,占基本农田总数的 77.6%。水稻耕种收综合机械化水平达到 76%,高出全省平均 3.5 个百分点。设施栽培面积达 2.98 万公顷,居省第一。农业现代化水平不断提高。

发生变化,其中来自第一产业的收入呈明显下降趋势。说明南市农民有非农化、非粮化的发展趋势。非农化推动了土地的规模化,非粮化催生了新型农业经营主体的经营多样化。2013—2015 受到"五水共治""三改一拆"等影响,农民家庭经营收入直线下降,工资性收入的上升幅度较大,同时转移性收入有所上升,与工资性收入的增加弥补了经营性收入的减少。

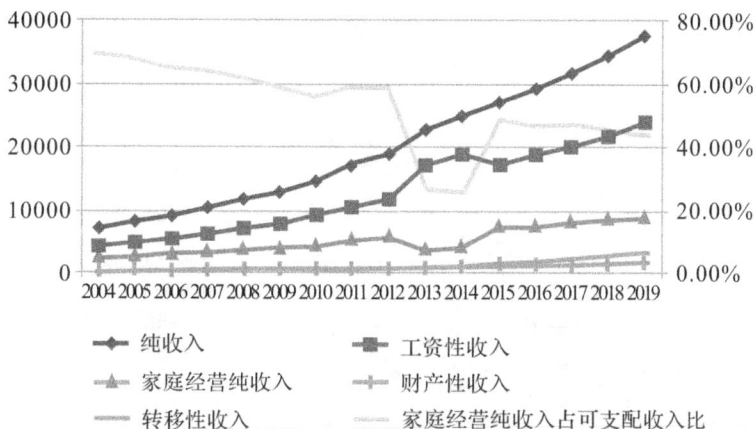

图 2.7　南市历年农村居民收入结构(2004—2019)

资料来源:《南市统计年鉴 2020》

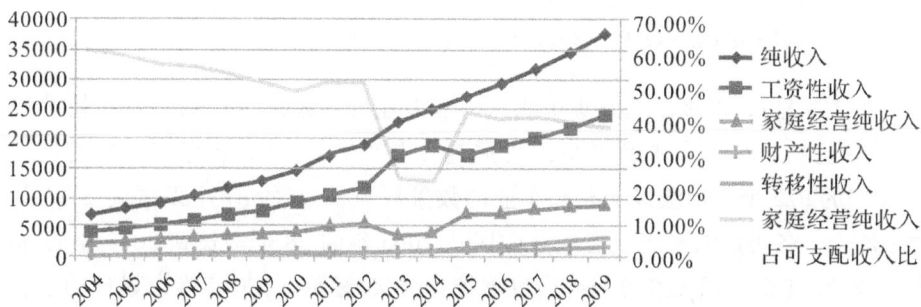

图 2.8　南市农村居民家庭可支配收入来源结构(2004—2019)

资料来源:《南市统计年鉴》(2020)

2.2.2　新型职业农民的悄然兴起

新世纪国家推动规模化的形式有农民专业合作社、龙头企业加农户、家庭农场、专业大户等。20 世纪末开始发展的农业产业化在新世纪得到迅速的推动,在其进程中,农民自发的组织化程度的提高以一种新的形式出现即农民合作专业社,如熊万胜认为合作社是制度化的意外后果。当这种农民合作组织体现了其一定的生命力后,国家对其的支持仅亚于农业产业化,况且也认为农民专业合作社的发展对推动农业产业化是有促进作用的。因此,在很长一段时间内,国家对农民专业合作社给予大量的扶持,并在 2007 年以《合作社法》的出台以期规范农民专业合作社的发展。图 2.9 展示了农业产业化和农业合作组织的总体发展情况。

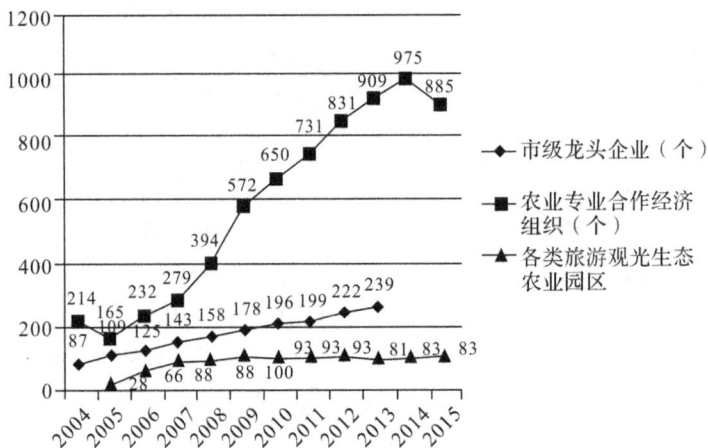

图 2.9 南市农业产业化和农业专业合作组织发展情况(2004—2015)
资料来源:南市(2005—2016)统计公报,《南市统计年鉴》(2004—2015)

图 2.9 显示,市级以上龙头企业和农业专业合作经济组织的数量在持续增长,尤其是农业专业合作经济组织发展速度较快,从 2004 年的 214 个发展到 2014 年的 975 个。市级以上龙头企业的数量从 2004 年的 87 个发展到 2013 年的 239 个。各类旅游观光生态农业园区从 2005 年的 28 个增长到 2015 年的 83 个。《2020 年南市国民经济与社会发展统计公报》显示,2020 年南市累计创建省级现代农业园区 8 个、特色农业强镇 17 个,建成单条产值 10 亿元 以上的示范性农业全产业链 6 条。从发展导向可以看到,从推动农业企业发展、推动农业龙头企业带动性发展到了推动以农业龙头企业为核心构建农业全产业链的发展。这个转变,体现了农业治理由点带面、由点强面的转变。

(1)农民专业合作社的发展

1996 年,南市成立了第一家农民专业合作社。当时政府正在进行产业结构调整,农民对种植种类比较茫然,政府引导种茭白,但第二年销售非常不好。农民找政府,认为当初是政府让种的,可是种出来销售不掉,应该是政府的责任。后来几个营销大户建立合作社专门搞销售,对农民和政府都有好处。首先,农民负责生产,而专业合作社负责技术、农资、销售等服务,提高了专业程度。其次,专业合作社的存在保证了供给。再次,专业合作社有利于农产品质量安全和行业自律。

在历年的发展中,农民专业合作社的产业结构也在发生着变化,从作者尽力搜集到的 2009—2018 年这 6 年的发展也可窥见一斑。

首先,专业合作社的发展趋向服务型。如图 2.10,种植业类专业合作社在 2009 年到 2013 年发展较快,在 2014 年略有下降。林业类专业合作社一直呈平稳发展趋势,畜牧业和渔业类专业合作社 2013 年之前发展平稳,2013 年之后迅速下降。而服务业类专业合作社在 2012 年之后增长趋势明显。说明农民专业合作社存在的目的在发生了变化。开始农民合作是出于对接市场的必要性,小农在面对市场时总是处于劣势,以合作社的名义无疑拓展了农民的市场。例如在大型超市,农民个人是没有能力将产品引进,但是合作社作为法人却完全可以进入。当合作社逐渐规范之后,又体现了产业特点方面农民合作的需求发生变化,2013 年南市对养猪业进行全面清理,在这次清理中,不论是单个的农民还是合作社甚至是农业龙头企业,无疑都受到了影响。因此 2013 年后,畜牧业专业合作社的数量有明显的减少。原因也在于专业合作社对农民生产的约束是有限的,这在外部规模化中是普遍现象,那么当国家意识到不能通过专业合作社来解决对农民的监控时,偏好自然转向了内部规模化。

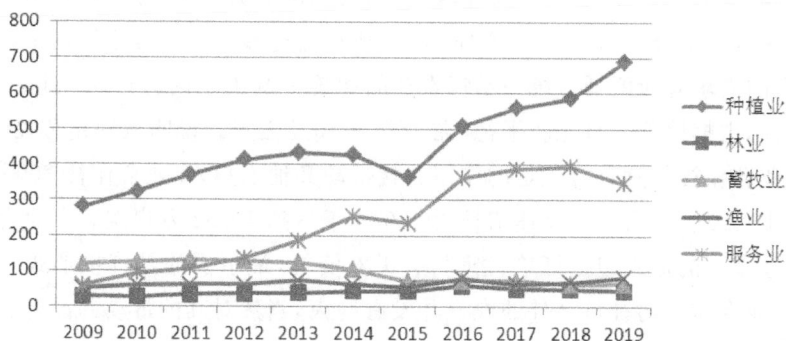

图 2.10　南市农业专业合作社构成(2009—2019)

资料来源:南市农经局内部资料

服务类的专业合作社体现出了巨大的生命力,原因在于一方面,生产类的专业合作社其带动作用和合作的"名实分离",合作的松散日益凸显;而另一方面,农民生产希望能够得到产前、产中、产后的完善的服务,这种完善的服务不可能全部交由政府承担,必须要有市场参与,要提高其公信力,而单个的农民和合作社之间显然后者更占据优势。因此,专业合作社向服务发展的趋势越加明显。

其次,政府扶持力度总体呈加大趋势。从图 2.11 可以看到,自 2009—2018 年,农民专业合作社获得的各级财政扶持资金一直是呈增加趋势的,但 2014 年到 2018 年均有所下降,而获得资金支持的专业合作社的数量是一直增加的。

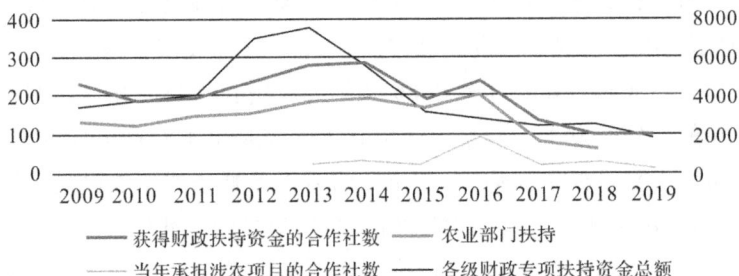

图 2.11 南市(2009—2019)合作社扶持情况(2013—2019)
资料来源:南市农经局内部资料

在获得各级财政支持的背景下,农民专业合作社到底起到了多大的作用,是否值得国家财政如此的扶持? 如图 2.12 显示了农民专业合作社对自己本社成员的带动作用,虽然在 2014 年相比较之前,培训成员数有所下降,但并不说明其带动作用有所下降,而是从一个侧面说明,成员经过多年的发展已经逐步走上正轨,培训的需求有所降低。统一销售农产品和统一购买比例达到 80% 以上的专业合作社,占据比例一直比较平稳,在 45%~50% 之间。说明从一定程度来讲,农民专业合作社仍然具有一定的作用。就带动其他农户,专业合作社 2005 年带动农户 12 万次,此后一直高速增长,在 2014 年达到 40.82 万户次。专业合作社带动其他农户的形式包括订单、培训、购买农资等,最主要的是订单形式。除了订单,农业合作社对社员之外的农户并没有约束,当然对其的带动并没有契约上的约束,是一种相对自由的规模化形式。南市农经局经管处的 XC 主任表示,今后的专业合作社的发展方向应该重在产前、产中、产后的服务。

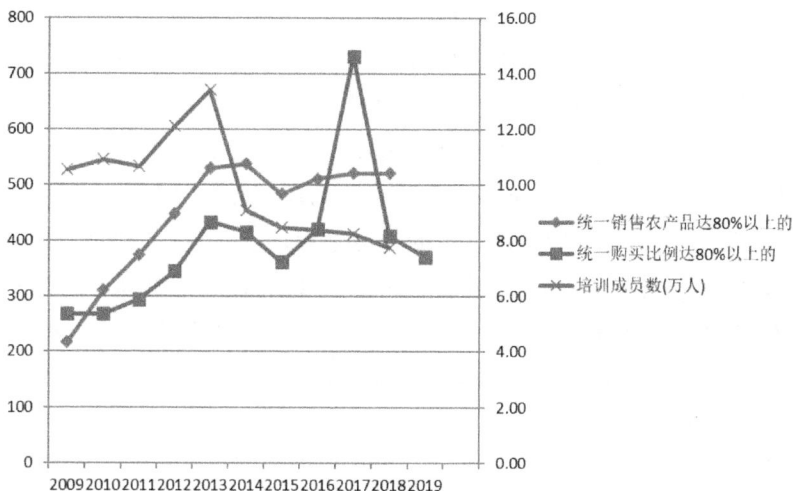

图 2.12　南市农民专业合作社的"合作"情况（2009—2019）
资料来源：南市农经局内部资料

（2）农业产业化的发展迅速

2001 年中央文件《中共中央关于做好 2001 年农业和农村工作的意见》指出："农业产业化经营，是在坚持家庭承包经营基础上推进规模经营和农业现代化的有效途径，也是加快农业结构战略性调整的重要带动力量。"认为农业产业化是实行农业现代化的有效途径，强调了其带动作用。农业龙头企业的发展对围绕农业产业化经营延伸产业链，解决产业链脱节、利益联结松散问题，开展产加销一体化经营合作，增强农民专业合作社的带动力等。早在 1999 年，南市就有各类农业龙头企业 109 家，连接 5.3 万亩生产基地，9.6 万户农户，各类农产品专业市场 164 个，农贸市场 155 个，各类中介服务组织 200 个，个体运销大户近万户。2015 年年底，南市有市级以上龙头企业 230 个左右。2002 年，南市出台针对农业产业化的优惠政策，大力培育农业龙头企业，发展农村专业合作组织，健全农产品交易网络，以全面推进农业产业化经营。并且指出农业专业合作组织可通过龙头企业发展订单农业。2020 年，统计公报显示南市现有农民专业合作社 1214 家，市级以上农业龙头企业 162 家。

这体现了政府在面对农业企业和农民专业合作社时，仍然更加看重前者的作用，既是农民专业合作社发展的桥梁又是促进农业现代化进程的渠道。但对农业企业的认知必须既要看到其带来的后果，又要看到其合理性和合法性。熊万胜(2011)认为农业产业化历来是扶大扶强不扶弱的,政府的意图是让农业龙头企业起到带动农户致富的作用,但在现实中却是另一回事儿。"农业产业化龙头企业必须带动农户,这是其背负的经济与社会责任。"①农业龙头企业"带动"农户的形式有"龙头企业＋农户"、"龙头企业＋合作组织＋农户"和"基地＋农户"等,但无论哪种形式,农业企业与农户合作的原因在于自身在市场中也处于弱势地位,因此"市场竞争激烈到一定的程度之后,龙头企业带动农户的承诺难以实现",企业对于农户的"带动"最终是无法完满的,因为家庭联产承包责任制下的小农,既不能被龙头企业带动,又不能被专业合作社带动。在今天,农产品结构性过剩时代,用财政力量支持本国企业互相竞争,说明农业产业化的合理性和合法性已经存在问题。

(3)家庭农场的培育和发展

2013年中央一号文件提出,鼓励和支持承包土地向专业大户、家庭农场、农民合作社流转。其中,"家庭农场"概念是首次在中央一号文件中出现。经营主体可以以家庭农场的名义在工商登记。

相对于专业合作社、农业龙头企业、专业大户,现代家庭农场是一种新的农业经营组织形式。2009年南市第一家也是全国第一家宏亮农场成立,2013年南市家庭农场发展到584家,2014年新增552家,共计1136家。其中省、市级示范性家庭农场分别达到36、31家。2020年新增培育家庭农场1743家,累计已有家庭农场6087家。

2009年南市第一家家庭农场成立,但直到2013年中央文件出台后,家庭农场才能在工商部门登记,此前几乎均是以公司或企业形式登记,但名称中包含有"农场"。

家庭农场起码有三个特征:一是适度规模,对家庭农场的定位是适度规模。就2014年的统计数据,南市家庭农场的平均规模是130亩。二是以家庭劳动力为主进行经营。对于家庭农场的限定是常年雇工的数量要求不能超过家庭劳动力的数量,短期雇工并没有限制。三是有法人资格。家庭农场的法人特征使主体能够直接与超市对接,相当于打开了更大的市场。对于家庭农场,根据产业方向和地域不同给予不同的扶持力度。

第一,对于家庭农场的扶持力度加大。从图2.13可以看到家庭农场受到政府的扶持力度是快速加大的,覆盖范围增加也很快,从2013年的82家增加到

---

① 熊万胜、石梅静:《企业"带动"农户的可能与限度》,《开放时代》2011年第4期,第85-101页。

2019 年的 337 家。说明政府从政策的具体执行方面给予了家庭农场极大的扶持。这种扶持,既符合了中央文件的精神,又体现了现实的需求。

图 2.13　南市扶持家庭农场发展情况(2013—2019)

资料来源:南市农经局内部资料

第二,家庭农场数量增加飞速。图 2.14 显示,从 2013—2019 年,南市家庭农场的数量飞速发展。

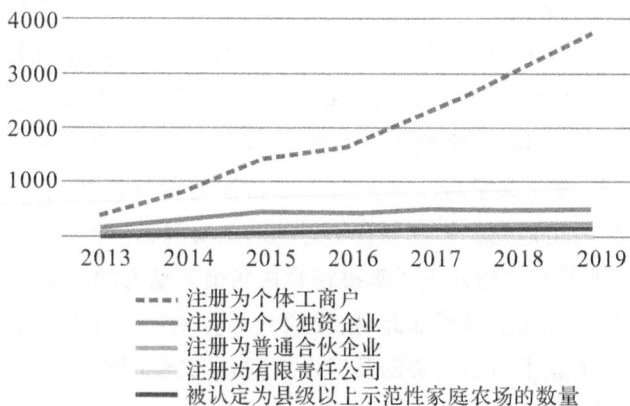

图 2.14　已在工商部门注册的家庭农场数量(2013—2019)

资料来源:南市农经局内部资料

6 年的时间,家庭农场由 584 家增长到 3754 家,发展迅速。而据 2020 年 7 月农经局口径最新统计数据,家庭农场已经有 7081 家,市级以上示范性家庭农场 145 家,其中省级以上 102 家。背后政府的推动力量有多大从中可见一斑,但从上述我们也发现登记制度的混乱,家庭农场有个体工商户的,有个人独资企业、合伙企业,甚至有登记为有限责任公司的。而且农业统计数字和工商统计数字不一致,农经局2014年底家庭农场数量仅为134家,两者数量相差甚多。但农经局薛处长,最后的统计仍然以工商登记数据为准,之所以数量有出入,是因为两个归口部门的分离。但农业扶持政策却又以农口部门统计为准。

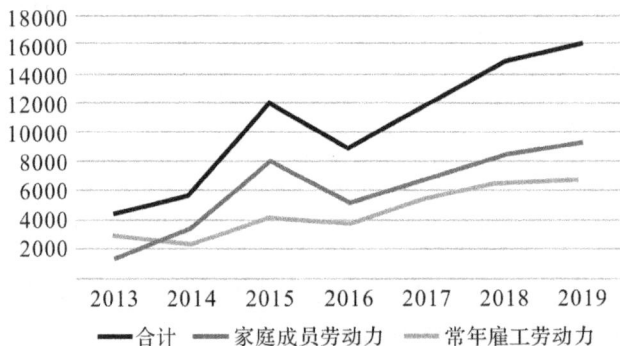

图 2.15 南市家庭农场劳动力数量(2013—2019)
资料来源:南市农经局内部资料

第三,家庭农场雇工数量减少。图2.15显示,2014年与2013年相比,虽然家庭农场的数量直线上升,几乎增长了一倍,但常年雇工劳动力数量有大幅下降。2013年,家庭农场中,家庭成员劳动力数量与常年雇工劳动力数量的比值大约在1:2,而2014年,这个比值上升到1.57:1。2015年雇佣劳动力数量开始下降,2016—2018年又呈现上涨趋势。在访谈的所有经营主体中,几乎所有人都表示雇工问题是他们在生产经营中遇到的主要问题。而政府对此也作出了努力,成立的村级劳务合作社主要解决在农村剩余劳动力的就业问题,农业雇工是比较主要的就业形式。尽管如此,留守农村的劳动力的年龄结构导致雇工年龄偏老。年老雇工除了担心工资的及时发放问题,又会顾虑与雇工之间的关系。

个案 02:SLR,68 岁

> 我受雇于外地人的家庭农场,表示明年就不想继续做了,年龄大了,身体已经不允许。去年的工资今年还没给我,又不好总是说。有时关系不那么好,因为我觉得农场主总是对我挑三拣四的。[①]

――――――――――

① 2015 年 7 月 22 日盐县华村办公室实地访谈。访谈对象:SLR,家庭农场雇工。

对于规模经营主体起到重要作用的雇工问题越来越严峻。

第四,粮食类家庭农场的发展稳定。从图 2.16 看到,粮食类各种规模的农场数量几乎是同比例上升的,但总体数量来看,3.33～13.33 公顷范围内的农场占据主要地位,2018 年大约占到 52.65%。对于粮食类的家庭农场,南市五县两区的扶持政策不同,给予的粮食补贴有差异,比如宁县给予每公顷的补贴数额是最高的,达到 4500 多元每公顷,这要取决于当地的财政情况和产业发展定位。南市除了南区,其他六个区县都是浙江省的商品粮基地,也是粮食功能区,因此对粮食类的农场发展也比较重视。

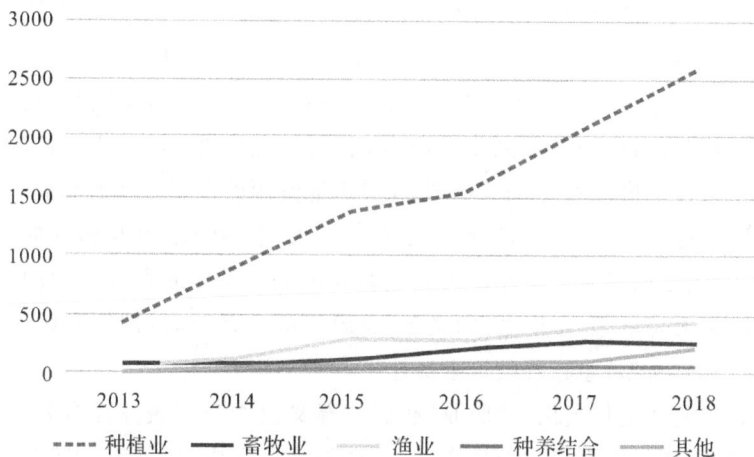

图 2.16　南市粮食类家庭农场的发展情况(2013—2018)

资料来源:南市农经局内部资料

家庭农场基本是大户在申请,多数申请的初衷是因为地方出台了某些扶持政策,经营形式与大户无大的差别,但家庭农场的法人性质使其在农产品销售和追溯方面与大户有较大不同。在销售方面,家庭农场可以直接与超市对接,免去了中间环节。同时,超市等市场主体可以对其产品实施追溯机制,这点大户经营较难做到。家庭农场既保存了大户的灵活的经营形式,又使其具有法人主体地位,能更方便地进入市场,这也说明家庭农场这种基于家庭经营基础上的适度规模更适合成为我国农业经营的主要形式。

在新世纪,国家对农民转为索取与治理并重。农民或者说新型职业农民能够充分利用政策甚至也会引导政策的生成。南市作为沿海发达地区,多项制度的出台是由于现实情况所推动的诱致性变革,如盐县的就地城镇化,其集体产权制度改革已经具备了非常成熟的条件:高度的城乡一体化、发达的产业背景等。新型农业经营主体的发展一方面体现了国家治理的强大,另一方面也体现了农民的自主性。

(4)新型职业农民的群体特征

与传统农民相比,新型职业农民有什么特性?这些特性应能够将其与其他群体区分开(以下文中所指的特性主要指生产经营类新型职业农民),能够回答为什么由新型职业农民来解决"谁来种地"的问题。

第一,政策密集。新型职业农民具有政策密集的特征。新型职业农民更加能够洞悉国家政策的动向,在与国家的关系上彰显了其主动性,利用协会等组织能够向上表达自己的意愿和想法,有一定的话语权。新型职业农民会主动地研究国家政策,部分甚至会走向极端,趁机钻国家政策的空子,谋取私利。一些投机分子利用政府出台的一系列惠农政策,名义上做农业,实际以争取补贴为目标。同时,盲目地进入农业,很容易造成对土地资源的浪费。新型职业农民会以国家政策为导向,调整自己的生产计划和生产规模。因此,在与国家的关系中,新型职业农民更加具有主动性。新型职业农民能够享受农业补贴、政策倾斜等国家资源,又无需承担"拿出去"的义务,是政策的惠及对象,即新型职业农民相较职业农民的"新型"意味着政策密集性。

第二,职业性更加突出。"职业"在辞海释义里指个人服务社会并作为主要生活来源的工作。而身份与地位有关。"如果人们是农民,就没有职业。"(孟德拉斯,2005)长久以来,传统农民是一个身份的指代,意味着落后、高额的农业负担和缺失的社会保障。一纸户籍把城乡居民隔离开来,农民无法享受与城市居民对等的教育、医疗、养老等社会保障。农民身份的固化让他们几乎无法脱身,也无法进入到其他职业。传统农民被户籍约束,是终身制而且是世袭制的,城乡巨大的差异使农民想方设法地让子女摆脱自己的命运。自古以来的科考制度给予农民子女向上流动的机会,少数具有商业头脑积累了原始资金的农民也在城里买房,另外嫁娶也成了向非农流动的渠道之一,这些渠道主要的目的是更换农民身份为城市居民身份。

而新型职业农民意味着农民是一种职业,不以户籍而论,不以居住地而论,仅以工作的方式而论。像LH、SJF已经是城市居民,但又回头从事农业,成为新型职业农民。农民是一项与其他所需技术、所需方式不同的工作。与其他职业类似,新型职业农民应有进入和退出机制。以生产经营主体为例,其进入应该具有一定的培训经历且达到一定的水平后给予核发证书,并以此为进入土地流转市场的门槛,且应该严格执行。同时,作为农产品的供应者,为保证粮食安全,新型职业农民应该遵循职业道德标准和职业相关技术标准。作为一种职业,也应该使得从业者享受社会保障制度。最后,作为职业,新型职业农民应该具备一定的退出机制。和其他职业不同,新型职业农民业务的工作对象是土壤和农作物,例如对一些常年生的农作物来说,由于外界环境或自身原因的退出,如果将还有一定产出的农作物铲除势必造成资源的浪费。若建立合理的退出机制与规划机制,可以让新进入的新型职业农民减少投入的同时也减少了退出方的损失,最大限度提高资源的利用效率。技能服务类新型职业农民是作为职业,应该具有一定的保险机制。

目前我国对于新型职业农民的研究尚在起步阶段,其实践更是落后于发达国家。日本对农业人的认定值得借鉴,《农促法》规定了"认证农业人"制度,想要从事农业的人,事先要制定农业计划,交到市町村,根据村的构想、计划可行性和农地利用效果决定是否能够获得认证①。美国主要的农场形式是业主制农场,产品专业化程度高,产供销的契约化程度高②。澳大利亚 800 公顷以下的中小农场居多,在竞争日益激烈的市场环境中,依靠农民联合会,农民可以提高自身的竞争力。日本的农协为农户提供了一系列综合的服务,使农户能够专注于生产环节。这似乎给我们提供了思路,目前在我国并没有普遍建立新型职业农民的职业规划机制,对于职业的进入和社保机制也仅仅处于试点运行阶段。即使有借鉴先进经验的想法,必须经过上级部门的核准,才能实施,因为其牵涉其他相关部门的相互衔接。但如果退一步将职业理解为具有相同生产经营特质的工作种类的话,显然目前新型职业农民是确实存在的一个群体。这也是本书慎重将研究主题定为新型职业农民的兴起的原因。

个案 03:DJ 善县农经局

善县为了鼓励职业农民,设想将社保作为扶持政策,但对国家和其他级别政府又有所顾忌,到目前为止,社保和拆迁政策等都没有完全解决,毕竟农业部没有明确的指示。③

因此,建立完善的新型职业农民的职业规划机制实施引导和规范迫在眉睫。

---

① 关顾俊作:《日本的农地制度》,金洪云译,三联书店 2004 年版,第 285 页。
② 黄祖辉、陈龙:《新型农业经营主体与政策研究》,浙江大学出版社 2010 年版,第 197-209 页。
③ 2015 年 7 月 1 日实地访谈。访谈对象:DJ,善县科教科。

第三,技术密集。如图 2.17 所示,生产经营型拥有职业资格等级的比例更高,一方面这与两者的经营特点有关,特别是农业经纪人,其进入的门槛比较低,导致其进行资格认定的动力较小。但对于资格证书的重要性,78％都比较认可。按照农业部定义的新型职业农民应为:"新型职业农民是以农业为职业,具有一定的专业技能,有一定生产经营规模,收入主要来自农业的现代农业从业者。"因此,新型职业农民应该具备一定的专业技能。不少新型职业农民是原来的专业大户,这部分一般具有专业技能,但经过资格认证的比例不是很大。生产经营型职业农民有很大比例,虽然在政策引导下进入农业,但往往缺乏专业技能,导致农产品质量不高,土地耕种效率较低。

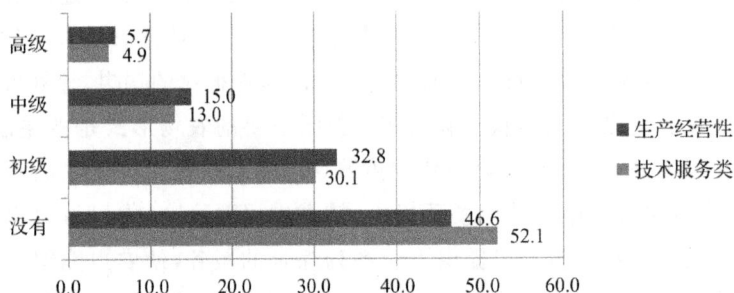

图 2.17　新型职业农民职业资格等级分布
资料来源:作者与南市农经局合作的调研结果

传统小农的生产借助于经验和老方法,进行的是不计人工成本的生产。孔子曾在回答如何学习农业生产时,说"吾不如老农",荀子也曾说在农耕方面"君子不如农人"。在农业还处于经验阶段时,发展的动力来源于直接生产者。即使在 20 世纪,我国多数小农的生产技术来自自己多年从事同种种养对象的经验积累,信奉只要肯吃苦就能种养出好的农产品,在技术获得方面具有封闭性。在传统的耕种方式下,生产秉行"安全第一"的原则,农民关注的不是拿走了多少,而是剩下了多少(斯科特,1976)。多数农民进行的是不计劳动力成本的生产,并不把自己的劳动力投入算作总投入成本。通常少有记账,每年在投入—生产—销售—投入的循环往复中,将自己销售所得作为自己的最终收入,在过程中花掉的生产费用和日常生活费用都很模糊。

表 2.2 显示,新型职业农民更加有获取新技术的动力。其技术来源于专业的技术培训与指导,同时也乐意将自己拥有的技术传授给周围的农户。

表 2.2　新型职业农民培训积极性

		生产经营型次数	百分比（%）	技能服务类次数	百分比（%）
有效	主动报名	180	72.9	110	89.4
	被动员才来	66	26.7	12	9.8
	总计	246	99.6	122	99.2
遗漏	系统	1	.4	1	.8
总计		247	100.0	123	100.0

资料来源：作者与南市农经局合作的调研结果

新型职业农民作为技术的获益者同时又带动周边的农户提高种养技术，使技术的传播速度更快，这种一传十、十传百的葡萄串式的传播方式，能够在短时间内大范围提高农户的专业技术，起到很好的技术推广效果，同时也体现了新型职业农民带动农户的方式之一。

第四，进入市场的方式更直接。熊万胜（2009）用差序格局解释了市场主体在横向和纵向上的不平等，以及建立在这种不平等基础上的秩序。认为经营主体由于企业之间的性质、等级，企业与个体之间、贩子与权力部门的"关系"都会影响其在市场体系中的生存环境。传统小农和新型职业农民在市场方面表现了市场进入先机、市场走向、市场对接方式的差异化。传统小农销售多借助于零售、主动来收购的客户和批发市场，呈现被动的参与和接受，在强大的市场面前，讨价还价的能力较弱。与此相比，新型职业农民具有法人地位，可以理所当然成为市场的主体，更能占有主动地位。新型职业农民努力依靠自身的社会网络等开拓市场，并借助于电子技术打开市场。但目前依靠电商的依然是年轻的新型职业农民。新型职业农民为了掌握市场先机，往往采用较高的技术，将农作物的成熟时间提前。因此，与传统小农相比，新型职业农民在进入市场方面更加具有主动性。

第五，趋向资本密集。新型职业农民的种养规模较大，追求规模经济，这也意味着大量资本投入，包括土地租金、农资、劳动力投入、机械投入等，这需要生产经营者具有一定的资本实力和借贷能力。同时，农业规模生产不同于工业规模生产，农业本身是需要精心照料的产业，规模生产的精心程度往往弱于小面积的生产，最终导致前者单位面积产出低于后者的单位面积产出，但规模生产往往以量取胜，大量资本的投入能够消弭生产的粗放型带来的负面后果。再者，先进的生产方式、新技术的应用、现代化设施的搭建等都需要较大的资本。因此规模生产的前提是具有资本基础,属于资本密集型。

总的来说,新型职业农民应该具有以下特征:技术密集型、政策密集型、资本密集型、职业性、主动性、直接性的特征。同时作为新型职业农民比传统农民更加具有社会责任感,对土地的使用兼顾生态的发展,对粮食的安全负有直接的责任。由于可以规模经营,能够得到比传统农民更可观的收入。另外成员属性的无约束性也是新型职业农民的特点。所谓成员属性的无约束性是指,不管是农民还是城市居民,都可以将农业作为职业;不管是否居住在农村社区,都可以从事农业。但不管新型职业农民有多少新的特性,其并非与传统农民完全决裂,更多的是正处在变迁的过渡阶段,两者之间仍然有共同点。

当前农民发展实践证实了新型职业农民的存在,但由于其含义的历史局限性,在将来的不同阶段中对其的解读将会存在差异性。

2.2.3 新型职业农民多元化来源

无论是传统小农的转化还是工商资本进入农业,都在一定程度上体现了主体的抗争性。面对结构,还是变化着的结构是主动抗争,还是适应环境,被动抗争,无论国家治理如何具有引导性,新型职业农民仍然具有自身的理性选择。如表2.3所示,新型职业农民的来源呈现多元化。

表 2.3 新型职业农民之前职业分布

		生产经营类频数	合计	百分比
有效	纯小农	49	80	21.7%
	兼业农民	56	81	22.0%
	农业雇工	15	19	5.1%
	经商	31	41	11.1%
	乡村干部	22	41	11.1%
	科教文卫工作者	7	12	3.3%
	二三产打工者	22	41	11.1%
	大学生	8	11	3.0%
	其他	36	43	11.7%
	总计	246	369	100.0%

资料来源:作者与南市农经局合作的调研结果。

大部分的新型职业农民之前也从事农业,从事经商的占11.1%。影响生产经营类职业农民从事目前工作的主要原因有政策引导(34.1%)、收入高(26.8%)、亲朋介绍(19.5%)。① 相比之下,生产经营类更加注重政策引导,由于生产经营类面临的农业风险较大,政策的倾斜在一定程度上可以消解农业风险带来的损失,因此更加看重政策的引导。接下来主要分析的是对本地农业影响较大的外来小农、本地传统小农、大学生和工商从业者。

(1)外来小农的进入

从 20 世纪 90 年代后期,从不发达地区到发达地区从事农业的农民逐渐发展,这批被称为外来大包户的农民,在南市不在少数。就盐县 2014 年底统计,357 家家庭农场主有 30 名来自外省。②

第一,顺应形势的土地流转。在第一轮土地承包(1983—1997)中,农民一年除去上缴的各种税收,家中所剩无几,改革开放和城市的开发让大批农民走入城市谋生,成为农民工。1998 年,恰逢第二轮土地承包。诸多农民更加认识到在土地上辛苦一年所得远不及在企业做工,于是宁愿家中土地抛荒,也要出外谋生路。一批种粮大户正是看中了这点,在别人都不要土地的时候,进行土地经营,这种情况在长三角地区尤为普遍。他们算了一笔账,每公顷的上缴税大约在1050～1200 元,加上土地管理费 525 元,总共上缴的费用在 1700 元左右,那时压根没有土地流转的说法,也就没有土地流转费。部分土地是私下里流转,如江浙一带,"我帮你种地、我帮你缴税"的默契在土地经营者和土地承包者之间达成。而在普通农户那里,胆大敢为,成了评价第一批大包户的词语(当地称规模经营土地者为大包户)。这批大包户,到现在为止一直扩大着经营规模。而在经济发达地区,情况略有不同,第二轮承包时,由于集体工业发达,多数农民已经实现了非农就业,自然不肯再要这成为包袱的土地,没人愿意种地,土地承包不下去。集体开始出面解决问题,将土地集中起来包给外来农民。这样外地人进入了当地农业,这批人被称为"代耕农",也被称为"农民农"。在长三角、珠三角一带形成了以外来大包户为主的家庭农场经营形式。基本实现了外地劳动力和本地土地资源的有效结合。

2000 年左右,农民注意到了大包户的效益,自然不肯让大包户白白地种自己的土地,大包户陆续开始向承包户交付土地流转费。2004 年国家统一取消农业税后,大包户们交付给土地承包者更多的所谓土地流转费。从 20 世纪 90 年

---

① 数据来源于作者与农经局合作的新型职业农民的调查结果。
② 参见盐县农经局内部资料。

代末到现在整个南市的土地流转费经历从零到有,再逐渐按照稻谷的产量计租的历程。因为有了这部分在整个土地投入中比较主要的成本,如果没有国家政策,容易亏损。所以种粮大户总是希望降低土地流转费。这部分积极转化的小农随着技术的成熟,一般还指导着周围农户的技术,这个群体一般是以种粮为主。这个群体跟村里的联系基本上有政策补贴、统防统治、村里开会等途径。主客关系较好。JZJ谈到自己的雇工、邻居等会不时送一些自家产的物品。

第二,"差序格局"的重构。南市的种粮大户几乎被来自安徽的外来户承包,他们20世纪90年代末背井离乡,出外打工,由于没有较高的专业技术,打工的报酬并不高。南市当地的工业比较发达,当地人从事非农产业比例较高,余下家里较多的田地无人耕种。90年代中后期,第一批安徽大包户到了南市,开始种田为生,除却帮承包户上缴各种税费,效益超出了打工报酬,尝到甜头的外来者开始介绍亲戚再后扩展到地缘的老乡,来到南市种地,各自承租至少200亩以上的土地,技术属于互帮互助,辅以镇上组织的各种普及型的技术培训,这种地缘结合亲缘的群体联系紧密,一旦谁家有什么问题,其他家也是倾力相助。

对于这个外来群体而言,种地比在外地打工还要挣钱,因此积极转化到职业种地的角色。在没有其他外界可以依赖的条件下,地缘亲缘仍然起到了非常大的带动和帮扶作用。费孝通曾经用差序格局形容传统的农村社会,而在新世纪的今天,差序格局仍然起到作用。差序格局之所以能够起作用,首先因为,对外来户而言,作为小家的举家外迁并不是一件小事,考虑到家里老人的安置、家里土地的流转、房屋的保管等种种因素。如果离乡,必须有足够的收益增加额能够抵消远离家乡带来的种种不适。其次,带领者或介绍者必定有足够的说服力,自身的收益状况是最佳证明,同时带领者和介绍者与被带领者关系的远近影响了其说服力的大小。再次,在他乡,因为缺乏安全感,希望能够进入某个群体的归属感远远大于在家乡的情况。新的差序格局在带领者的实际效益、原有差序格局的关系以及主客关系的影响下逐渐形成。与原有差序格局不同的是,因为产业几乎相同,共同话题更加多,联系更加紧密。同时,因为在异乡,似乎多了一种"抱团取暖"的安全感。

个案 04:JZJ ,盐县华村

华村的 JZJ 开始 1998 年在宁县承包 2.66 公顷地,是由其小舅子孙某介绍而来。孙某在上海种过十几年地,因为路途不方便,那边是水路,后来又由于上海市对农业的重新规划,选择来到南市。现在申请了汶桥农场,2012 年注册。正好国家有政策,申请农场可以得到 1 万元补助。

目前仅 JZJ 的亲戚老乡就有上百户在南市,规模大小不一。小的13.33公顷,大的 130 公顷。这两千亩需要横跨南市几个县区,大部分都是种粮,少数种藕、葡萄,且面积较小。孙某种粮53.33公顷,有多年的种粮技术了,也种习惯了。种粮需要勤快点,农忙时往往需要两三点起床,晒的又黑又瘦。大家农闲的时候会在一起吃酒,忙的时候都没有时间休息,不会吃吃喝喝的。

(为什么种粮?)不种不行。打工收入少,年龄也大了,自己也没有特别的技术,1 年也就挣几万块的苦力钱。(没有技术,谁愿意多出钱啊?)现在跟着孙某他们来南市,种粮相对简单,这么多年了,技术也有了,一年还能剩余十几万块钱,不错。[①]

第三,选择产业的动力机制。JZJ 的情况和大多数外来种粮大户类似。在JZJ 的老家还有 0.2 公顷地,原来在家就务农,现在老家的地租便宜,流转出去也就 3000~4500 元每公顷。老家也有房子,三间大瓦房,也有两栋。所以不用在南市买房,南市房价也太贵了,在南市,JZJ 在田地边上租房,房租就 500 元左右,自己简单装修,一家人都住里面,挺好。他有两个儿子,大儿子在老家 2008年就给他买好的房子里刚结完婚。儿子 26 岁,跟着 J(蒋)某干,儿媳在王店卖手机,一个月 3000 元。小儿子刚刚大学毕业,闲了帮自己干活,但过段时间还得自己找工作的。

除了种粮比较简单,同时粮食的农忙时间相对集中。因此,除了种粮食,老J(蒋)还需要在农闲时节打打零工。种粮食一年大概忙 9 个月的时间,其余的时间自己再找零工做,补充家用。

第四,风险和订单:外来户的惆怅。一方面农民无法对抗农业风险。对于种粮食来说,政府出保险费。属于最早来到南市的 S 某说有一年台风特别大,赔偿

---

① 2015 年 7 月 22 日盐县华村实地访谈。访谈对象:JZJ,农场主。

了几万块钱,大大弥补了他们的损失。

另一方面面临订单的减少。对外来户,村集体审核比较严格,大规模的流转都要事先交足100元的押金才能通过。但更让他们纠结的是越来越高的土地流转金,现在已涨到800~1000元。但与之相对应的是较少的粮食订单,订单余下的粮食价格更加便宜,两者之间差距大概在1毛2分,如果种的面积大了,粮农自然很看重这个差额。

除了外来大包户,外来雇工也有较大的市场,XYJ、BNX就雇用了多对外地夫妻。以夫妻的形式雇佣,显然提高了雇佣关系的稳定性。本地为外地人提供的基础教育服务也比较有吸引力,但也引起当地人的抱怨。

个案 05:YZL 鹿村

鹿村小学中一个班44个人竟然有26个来自外地,造成本地人责怪教育资源被侵占。这样本地人对外地人又是一种比较复杂的情绪。[①]

(2)本地小农的转化

图2.18显示了南市农民专业合作社带头人为农民的组成结构,可见村党支部书记在历年中都占有主要的比例,其次是其他村组干部,村民委员会主任作为带头人的比例越来越大。总的来说,农民个体占据的带头人数量呈现增长趋势。图2.19显示了农民专业合作社带头人的来源构成,其中除了农民占据主要来源,大学生、企业、基层农技服务组织等参与构建农民专业合作社的数量也是呈现逐年增长的趋势。这说明:第一,进入农业的主体越来越多元化,而不是传统观念中的只有农民才从事农业。第二,农民专业合作社中,村干部仍占据了非常大的比例,在争取项目资源方面有相对比较便利的条件。

本地农户转化为新型职业农民的动力机制。

① 专业大户:缺乏其他技术与看重农业效益。部分农民世代从事农业生产,鲜有渠道获得非农业的从业技能,认为自己最擅长的就是种地。同时,缺乏其他的社会网络支持,因此除了一直坚守自己的一亩三分地,还不断地扩大种植面积,规模一般会控制在家庭经营范围内,即在非农忙季节靠自己家庭能够完全应付,农忙季节会请少许零工。这类小农通常由传统小农转化为专业大户。他们意识到单纯凭借经验的种养已经无法适应社会需求,开始寻求外界的技术资

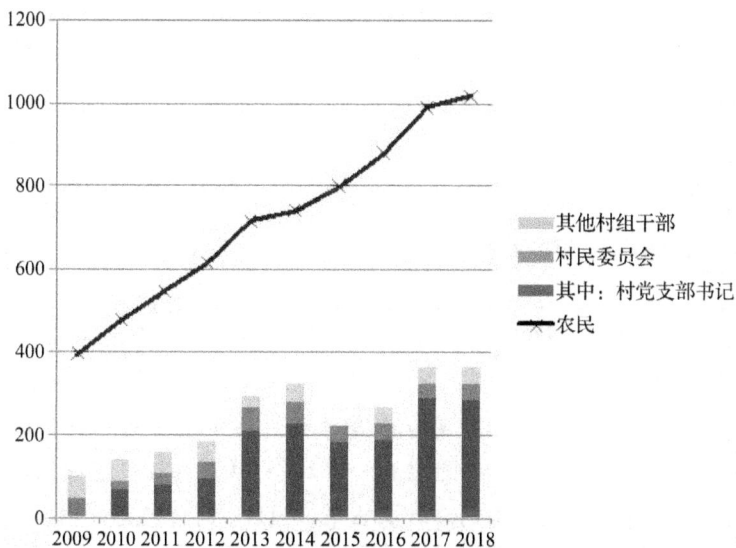

图 2.18　南市农民专业合作社带头人来源是农民的构成(2009—2018)
资料来源:南市农经局内部资料

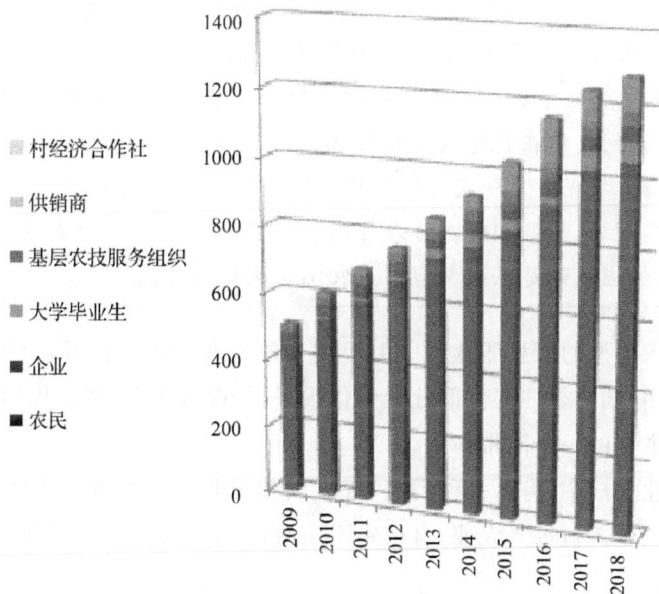

图 2.19　南市农民专业合作社带头人来源构成(2009—2018)
资料来源:南市农经局内部资料

源。借用一位专业大户的话说,不服不行,老办法过时了。这些专业大户的种养技术开始一般来自亲戚朋友的传授和自己的摸索,也会积极参加农科院、农经局组织的各类培训活动,甚至会自费去更专业的机构接受短期培训。南区南村的 WJY、HHL、善县鹿村的 CYF 都属于这种类型。这些主体基本以专业大户的形式从事农业。

个案 06:WJY,HHL,南区南村

南村的 WJY 和 HHL 因为土地相邻,因此共建了一个设施用房。两人分别种植 2 公顷和 1.86 公顷的土地。WJY 以前是驾驶员,2000 年回来流转土地种地,入股了 ZYF 的葡萄专业合作社。每年除去成本能收回 20 万元左右,对于培训,他几乎不放过任何一个机会,认为培训是有效果的,但又怀疑培训的人并没有把全部的招数亮出来。HHL 的情况与此相差无几。①

个案 07:CYF ,善县鹿村

CYF 已经 53 岁,自己和老伴种了 4 个番茄大棚,几乎每天都窝在棚里劳作。因为人工较贵,CYF 表示不舍得雇人,反正自己和老伴没事情干,还能做得动。其技术也是自己长期的实践中摸索而来。其实,他更多具有传统农民的特性,但在新时代的到来,这个类型的是否依然能够靠自己的经验技术对接市场呢? 在一定的时期内,是有生命力的,其种植了接近 0.67 公顷的规模,但也只是相较以前农作物的转变和规模的外延式的扩大。是职业农民,但应该说是在向新型职业农民发展的道路上。②

这种内生型的新型职业农民由于具有较专业的种植技术,对周围的农户具有带动作用,同时往往提供部分社会化服务,如农资代购、产品代销等业务,成了生产经营主体的一个附带作用。

在专业大户中,有另一种类型,依靠以前做其他生意有了进驻农业的资本,因为看重农业效益进入农业,自己并不懂专业技术,需要专门雇佣工人或者重新学习技术。

---

① 2015 年 7 月 8 日南区南村实地访谈。访谈对象:WJY,HHL,专业大户。
② 2015 年 1 月 27 日鹿村农地实地访谈。访谈对象:CYF,鹿村,专业大户。

个案 08:PXL,45 岁,农场主

我原来做水上运输做了 17 多年,每年也就挣 3 万～4 万元。2010 年水上运输被淘汰了,就用原来积攒的钱加上卖掉 4 只船的资金,朋友传授甲鱼养殖技术(第一年全程指导),开始养甲鱼。总投入 70 多万元,贷款只能 20%,开始承包 1 公顷,现在 1.2 公顷。2014 年收入 70 万元,夫妻俩收入还可以,几乎不用雇工。

个案 09:YQF,鹿村

我原来做装潢、厂房建筑、开餐馆,做了好几种(旁边的村主任介绍说这是我们村的大老板)。我这 3.13 公顷的黄桃销售三年前几乎全靠做生意累积的人脉,这几年儿子帮我在网上销售近一半,另一半靠老客户,销售肯定不成问题。越是大户越好销售,因为客户都是大批量购买,小户呢就到马路上销售。黄桃的价格虽然比较稳定,但你要保证有关系,要有销售网络。①

专业大户由于并不具备法人资格,直接进驻超市很难,必须依托合作社等。因此从这点来看,专业大户似乎只能算是新型职业农民的后备军。

② 技术优势与商业意识驱动。部分农民由于进入某个产业较早,具有较丰富的经验,同时具有较强的商业意识。他们一般会比较主动地申请专业合作社或者家庭农场,如善县鹿村 ZY、盐县横村 CQ 农场的 BNX、南村的 XYJ、盐县华村的 XYJ、桥镇胥村 TGH 等。这个群体可以从以下几个方面理解。

首先,部分主体能够利用自己的优势发展生产和经营。但种植显然已经不是他们的重点,在某种程度上他们更多地承担了"农业经纪人"的角色。对于某些不易保存、种类繁多的农产品来说,农业经纪人无疑是农户与商贩之间的桥梁,一方面商贩由于缺乏信息不敢贸然单独去寻找农户;一方面农户由于量小不能引起商贩的重视。在销售季节,有的农业经纪人能得到 10 万～20 万元的回报,比较典型的应属利锋专业合作社的 ZJF、CYG,十八里桥研究所的 LGK。

---

① 2014 年 7 月 17 日鹿村村委实地访谈。访谈对象:YQF,专业大户。

个案 10：ZJF，善县鹿村

ZJF 的合作社 2007 年成立，有农户 20 多家(仅仅是挂名而没有入股)，因为当时农民心里没底不愿意投入股金。因此，实际上股金是自己出的。因为 Z(张)技术较好，种出的黄桃质量较好，再加上自己有一定的社会关系，因此合作社成立后销路很好，后面农户找来求教技术并希望代销产品。现在有 100 多户农户加入，主要是一起销售，而不参与合作社的运营管理。能够保证被合作社协助销售的前提是符合合作社的生产种植标准，主要是种植技术普及、农药化肥的施用量和种类。合作社也通过农药农资店监管合作社的社员的生产过程，防止农药过量或者滥用违禁农药而影响销售。合作社的好处是，因为规模大，可以确定农产品的价格，其合作社在 2014 年是姚庄销量最大的合作社，因此有较为主动的定价权，但也做不到垄断，毕竟价格都比较透明。合作社的销售方式多样化：进超市的占 30%，网络销售占 50%，其余的进入批发市场或者外地商贩来收购。这种多样化的销售方式保证了农产品销售的顺畅。对于自己承包的 2 公顷，每公顷地核算人工、地租、农资大约在 6 万元，每公顷收 3 万斤黄桃，每斤 7 元计算，净利润在 15 万元左右。ZJF 提到一点，也可帮助合作社外的农户寻找销路，但一般是与大户合作，显然也是为了降低讨价还价的对接成本。[①]

个案 11：CYG，合作社负责人

我现在自家 4 公顷黄桃，主要从事桃皮收购，再销售。今年销售 60 多万斤，销量比较大。之前有杭州连锁超市和网商、老客户的销售渠道。因为黄桃主要是销售问题，所以销售的作用还是比较大的。[②]

CYG 与 ZJF 的区别在于，其合作社规模小于 ZJF，但其自身耕种的规模大于 ZJF。相较而言，ZJF 更能动用各种资源从事开拓市场帮助社员销售农产品。

[①] 2014 年 7 月 21 日善县鹿村村委、7 月 23 日善县鹿村合作社 ZJF 办公室实地访谈。访谈对象：ZJF，合作社负责人。

[②] 2014 年 7 月 21 日善县鹿村村委实地访谈。访谈对象：CYG，合作社负责人。

个案 12:LGK,南村

> LGK 原来是区上的公务人员,研究所是其爱人成立,现在主要由自己和女儿负责。其爱人原来分管果蔬农业方面的工作。2002 年成立葡萄研究所,当时有 1.33 公顷基地,现在 13.33 公顷基地。研究所现在的主要业务是技术培训和种苗、农资销售。成立之初主要下地培训,现在采取在研究所集中培训的方式,每年组织六次大型的免费培训。研究所的运营主要靠种苗、农资销售运行。虽然自己是规模化种地,但因为雇佣的人工成本较高,成本比散户要高一倍,散户大约在 45000~60000 元每公顷,自己却需要投入 112500 元每公顷,种植不属于自己主要的收入来源。在销售季节充当农业经纪人角色,每箱收取 2 元。①

其次,能够较一般散户更能主动地争取政策补贴。这些主体,比一般农户对政策敏感,能够较为积极地去申请政策补贴,甚至动用各种手段公关作为拿到补贴的方法。

个案 13:XYJ,盐县华村

> XYJ 原来在本地打工,1999 年承包了本村 6.67 公顷土地,因为二轮承包时,很多农户不想要土地,因此承包比较容易。这种情况也一度引起承包大户数量的增加。2010 年村子适逢拆迁,很多是整村拆迁,遗留的农田给承包大户增加面积的机会,现在 XYJ 的华星农场已经有 73.33 公顷。对于项目的申请很有积极性,甚至因购买县里第一架喷药飞机申请到了 30% 的补贴。②

个案 14:ZY,善县鹿村

> 我这里有 23.33 公顷的大棚,雇佣 30 多个工人进行劳动,管理依靠自己的家庭人员。有时候也会积极主动的"跑政策"。但也麻烦,还不一定有结果。人家都跑,所以有时候我也跑跑。③

---

① 2015 年 7 月 2 日南区南村八桥葡萄研究所实地访谈。访谈对象:LGK,葡萄研究所所长。
② 2015 年 7 月 22 日实地访谈。访谈对象:XXJ,盐县华村,农场主。
③ 2014 年 7 月 14 日实地访谈。访谈对象:ZY,善县鹿村,合作社负责人。

个案 15:ZXQ,平市渔村

2013 年刚成立舒其家庭农场,以前也在上海承包过土地,后来回平市老家流转 113.33 公顷土地,水稻 66.67 公顷,蘑菇 33.33 公顷,毛豆 13.33 公顷。 所有农种技术基本靠自己摸索,现在农技站的技术人员也会主动过来服务。因为南市距离市场较近,农产品基本不愁销路。在设施房后人工挖了一个大塘,养了鸭子、鹅、鱼类。这个水塘可以说是公关水塘,时不时得请上下的大小"朋友"过来钓鱼,休闲。这样,贷款、项目审批更加顺畅。①

再次,有一定的品牌意识。这类主体除了具有专业技术外,还比较看重品牌的力量,这几乎是多年的市场得到的经验。因为有了品牌,就可以更容易与超市对接。

个案 16:XYJ,39 岁

我自己申请专业合作社的原因主要在于申请品牌的便利,只要有了专业合作社的名义,那就可以打出自己的品牌,便于销售,而且有更好的销售。②

而 ZJF、CYG 都有自己的品牌。

个案 17:TGH,52 岁

我 1994 年就开始种葡萄,2009 年成立专业合作社,因为种得早,积累了不少经验,TH 为合作社的农户也提供免费的技术指导。因为新品种越来越多,自己还在地里留了一亩的试验田,专门试种新品种,试验成功后才敢大面积的推广。最难的还是技术,基肥的处理、打药的频率、时间和种类、何时剪枝、如何剪枝等,都需要专业的技术支持。这些我最缺乏的,因此凡是培训自己都很积极,并且自掏腰包主动参加外地的培训课程。申请了无公害产品认证,得到 1 万元补助,验收时需花几千元。这个认证让自己能在市场上比同类产品每斤多卖 1~2 元。同时,还注册了自己的品牌。③

---

① 2015 年 7 月 30 日实地访谈。访谈对象:ZXQ,平市渔村,农场主。
② 2014 年 7 月 20 日实地访谈。访谈对象:XYJ,善县鹿村,专业大户。
③ 2015 年 8 月 5 日实地访谈。访谈对象:TGH,南区胥村,合作社负责人。

最后,超出家庭经营规模的转包。有的主体,经营规模已经远远超过了家庭经营规模的范围,但总在不停地申请土地,只要有地就继续申请。政府的把关和其从事农业的意义受到一定的质疑。

个案 18:BNX,50 岁

> 我在 2013 年注册家庭农场,193.33 公顷地,主要种植粮食。除此之外,自己在桐市还有以常青合作社申请的 133.33 公顷。它的承包方式与以上几类都不同,自己承包之后再采取转包的方式包给外来大包户,也主要是转包给安徽人。对方一般以家庭为单位经营,每家经营 5.33～23.33 公顷大小不等的规模,自己入股 30%,分红按照自己 25% 的比例分红。BNX 表示如果有地还想承包。在经营中,主要是担心安徽人中途走掉,自己 2～3 天会到田里巡看。对于 BNX 来说商业意识已经盖过了技术专业性,似乎更加具有经纪人的性质。[①]

③ 具有农技专长的村干部。南市南区南村的 ZYF、善县鹿村的 SJJ 都属于这种类型。不同的是 ZYF 是因为将合作社办得红红火火,成为国家级专业合作社后被推选为村书记。SJJ 仅有自己的几个蘑菇大棚,技术也很好,但并没有牵头成立专业合作社。

个案 19:ZYF,村干部、合作社负责人

> ZYF 的专业合作社 2005 年成立,自己有 20% 的股份,155 个社员来自全国各地,40% 来自南村本地,60% 来自外地,是一个法人企业,提供专业技术服务。无偿为社员提供种苗,进行免费的技术交流、服务和培训。由于专业性强,种苗服务延伸到全国。ZYF 同时还是农大讲师,自己是南村第一个种葡萄的,本村现共有 2017 人,558 户,但只有 339 户有承包地,其中 90% 以上都种葡萄。社员的标准原来是 0.67 公顷以上,还要有一定的服务意识才能加入合作社。
>
> 在技术上,ZYF 的合作社具有较突出的优势,专门集中力量培养技术骨干,输出技术顾问。出去服务的价格一般在 18000 元/公顷。同时,由于

---

① 2015 年 10 月 14 日实地访谈。访谈对象:BNX,盐县横村,农场主。

培训是免费的,包括雇工,无形中也培养了大量的熟练工人,一到需要修剪季节,外地会来村里抢熟练工,带动了村里劳动力的就业。ZYF给合作社的定位要达到三个目标:生产设施要领先;栽培技术要领先;技术还要创新性。同时2009年开始,合作社还为社员提供合作社担保服务,贷款摸底的任务交给了合作社承担,这在南市还是第一家。

但合作社对外是盈利的,如农资销售、种苗提供等。分红按照70%销售额,30%的股份比例进行,现在注册资金161万元。自己经营8.33公顷土地,别人一般是一年一付流转费,但ZYF却采用5年一付的方式。其认为销售不成问题,上门收购的占40%,内部品牌销售占20%,其余农超对接。[1]

在尝试了多种种养如养猪、养甲鱼的失败后,ZYF 1992年尝试种葡萄,2000年开始技术培训,并编写农函大教材,2005年以专家身份在浙大上课,之后被评为客座教授。因其影响力越来越大,2012年ZYF被选为南村书记。在南市像ZYF这样因为具有了影响力而被推上村干部的不多,不少村干部已经从事非农产业,更别提具有农业专业技术了。ZYF的成长在新型职业农民的转化中是一个典型例子。

个案20:SJJ,鹿村主任

种了四个蘑菇大棚,平常自己、老婆和父亲共同打理。村里没什么事儿的话,白天也会回去帮忙。[2]

SJJ是一个比较朴实的村主任,其在工作之余有0.53公顷的蘑菇大棚,常年的耕种经验积累了比较专业的技术。与之具有类似情形的村干部不在少数,一边上班,一边不耽搁家里的农活,而且南市普遍的种植经济作物,其种植特点并不影响生产者兼职,给生产者创造了多种收入来源的机会。

(3)本地大包户与外来大包户的差异

XYJ与JZJ,一个是本地农民,一个是外来农民。仅仅从外貌上也有较大的差别,两个人的年龄相当,但是前者衣服起码干干净净,甚至开着自己的中档轿

---

① 2015年6月4日、7月4日实地访谈。访谈对象:ZYF,南区南村书记,合作社负责人。
② 2014年7月17日实地访谈。访谈对象:SJJ,善县鹿村,村主任,专业大户。

车,后者却是刚从田里赶来,结束访谈还要接着赶回田里。我们从表 2.4 看到两者的差别。

表 2.4　外来规模经营主体与本地规模经营主体的区别

	外来规模经营主体	本地规模经营主体
社会网络	亲缘、地缘群体	社会支持网络较坚实
机械设备	少而落后	齐备且先进
劳动时间	多	少
雇工	少	多
买房	否	是
项目申报	消极	积极

上表显示了两种主体之间的差别,在机械设备设施方面,外来规模经营主体相对较少而且比较落后。与 XYJ 不同,JZJ 自己不买大型的机械。XYJ 有小型撒药机,县里补贴 30%,所有的机械投入有 200 万多元。这种差异主要有三个原因:其一,外来农户资金缺乏。设备设施即使有补助投入也需要一定的资本,外来规模经营主体一般资金较少,很少有意愿投资。其二,农业社会化服务体系健全。南市发达的农业社会化服务体系使租设备非常容易,相比购买设备的投入,外来种粮大户普遍的采取租设备的方式解决使用问题。其三,流动性的担忧。因为外来规模经营主体具有一定的流动性,就算来南市已经居住十几年的 JZJ 和 SH 也担心有朝一日政府会像上海一样不允许外地人租种土地,那么到时候这些大型的设备又不知如何处理。

就劳动时间和雇佣劳动力而言,前者多数参与全程劳动,雇佣较少的劳动力。而后者由于雇工较多,自己可以脱离部分体力劳动。外来规模经营主体似乎显得比后者更加勤劳,异地而居的生活的确让前者变得更加节约,雇佣劳动力越少越好,自己能干多少就干多少,尽量节省雇佣成本。这种现状还有一个成因就是外地规模经营主体即使自己土地不需要劳动,空余时间想到的也仅仅是打打零工。本地的规模经营主体似乎更加活络,如善县的黄桃合作社社长 ZJF,因为雇用了较多的劳动力,自己可以有更多的空余时间从事其他的生意。种桃大户 YQF 情况与 ZJF 类似,基本完全脱离了体力劳动,仅仅从事人员管理和基本的经营活动。

由于稳定性的差异,前者基本不会在异乡买房,除非自己的子女愿意在此结婚落户,大部分的外来大包户仍存在老了要回自己老家的执念。

值得一提的是在申报项目方面,虽然同为家庭农场的级别,但是外来大包户对项目的申报是比较消极的。

个案 21:SF,45 岁,JZJ 的小舅子,专业大户

> 我现在承包 53.33 公顷地,五口人每年能有 30 几万元吧,也就是大家在外打工的钱。1994 年到 2004 年在上海种粮食,2004 年租的地开发了,2006 年来宁县,不大了解项目的申报程序,就关心怎么种粮,反正也申报不上。①

SF 和 JZJ 都属于来南市比较早的外来大包户,如果他们都对程序不甚了解,且态度这么消极,作为先来者会产生一种表率,尽管是主观意愿消极。相对而言,由于有本地比较熟悉的社会网络,加之有意识的申报,本地规模经营主体是非常具有项目申报的积极性的。如 XYJ 的先进的飞机式喷药设备根据项目申报可以报销 30% 左右的比例。前者从事农业为了过得更好,更多的后者进入农业反而是为了赚大钱和有一番作为。

就新型职业农民的定义而言,似乎本地规模经营主体更加接近,而外来大包户其经营理念与本地规模经营主体有一定的差距,少了一种现代性。后者有主动改变形式、利用形式的动力,而前者在这方面似乎缺少动力。如 XYJ 尝试种经济作物,但前几年种猕猴桃和蓝莓都失败了,虽然遭遇失败,但却能作为一种耕种经验的积累。即使如此,外来大包户在当地普通人眼里仍然是胆大敢为的一个群体。

(4)工商资本下乡

2011 年左右,随着城镇化的快速进行,以及后来开始的税费改革,全国掀起一股工商资本下乡热潮。不管懂不懂农业,有了农业补贴和其他政策的扶持,大批工商资本入驻农业淘金。他们的进入有几个特征可以理解。

第一,多数以农业企业的形式,少数以家庭农场和专业合作社的形式从事农业经营。也有的规模经营户同时挂几块牌子,根据国家政策贴补对象选择相应的牌子以争取补贴。部分工业企业主一面打着热爱农业的旗号,一面从事着耕地面积比例较小的休闲农业,同时又对 2028 年下一轮土地承包充满了期待。

---

① 2015 年 8 月 12 日电话访谈。访谈对象:SF,宁县专业大户。

JD 农场的农场主 SJF，其主要身份可能已经不能用农场主来界定了，其名下有几家公司，同时在江西也承包了大片的土地。这些利用从事工商业的利润从事农业产业可以说有一个不小的群体。其经营的农场挂有蔬菜示范基地、省级示范农场、党支部交流基地等牌子。

个案 22：SJF，省级示范农场主

> 我就是本地人，大学毕业在电厂做了十年，后来做各个领域的代理。2004 年搞工业，主要做工业用水。2010 年，涉足农业。开始看到国家补贴多啊，但大环境普遍没做好。回报率很低，风险大，如融资、自然风险和市场风险。现代化农业要求思想开放、政策开发、年轻化等，所以农业要做好现在还几乎是一个神话。我这 8.53 公顷，当初投入 200 万元，现在刚收回投资。但我这农业经营必须得有其他资本支撑才行。我年纪大了，反而感觉越来越喜欢农业，应该会走下去。①

LJ 生态农场主 CMQ 情况与 SJF 类似，但理念不同，SJF 说从事农业是出于对农业的热爱，CMQ 说是不得已，本以为能赚钱，可现实却给了自己当头一棒。

个案 23：CMQ，省级示范农场主

> 我 2011 年从事农业，开始是出于好奇，还带着美好的愿望。但是现实却不同，现在农企大部分亏空。有机产品和垃圾产品一样价格，但前者的生产成本却远高于后者。老百姓还是相信口碑的传播，而不相信政府的认证。我生产的是能剥皮的西瓜，引进的品种，光种子钱就很贵，却卖不上价格。当时抱着一腔热情进来的，以后却不想再从事农业了。光看我这建房问题吧，道路造了，给废了，设施建好了给拆掉，亏损好几十万元啊。这上面的批准口径不一样，你农口批准了，但土地口不批啊。现在就是拿做企业的钱在贴补农业。②

这股热潮在南市大概发生在 2010 年左右。甚至有的农业企业主幻想，下一轮土地承包时谁在经营土地谁就是土地的拥有者。工商资本下乡的确给农业注

---

① 2015 年 7 月 9 日秀区新镇农地实地访谈。访谈对象：SJF，农场主，企业主。
② 2015 年 7 月 13 日秀区新镇农地实地访谈。访谈对象：CMQ，农场主，企业主。

入了活力,但同时也产生了较多负面的影响。占比例较大的农业企业主,其主营业务不是农业,农业成了他们玩票的一个选择。Y总的看法代表一批人的看法。

个案 24:Y 总,ND 速冻龙头企业主

> 6.67公顷(非粮)以上的基本是不懂农业的在搞农业,为了骗补贴,赔了就跑。这不是浪费国家资源吗,反正"上面推,下面捧"。[1]

第二,国家缺乏对项目的评估,以致规模经营主体只重视申请,至于资金去向就很难说了。在较长一段时间,国家对农业企业的政策倾斜使农业企业主通过各类项目的申请获得了大量的国家资源,但又缺乏对项目实施效果的评估。这对从事小规模农业生产的农民来说似乎不公平。但即使得到了国家资源,相当多的农业企业的经营仍处于亏损状态,除去高额的土地流转金,让他们不堪重负的是人工成本。

第三,与其他类别的新型职业农民相比,经营意识强,思想灵活。这部分职业农民不同于上述第一种群体,他们成为职业农民掺杂了太多政策性推动的因素,而且因为从工商业进入农业,他们的农业经营意识较强,进入后对各类项目的申报比较积极。且因为流转面积较大,项目包装的形式好看,申报成功的机会较大。SJF还将自己的农场申请为党支部基地,这似乎让农场升了一个等级,对项目申报来说更具有筹码,其申请项目中有90%都会成功,也说明了这个问题。

第四,对农业的看法有差异。对SJF的访谈过程,其流露了对农业的喜爱,表示将其做到底,从其在江西也申请了333.33公顷的做法来看,又似乎有点过了,是因为喜爱而从事农业,还是因为巨大的不能明说的利润空间而从事农业,不得而知。而对CMQ来说,因为土地管理部门对土地的把控比较严格,比较倾向于发展休闲农业的他还因此损失了一笔道路硬化的费用,对此,CMQ表示颇有怨言,同时也表达了想退出农业的想法,即如果没有政策的推动,这个群体的大多数成员不会进入农业。

第五,其市场依赖于工商业奠定的社会网络。这更多地体现在水果方面的销售,基本靠社会关系以高于市场价的方式销售给相关企业做福利。

---

[1] 2014年7月22日企业实地访谈。访谈对象:Y总,龙头企业主。

(5)大学生创业

大学生农村创业成为 21 世纪 00 年代末国家鼓励的方向之一,据统计 2011 年浙江省接受省级财政补贴的从事现代农业的大学生有 219 人,2014 年接受同类财政补贴的大学生达到 654 人。大学生从事现代农业与工商资本下乡不同之处在于,工商资本追求规模大,靠规模寻求政府补助,而大学生依靠先进的创业理念、先进的技术争取项目补助。这个群体从事农村创业,大多缺少务农经验,若再缺少资金和社会网络支持,成功的概率较小。用 LH 的话形容"目前大学生农村创业项目,十之七八甚至八九是失败的"。

个案 25:LH,27 岁

> 从事农业已经有 4 年,大学毕业父亲就让我过来了。技术由父亲把关,资金也是由父辈资助,不然肯定干不起来。农业创业一要资金、二要技术,否则就难以成功,我身边的基本是失败的。
>
> 我主要走精品路线,其产品通过国家级绿色产品认证,价格高出市场价两到三倍,但销量依然很好。①

大学生创业有其独特的优势。第一,生产经营理念较新。容易迎合甚至引导消费者需求。第二,注重引进先进技术。LH 和浙江大学签订合作协议,由后者提供技术支持,最近又从日本等国引进新品种。大学生素质高,学习能力非常强,且愿意接受新事物,能在市场中取得先机。第三,进入市场的手段先进。虽然部分客户来自政府相关部门的推荐,但 LH 仍能用时下先进的营销手段进行销售,如微商业务已经占到总业务量的 30% 以上。因此,可以认为,大学生将来也会成为新型职业农民的一支重要力量。

2015 年,浙江省开始推动以农创客为名的新型农民发展。根据省《关于加快农创客培育发展的意见》(浙农专发〔2018〕101 号)倡导"45 周岁以下,拥有大专以上学历,在农业领域创业创新,担任农业生产经营主体负责人或拥有股权的青年农创客"。2010 年农创客 13 名,发展到 2021 年的 893 名。② 在"十四五"规划目标中,2025 年浙江省农创客的发展目标为 10 万名,作为浙北粮仓的南市自然挑了重担,目标是培养 1 万名农创客,问题是到目前为止仅有 893 名,按照农

---

① 2015 年 6 月 29 日实地访谈。访谈对象:LH,秀区新镇,合作社负责人。
② 2021 年 11 月 23 日实地访谈。访谈对象:HXM,南市农经局副局长。

创客的标准,达到 1 万名的目标很难实现。其一,每年农业的大专以上学历的回乡创业者的增长比例并没有同比例上升;其二,大专以上学历的标准延缓了农创客增长的速度。部分农创客继承了父辈从事的农业,体现了农业从业者的延续性。

同时,传统农民的非农化过程也为新型职业农民存蓄了劳动力,由兼业农民和失地农民构成的农村劳动力,维持着农村生产经营主体的生产劳动。这部分劳动力的年龄一般在 60～75 岁之间,用他们的话说,只要能做的动就继续做,为年轻人减轻点负担总是好的。群体中的大部分辗转于各个农场,提供季节性的劳动,少部分作为长期劳动力受雇于某个固定的农场,成为老年收入的主要来源。这部分群体也构成了新型职业农民。同时,传统农民与市场的对接一直困扰着我国农业的发展。20 世纪 90 年代初期,农村经纪人作为衔接家庭承包制下的农户与订单农业大市场的新型经营方式开始悄然兴起,成为推进农业现代化的重要力量。但对于农业经纪人并不直接经历农作物的生产过程的特点,其农民性值得探讨。

小　结

(1)在集体化时期,农民缺乏生产经营的自主性,国家试图以农民个体性的消失,增强行动的统一性。农民被框定在"集体"中,在很长的一段时间打击了农民生产的热情。改革开放后,市场经济体制的建立鼓励竞争,农民与市场重新建立了联系。同时工业化、城镇化给农村剩余劳动力带来更多的非农机会。因为农业的比较效益低,农民的非农化快速发展。农民对务农和非农就业之间,以及农业生产经营活动具有更大自主权。工业化、城镇化促进了非农化,也促进了土地集中,而非农化也是促进土地集中的原因之一。20 世纪 90 年代后期,不发达地区的农民到发达地区务农成为一种选择,而发达地区的部分农民也渐渐发展成为规模经营主体。这两种来源的农民具有一定的专业技术优势,他们家庭的主要收入来源于从事的农业。完成了传统农民到职业农民的过渡。但农业较低的比较效益使职业农民在发展中也遇到了困惑。职业农民的特征包括商品率高、经济效益高、规模经营等,同时经济效益、专业技术等因素驱使了职业农民的兴起。在新世纪,税费改革使国家对农民的长期的索取变为索取与给予并重,工商资本甚至大学生进入农村。值得指出的是原来的职业农民未必一定转化为新型职业农民,但不能否认在新的世纪,职业农民有了新的发展和特征:由于政策密集型,职业农民完成了向新型职业农民的过渡。

(2)新型职业农民的兴起具有一定的阶段性。传统小农经历了规模小而散的小农经济时期,其精耕细作方式吸纳了大量的劳动力,其在经济上具有一定的主动性。集体化时期小农无论是经济生产还是社会生活都被政治化,缺乏自主性。改革开放时期,农民的集体经济形式重新转换为家庭经济形式,在初期焕发了极大的优势,但非农产业的比较效益降低了从事农业生产特别是粮食产业的生产积极性。另一方面,非农产业的发展也间接促进了土地流转,促进了规模化生产,其结果是职业农民兴起。在新世纪,国家制定了比较密集的农业扶持政策,强调了规模化生产的导向为适度规模,其结果是新型职业农民兴起。那么新型职业农民是在国家治理下确实存在的群体,不过由于其定义的历史局限性,不同阶段的"新型职业农民"的解读具有差异性。当前的新型职业农民具有资本密集型、技术密集型、政策密集型等主要特点。其新型主要体现在政策密集型,以及比之前职业农民要求具有更高的资本密集型。

第 3 章
新型职业农民兴起的制度基础

在中国这样一个以"国家"为中心的治理格局中,是否应该探析从国家的角度,其实施的制度逻辑呢? 制度之所以重要,是因为任何主体都生活在社会中,而不是孤立的存在①。任何制度的建设也都不是在历史真空中进行的②,制度变迁的结果是新的制度的交易费用更低③。波兰尼提出了嵌入性的概念,认为个人的经济行动被特定的理解能力和制度性安排所形塑。这种理解能力和制度安排在市场社会中经历着不断的变动,而且大量的对新机制的刺激也改变着经济行为嵌入的模式。哈耶克认为即使是比较充分的市场经济也要依赖于来自国家的法律和政治结构④,承认了国家的作用和重要性,这可以通过土地制度、户籍制度、供销制度和产业结构政策的演变得以体现。

土地是农民重要的生产资料,制度演变影响其产业选择和积极性的高低;户籍制度影响到非农化程度的发展,从而影响新型职业农民的发展;供销制度和产业制度影响到农民与市场的关系,影响农民的效益。因此本章力图展现制度转型对新型职业农民兴起的促动,包括土地制度、户籍制度、供销制度、产业制度和农业税收制度等,凸显新型职业农民兴起背后的制度基础。

---

① 张五常:《新制度经济学的来龙去脉》,《交大法学》,2015 年第 3 期,第 8-19 页。
② 李·J. 阿尔斯顿:《制度经济学经验研究综述》//［美］李·J. 阿尔斯顿、斯瑞恩·艾格森、道格拉斯·C. 诺斯著:《制度变迁的经验研究》,杨培雷译,上海财经大学出版社 2014 年版;18-19 页。
③ 盛洪:《为什么制度重要》,郑州大学出版社 2004 年版,第 28 页。
④ ［英］弗里德里希·冯·哈耶克著:《自由秩序原理》,邓正来译,三联书店 1997 年版,第 203-220 页。

3.1　土地规模化:农地制度变迁与新型职业农民的兴起

土地制度是从事农业的农民主要的生产资料,土地制度的转型影响到农民的经营组织形式。其主要表现在集体化时期的集体土地的集体生产经营到家庭联产承包责任制再到土地流转的政策推动。

3.1.1　土地集中化:集体化时期的农业合作化

1949 年新中国的成立意味着现代国家的诞生。高度集中的计划经济体制、高度集权的政治体制,使国家成为真正意义上的利维坦,建立起了国家权力统治一切的"全能"政府,这种特点直接决定了国家权力可以任意进入市场和社会。这段时期的治理具有革命色彩,又具有典型的运动式特征,政府的权力无孔不入,国家与亿万小农对接起来,如果说治理要减少交易成本,那么这段时期国家考虑的是如何方便地把小农纳入治理体系中。既有维持秩序的目的,也有推动国家发展的目的。依靠农民运动夺取政权的新中国成立后,认识到土地是农村问题的核心,希望通过社会主义改造对农村经济进行改革,以此促进其发展。

(1)土地改革前的土地分配

土地制度改革前,南市地主占农村户数的 2.45%,但却占有土地面积的 36%,户均 10.30 公顷。贫农占农村户数的 46.4%,但仅仅占有土地总面积的 19.9%,户均 0.30 公顷。其中善县和平市两县的地主占有土地总面积为 55% 和 52.7%,户均 14.67 和 15.33 公顷。[①] 1950 年,南市塘汇乡 4 个村调查,农业资本家、佃富农、经营地主、富农 27 户中雇佣劳动占到 2/3,家族劳动中只有富农和佃富农有全劳力,农业资本家和经营地主中只有少量的半劳动力和附带劳力,主要靠雇工。土地重新分配是新中国成立后翻身做主的贫农的强烈愿望。[②]

(2)"耕者有其田"的土地改革

1950 年 6 月,政府颁布《中华人民共和国土地改革法》,规定废除地主阶级封建剥削的土地所有制,实行农民的土地所有制。这一次土改,可以说国家政权

---

① 南市志编纂委员会:《南市志》,中国书籍出版社 1997 版,第 1169 页。

② 有的地方划分的标准是看有牛无牛,如和合生产队的陈某某因为家里有条牛腿就被划为中农,结果入高级社时不能借贫农合作基金。

的介入打破了原来的利益格局,使长期占据主要利益的地主阶层崩溃。用剥夺剥夺者的方法,农民获得了土地所有权,国家政权也赢得农民阶层的信任。温铁军认为这次土地改革承认了"按照社区血地缘关系形成的对外排他的'村社土地产权'"①。1950年8月,南市选择5个乡进行土改实验,当年12月,南市498个乡全面开展土地改革。农民直接与地主展开面对面的斗争,对有破坏活动的地主、反革命分子进行镇压和打击。经过宣传教育、划定阶级成分;没收、征收和分土地,1951年2月土改基本结束,并颁发了土地房产所有证。各县共没收、征收土地11.74万公顷,免除了每年向地主上交的1.5亿公斤稻谷的地租,彻底废除了封建地主土地所有制,实现了耕者有其田,充分调动了农民的生产积极性②。这种在人民当家作主之后的土地分配,是广大农民政治地位提升之后的经济利益分配的直接体现。

(3)土地所有权的集中

土地是农业发展最重要的生产资料,是历代朝政统治阶级的根本,历来是统治者夺取和巩固自己政权的工具,马克思认为国家是阶级统治的工具,其职能首先是政治统治。马克思在讨论原始蓄积时引用乔治·洛伯兹的一段话:"在这方面,地主与租地农业家是相互提携的。使小屋附有若干英亩土地,恐不免招来劳动者过于独立的结果。"③实行土地改革后,新的矛盾体现出来,例如个体、分散的农民无力进行较大规模的农田水利建设,无法购买投入较大的先进的农机具,个体经营土地风险增大等。底层的发展基础决定了新的生产经营形式的出现,推动了农民互助合作的发展。同时基于我国当时急于发展工业的迫切需求,反而超越了农业生产的需要,成为农业集体化的主要原因④。

南市的农业互助合作化经历了农业生产互助组、初级农业生产合作社和高级农业生产合作社三个大的阶段。1952年,南市各县共发展互助组14114个。

---

① 温铁军:《"三农"问题与制度变迁》,中国经济出版社2009年版,第285页。

② 参见茆振华:《我的回忆》//《南市文史汇编第五册》,当代中国出版社2011年版,第7页。其中记载:土改后,贫下中农分到土地,比掌上明珠还要珍贵。特别是那些长期佃户,更看重土地证。土地证先到乡,然后村核对无误,才进行隆重发放。真东乡第六代表区,发放土地证时,是晚上。我到时,汽油灯早已点得通亮,宽大的堂屋里早已挤满。人们问我,茆同志,真的要发放土地证了吗?我说是真的。当我们代表村主任,把土地证发到农民手里的时候,个个都先向毛主席画像行三鞠躬礼,然后双手接捧。有的将土地证放在胸腹,生防别人抢去。对土地证的收藏,趣闻很多。有放在箱子底的,有藏于灶膛的,有用油纸包扎放入瓦罂深埋地下的。反正户户都将其作为宝贝。

③ [德]马克思著:《资本论I》郭大力、王亚南(译),上海三联书店2011年版:第534-535页。

④ 温铁军:《"三农"问题与制度变迁》,中国经济出版社2009年版,第160页。

1955 年秋,初级社发展到 6777 个,入社农户占总农户的 36.3%。1954 年,南市成立第一个高级社,中共南市地委制定《高级社处理经济关系的若干意见》。当时南市共存了五种合作形式:伴工组、临时互助组、常年互助组、初级农业合作组和高级农业合作社。1956 年,高级合作社 1458 个,入社农户占 97.4%,每个社平均有 253 户。如此,在几年之内几乎所有农民被组织进合作社,进行集体生产。这样,中国农村在发展稳定的气氛中完成了几千年的分散个体劳动向集体所有、集体经营的历史性转变。1958 年农村又实现了公社化,经历了公社所有制、生产大队所有制和生产队所有制三个阶段。高级社取消了土地报酬,社员的土地归高级社所有,统一经营、统一分配。1961 年,贯彻落实"六十条"。1962 年确定实行以生产队为基本核算单位的人民公社三级所有制。生产队成为独立核算、自负盈亏、直接组织生产和分配的单位。对内实行按劳分配,解决了队内之间的平均主义。1969 年,南市县实行生产大队为核算单位的有 105 个,1976 年为 71 个。

斯科特认为关注赋税征收和控制的国家更加喜欢定居农业,而不是畜牧业,更加喜欢集体农业和种植园形式[1]。这样也可以用来理解为什么封建国家希望通过地主庄园建立对农民的控制,而在新中国成立初期,国家寄希望建立集体化经济控制小农。虽然后者的意义已经远超赋税征收的内涵,但也可以以同样的方式理解国家急切的寻求计划购销的解决途径。"正是这种高度集中的资源控制方式,使中国在不到 30 年间从传统农民国家发展为初步的工业化国家。"[2]

3.1.2　土地分散化:家庭联产承包制及其实践

国家为了避免土地兼并以及更严重的社会分化,实施了均分土地基础上的家庭联产承包责任制。黄宗智曾经分析了均分土地的矛盾:国家不允许土地自由买卖是出于社会公正和兼顾弱势群体的原因;但国家又维持了城乡二元的户籍制度,民工地位低下,同时除了后期的农业产业化,国家对农业没有投入足够补贴[3]。

---

[1]　[美]詹姆斯·C.斯科特著:《国家的视角 那些试图改善人类状况的项目是如何失败的》,王晓毅译,社会科学文献出版社 2004 年版,第 243-245 页。

[2]　温铁军:《"三农"问题与制度变迁》,中国经济出版社 2009 年版,第 161 页。

[3]　[美]黄宗智:《中国的隐性农业革命》,法律出版社 2010 年版,第 94 页。

（1）家庭联产承包责任制的实施

改革开放之初，经历了为工业原始积累做出巨大贡献的过程后，国家注意到了农业的发展以及农村的落后。1979年十一届四中全会通过的《中共中央关于加快农业发展若干问题的决定》提出要认识到农业的基础性地位。1978年后，南市逐步改革人民公社"队为基础，三级所有"的农村经济模式，实行以家庭联产承包为基础、双层经营为特征的经济体制，确立了农户作为农村的微观经济主体，集体层面的统一经营与以家庭为单位的分散生产相结合。但在家庭承包制初期，农户的经济实力非常弱小，加上农民缺乏自助组织，而此时历经人民公社时期的社区集体经济已经具备一定的服务能力，可以承担起以家庭为单位的生产服务角色和功能。社区集体经济组织不能像以前能够控制家家户户的生产，而主要退居到提供社会化服务功能。同时，因为土地和其他一些配套的水利等公共基础设施都归集体所有，集体层面的统一经营是非常必要的。但是随着市场经济体制的逐渐完善，农民合作组织的发展，集体的功能不可避免地也在消退。

1980年9月，中共中央发出《关于进一步加强和完善农业生产责任制的几个问题》的通知，对专业承包、联产计酬的责任制做了肯定，同时提出在部分地区应该发展本地集体经济。1982年春至1982年秋，南市全面实行联产到组责任制。中共中央1982年1号文件《全国农村工作会议纪要》下达后，各地积极推行以联产到组为主的生产责任制，建立联产到组责任制的生产队达到70.1%。但包产到户还是仅仅限于少数地方。1982年秋至1983年夏，南市全面推行家庭联产承包责任制。到1983年3月，实行家庭联产承包责任制的生产队达到92.95%，有1.79%的生产队继续实行联产到组，有5.26%的生产队实行定额计酬。1983年夏天，南市农村全部实行家庭联产承包责任制。土地承包，明确规定农村土地归集体所有，由社员使用。采取按户划分口粮田和按劳动力划分责任田两种形式的土地承包方法。其中水田面积，责任田占60%，口粮田占40%。每个生产队留10%左右的机动田，由集体指定专人包种。对从事社队企业的劳动力，长期从事手工业、个体经商的农户，只包口粮田；对享受固定补贴的大队干部和电力、拖拉机手，适当少包，旱地也承包到户。蚕桑集中区按照务农劳动力承包，蚕桑零星地区承包给专业养蚕户。把责任下放到农户，对农民来说，是一个非常大的激励，意味着打破了人民公社时期的大锅饭制度，多劳多得，而不是将劳动产出平均分配。

（2）家庭联产承包责任制的作用

家庭联产承包责任制是统分结合的双层经营形式,双层经营的特点是它把集体的统一经营和农户的分散经营结合,把农业的经营单位和农户的生活单元结合;把土地经营者和劳动者结合,并把农业经营的效益和农业经营者收入结合起来,这样在很大程度上可以激发农户的积极性和主动性。在当时是符合农业生产的特点和我国国情的,也符合广大农民的意愿。生产单位从集体转到家庭,使积极性大大提高。但仍用平均分配土地的方式来进行生产,农户分散而细小的经营缺点由此继续,而且传统的换工形式的合作依然发挥作用①。但这种分配方式无疑尊重了人的平等性,不管他善于农业经营与否都应该拥有一样面积的土地,并且使部分农民在规模较小的土地上发展了较高的农业技术,也为后来专业户、重点户的发展提供了可能。

如果说“三级所有,队为基础”,是国家为了恢复农民生产作出的第一次权力的退让,那么家庭联产承包责任制是国家的第二次退让②。这种退让使农民有更多的自主权,积极性上升,促进了农民寻找其他比较效益较高的就业途径。这两种退让是由底层需求引发上层关注,也可以说是自下而上的制度设计。集体化时期,国家关注的是农民之间的公平,而在之后,国家更加倾向于效率的提升,当然这种提升并没有摆脱国家平均分配土地的公平感的追求。

3.1.3　土地规模化:土地的流转与规模化经营

（1）“两田制”对规模化的促进

1984 年,中共中央《关于 1984 年农村工作通知》提出“土地承包一般应延长在 15 年以上”,南市全市 23368 个生产队,大体分为四种情况进行调整:第一种是部分土地划得过散,经过适当调整延长承包期限的有 10621 个队,占 45.5%;第二种是大部分承包土地划得不合理或过散,经过大调整达到延长期限目的的队有 813 个,占 3.5%;第三种是土地划得比较合理,群众要求直接延长期限的有 9875 个队,占 42.3%;第四种是土地承包合同签订不久,群众要求将合同期满后再延长的有 2059 个,占 8.8%。农户在取得土地的使用权后有政府颁发的土地使用证。若人口、劳动力发生变化,采取动粮不动田或者互相转包的办法

---

① 应星:《农户、集体与国家——国家与农民关系的六十年变迁》,中国社会科学出版社 2016 年版,第 58 页。

② 李军、王秀清:《历史视角中的“三农”》,中国农业出版社 2008 年版,第 144-160 页。

解决。由于在第一轮土地承包中期,种粮的比较效益低,在乡镇企业工作和外出经商的农民不愿经营承包地,但又受制于粮食任务和集体提留等负担,土地开始了农户间的自发性流转,这种流转以口头约定形式为主,一般限于亲戚朋友,基本属于无偿流转。

1994 年 8 月 25 日南市委、市政府《扶持种粮大户发展规模经营的若干意见》记载了初探土地使用权流转机制的做法:可以实行"两田制"形式,[1]也可以有农户间自愿协商,或者租赁、入股等其他形式。这种形式,更加有利于土地的快速连片地流转。1996 年根据南市工业化和城市化的快速推进,农业劳动力大量转移,土地抛荒,农产品定购任务很难兑现,加上农业生产规模化、集约化的要求,南市大规模开展"两田制"改革试点,由于其顺应了农民的需求,开展迅速。1997 年底,1763 个村中 1401 个村实行了两田制(这种田制是按人口留出口粮田,其他土地流转给规模大户),面积达到 14.1 万公顷,占农户承包总面积的74%,集中流转的土地面积为 4.83 万公顷,包括农户 16.4 万户。1998 年集中流转土地 1.33 万公顷。发展到后面,村集体为了获得更多利益,扩大机动面积,个别地区机动田面积达 30%,有的收回农民承包地搞租赁经营。村里为了获得高额承包费,采取招标承包的方式,高价出租责任田,侵占农民利益,引发大量信访案件[2]。

两田制的实行在当时还引发了有关对于适度规模的初步探讨,南市以"两田制"为土地主要流转形式,推动粮田规模经营的发展。1996 年底,全市经营0.67公顷以上种粮大户,超过 1.5 万户,经营面积 2.39 万公顷,占全市水田面积的11.5%,其中经营 2 公顷以上的种粮大户有 3967 户,经营面积达 1.23 万公顷。对 118 户大户的调查显示,种植结构以种粮为主,复种指数比较高,粮食商品率和劳动生产率比较高。1996 年 118 户大户共生产粮食 656 万斤,其中向国家提供商品粮 519 万斤,每 0.07 公顷均提供商品粮 567 公斤,商品率在 90% 以上,每户平均收入高于全市农民平均收入 1.5 倍。规模经营能提高务农人员的收入,但亩均收入却随着经营规模的扩大而减少。秀城区对 32 户的分类调查分析显示 2~3.33 公顷,3.33~5.33 公顷,5.33~6.67 公顷,6.67 公顷以上的四个不同经营面积的类别中,亩均净收入分别是 591.34 元、471.9 元、394.23 元、

---

① 实行两田制的方法即:把土地划分为口粮田和责任田,口粮田根据当地土地多少耳钉,控制在0.03公顷,分户耕种,遵循增人不增地减人不减地的做法,责任田可以根据农户的经营能力,有村经济合作社实行招标承包。土地流转的转让期不低于 5 年。

② 武亮靓:《南市改革开放 30 年》,浙江人民出版社 2008 年版,第 42 页。

345.43 元。因此得出一个结论:适度规模发展,以 3.33～5.33 公顷为宜[1]。虽然上述适度规模的计算偏简单,毕竟只是顾及了土地的产出效益,具有较大的不稳定性,土地的种植结构,当年的市场情况都会影响最后的结果。但已经具有较大的现实意义,过大的规模或过小的规模是否都不利于土地的合理利用呢?

(2)土地流转的规模和速度持续增长

如图 3.1 显示了 2009—2019 年历年土地流转后各类土地经营规模的发展速度。13.34 公顷以上的土地经营面积增长速度最快,其次是 6.67～13.34 公顷、3.33～6.77 公顷、0.67～3 公顷,最后是 2～3.33 公顷,说明 6 年来,南市土地流转的速度和力度很大。政府推动土地流转的目的是能够集约利用土地,但在现实中往往能够使政府减少与农民的对接成本。就政府层面,从上至下都有推动规模经营的动力。

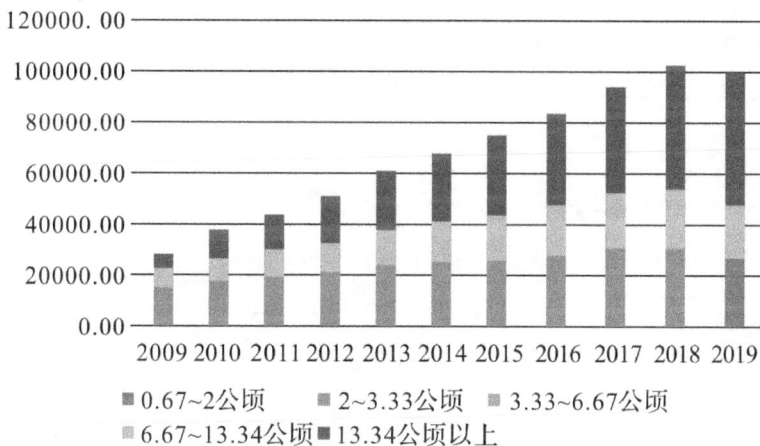

图 3.1　南市土地流转的规模分布(2009—2019)

资料来源:南市农经局内部资料

如图 3.2 所示,对从事第一产业的农村劳动力来说,人均耕地面积几乎涨了一倍,从 2001 年人均 0.34 公顷上涨到 2014 年的人均 0.86 公顷。从事农业的劳动力从 2001 年的 60.82 万人下降到 2019 年的 23.84 万人,而土地的面积在十几年内变化非常小,这也说明现实情况促进了土地流转的进行。

---

[1]　参见档案馆材料:南市农村经济委员会:《全市种粮大户调查分析》,《农村工作参考》1997 年第10 期。

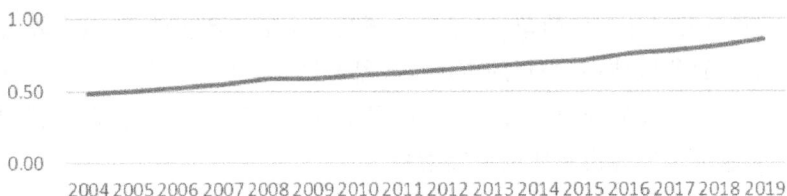

图 3.2　南市从事农业劳动力人均占有耕地情况(2004—2019)

资料来源:南市统计年鉴

如图 3.3 显示了南市历年土地流转入农户、专业合作社和企业的土地面积比例,可见,流入农户经营的比例是有缓慢下降的,且由于将专业大户和家庭农场均计入农户方面,从图示来说减缓了其下降的速度,实际更多的土地流转入能够实现规模经营的主体手中。

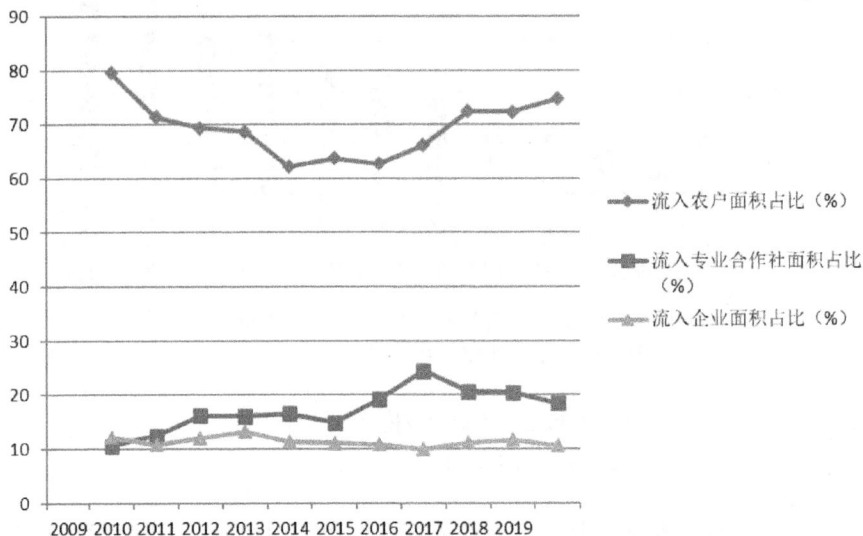

图 3.3　南市土地流转的流向(2009—2019)

资料来源:南市农经局内部资料

(3)南市推动土地流转的实现机制

土地流转平台建设和服务的改善。在推进土地流转方面,政府历来是支持的,南市自进入新世纪以来更是通过各种方式推进农村土地经营权流转。最主要的是健全农村土地流转机制,加强土地流转平台建设,引导农户通过转包、出租、互换、转让、入股等形式流转土地经营权。土地流转服务中心承担信息发布、主体引进、洽谈签约等一条龙服务,并且实现县、镇、村全覆盖,通过服务中心流转的面积每年均在85%以上。2013年底,全市发放土地流转经营权证181张,发证面积0.25万公顷,专项贷款余额超1亿元。截至2015年年底,累计流转土地面积8.12万公顷,流转率为50.8%。2020年南市土地流转率为70%左右,农经局负责人表示这个数值已经很难有较大的上升空间,其一目前部分小农户流转的意愿不高,其二农业产业的附加值较低对生产经营户的吸引力不足。

2007年南市《关于加快推进农村土地承包经营权流转的意见》出台,在家庭承包经营的基础上,通过统一产前、产中、产后服务,达到规模经营的目的。2008年,启动"两分两换"试点,加快土地流转机制创新,通过土地整存整租流转、组件土地股份合作社、开展粮田生产全程社会化服务、组件粮食生产合作社等创新举措,加快推进土地承包经营权流转。2008年新增土地流转面积6220公顷,新建土地股份合作社5个,总数14个,新建土地流转中介服务组织10个,共18个。研究起草《南市农村土地承包经营权流转管理办法》,新建2个土地承包仲裁机构,共3个。2008年是南市在土地流转方面比较关键的一年,这一年推行后来在全国学术界和政府都引起一定影响的"两分两换"制度。这个制度本身体现在2008年的政府文件《南市开展统筹城乡综合配套改革试点的实施意见》,该《意见》提出要通过"十改联动"开展统筹城乡。①

"两分两换",就是把宅基地与承包地分开,搬迁与土地流转分开,以宅基地置换城镇房产,以土地承包经营权置换社会保障。政府的本意是通过"两分两换"改革,推进农村居住形式集中化,节约集约利用土地资源,促进农业规模经营,推进城镇化,改善农村生产生活条件和生态环境质量。南市在当年共确立9个乡镇(街道)作为"两分两换"试点单位,部分试点镇于2008年已经实质性启动②,每个县市可以根据实际情况有所调整。"两分两换"最早的雏形应该在成

---

① "十改联动"是指在以"两分两换"优化推动使用制度加快推进的同时,联动推进就业、社会保障、户籍制度、新居民管理、涉农体制、村镇建设、金融体系、公共服务、规划统筹等九项改革,加强城乡发展的综合配套与良性互动。意见提出实施"两分两换"改革,首先在全市9个试点镇重点推进。

② 以南市七星镇为例,对应的具体置换方案为:村民可以农村旧房置换新的城镇住房,可置换城镇住房标准建筑面积在按政策认定人口每人40平方米的基础上,每户再增加60平方米,但户内5人以上(含5人)可置换的城镇住房建筑面积不得突破260平方米,除非四代同堂且人口在6人(含6人)最多可置换300平方米——这是政策的上限。政府按成本价1600元/平方米提供安置房,超出部分按照1000元/平方米置换。户型上有115平方米、105平方米、75平方米、65平方米四种方案可选。

都,但南市的特点在于"两分",这样对农民都有较大的选择余地。但在发展的进程中也遭到农民抵制,甚至后来在学术界和政府都引起质疑,这种制度是不是一种变相的剥夺农民土地的方式,只不过披上了更加华丽的外衣,各种保障在农民当代能够享受,但是其子孙已经无法继承。同时,"两分两换"最核心的是节约了土地,促进土地集中化、规模化的发展。而在后来,"两分两换"转为"一分一换",只集中农民的宅基地,而农民的耕地由农民自由选择流转与否,给予农民更大的弹性,提高了政策的推行力度。问题是,农民集中居住后,土地耕种已经不像以前那么方便,结果是促使更多的农民主动将土地流转出去。

个案 26:Z 局长,盐县农经局

> 因为人均地少,很难形成集约经营,有的农民也不愿种地。因此,盐县在 2009 年就以问题为导向建立土地流转平台,后来建立农村土地流转和经营权交易中心,解决土地流转的信息不对称问题。实施三级联动,规范流转。包括建立合同标准文本、统一操作流程。解决流转机制的脱节,特种产业的有序流转等。……因此地方政府设定了与土地流转有关的奖励措施,并以村级组织委托进行流转。同时,创新机制服务流转,我县是全省最早的颁发经营权证的县;解决土地流转种出现的劳动力问题;解决土地流转的风险问题。如按照县 750 元每公顷、镇 750 元每公顷、经营主体 1500 元每公顷的数量建立土地流转风险保证金。[①]

在土地流转方面,盐县大刀阔斧地走在前列,政府的推动力度较大,建立了比较完善的土地流转平台。

3.2 户籍弱化:户籍制度变迁与新型职业农民的兴起

国家户籍制度改革着力消除"农民"与"非农"的差异,着力推进城乡一体化的进程。那么这对于改善农业劳动力结构的失调,培育新型职业农民有着重要的推进作用。

---

① 2014 年 9 月 19 日盐县农经局实地访谈。访谈对象:Z 局长,农经局副局长。

3.2.1　极致禁锢:集体化时期的户籍制度

如图 3.4 所示,南市从 1949—1978 年,虽然总人口数有明显的增加,但乡村人口占总人口以及乡村户数占总户数的比例几乎停滞不前。集体化时期,国家权力从仅仅触及征税领域扩展到农村经济领域甚至围绕经济领域而延至方方面面。1955 年户籍制度建立之前,国家对于人口的流动呈现包容的态度,新中国的成立,城市工业的发展也需要大量的农村剩余劳动力,人口政策比较宽松,流动相对自由。1955 年,城市出现供应紧缺的现状,城市人口增长较快。1958 年颁布了《中华人民共和国户口登记条例》,正式确立了户口迁移审批制度和凭证落户制度,开始对人口的流动实行严格限制。1963 年,公安部依据是否拥有国家计划供应的商品粮将户口划分为"农业户口"和"非农业户口"。1975 年新修正的《宪法》取消了关于公民迁徙自由的条文。户口是一纸凭据,关键是附着在上面的一系列的权利。在我国城乡二元结构历来是存在的,但正是因为新中国成立后城乡二元体制的实施,才更加大了城乡之间的差距。限制农民流动的户籍制度起码起到了两个作用,第一让农民安心从事农业生产,第二不进城就会减轻城市供应的压力。这样必然造成农民和市民的隔离,是国家试图通过对空间的严格治理,将不同的人群限制在其本应归属的空间里面,不同空间之间互相进入的壁垒高,但主要是阻隔个体从较底层空间向上层空间的流动。这样必然推动形成城乡二元体制,造成城乡之间的阻隔。

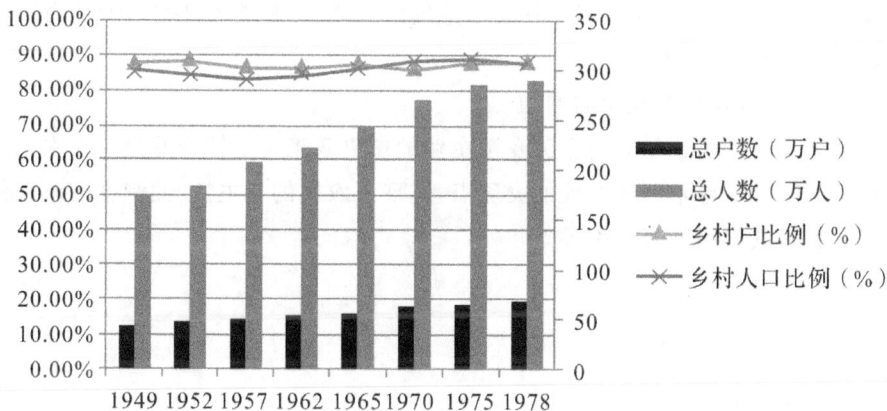

图 3.4　南市人口结构(1949—1978)

资料来源:南市统计年鉴

3.2.2 户籍松动:农民非农化就业的开始

1985年7月,公安部颁布了《关于城镇暂住人口管理的暂行规定》,决定对流动人口实行《暂住证》《寄住证》制度,允许暂住人口在城镇居留。1985年9月,全国人大常委会颁布实施《中华人民共和国居民身份证条例》,规定凡16岁以上的公民,均须申领居民身份证,为人口管理的现代化打下了基础。1992年8月,公安部发出通知,决定在小城镇、经济特区、经济开发区、高新技术产业开发区实行当地有效镇户口制度,以解决要求进入城镇落户的农民过多与全国统一的计划进城指标过少之间的矛盾。

(1)城市化对户籍松动的推动

城市化的进程,为农村剩余力提供了大量的非农就业机会。推动城市化的主体有城市建设的组织主体和推动成绩发展的投资主体。改革开放前,我国城市化的组织主体和投资主体都是各级政府,是一元化参与的城市化。这样,城市化进程呈现了明显的阶段性。1949到1957年是城市化的比较正常发展阶段,城市化水平由10.6%提高到15.4%,年均提高0.60个百分点。1958到1978年属于波动较大的阶段,城市化水平从15.4%提高到17.9%,年均提高0.12个百分点。[①] 1978年改革开放后,轻工业和第三产业的发展,促进了城市化,但城市化的程度落后于工业化的发展。之后城市化开始快速发展。从1978年底到1997年底,城市化水平由17.9%提高到29.9%,年均增长0.63个百分点,是之前发展速度的2.5倍,是世界同期发展速度的2倍。[②]大量农村剩余劳动力向城市转移,成为农民工大军。

(2)乡镇企业对非农化的推动

表3.1列示了这段时间有关乡镇企业的中央政策。乡镇企业是广大农民在户籍制度禁锢下寻求经济发展的突破点,体现了农民的自主性,而制度的跟进体现了国家对其发展的有序引导。

---

① 周一星、曹广忠:《抓住城市化新特点解决紧要问题》,《瞭望新闻周刊》2000年第3期,第43-44页。

② 周一星、曹广忠:《抓住城市化新特点解决紧要问题》,《瞭望新闻周刊》2000年第3期,第43-44页。

表 3.1　乡镇企业的发展（1984—1996）

年限	发文机关	发文名称	主要内容
1984		关于开创社队企业新局面的报告	改为乡镇企业
1987	邓小平		农村改革中,没有预料到的是乡镇企业的发展,突然冒出搞多种行业、搞商品经济、搞各种小型企业,异军突起
1985	中国共产党全国代表会议	中共中央关于制定国民经济和社会发展第七个五年计划的建议	调整农村产业结构;积极发展多种形式的合作和联合经营;鼓励农民兴办乡镇企业;适当增加农业投入用于兴修水利、农田建设、良种、化肥农药和农用集聚工业;纸质不合理摊派,减轻农民负担
1994		乡镇企业产权制度改革意见	促进生产要素合理流动和优化组合,建立现代企业制度
1996	第八届全国人大第22次会议	中华人民共和国乡镇企业法	乡镇企业的任务和产权归属做了规定

　　南市的乡镇企业起步较早[1],1978 年后,南市乡镇企业工业产值以年递增39.8％的速度持续稳定增长。1980 年乡镇企业 6702 个,1985 年增加到 23674个,职工人数 53.1 万人,1996 年达到 54.8 万人,乡镇企业已发展成为产业和行业结构较为完整的农村工业体系。20 世纪 80 年代到 90 年代中期,乡镇企业基本以地方政府为主导,以市场机制为导向,以就业和社区利益为驱动力,实施的是较低的工资、产品低成本、粗放式管理、技术简单化,其增长主要依靠投资加大的形式。20 世纪 90 年代之后,乡镇企业发展的内外环境发生了变化,中国经济由全面短缺走向相对过剩,卖方市场转化为买方市场,市场机制对乡镇企业的发展约束越来越强,原来的依靠政府主导所带来的优势退化,乡镇企业的融资优势也开始恶化,乡镇企业的发展受到挑战。1992 年,南市连续三年召开"许村会

---

　　① 　参见《乡镇企业——对一个历史名词在南市的溯源》,《南市日报》2008 年 10 月 20 日。其中记载1983 年 4 月,当浙北农村还是镇办、村办企业一统天下的时候,许村镇荡湾村一位名叫沈××的农民就联合 16 户农家出资 14 万元,办起了第一家联户企业——荡湾村联合纺织厂。村、镇、乡干部纠结姓"资"还是姓"社"的问题之后,默许了该企业的发展。之后,许村乡镇企业大力发展,成为南市第一个亿元乡镇。1989 年,许村家纺企业发展到 4086 家,织机达 5297 台,日产被面 10 万多条,成了名副其实的"被面之乡"。

议",推广许村的做法,鼓励发展个体私营经济,各级政府把发展个私经济作为发展重点,对乡镇企业进行产权制度改革,乡镇企业的各种人才重新组合,在南市出现了产业集聚现象,使农村工业化水平迅速提高。1998 年后,南市以"五个一"乡镇工业功能区建设和民营经济发展为重点,发挥农村工业的体制优势,对农村工业投入和扶持力度进一步加大,农村工业化的成效比较明显。

我国本就是人多地少的国家,古代就已经出现"过密化"的现象,改革开放后这种矛盾更加突出。农村剩余劳动力是一个庞大的群体,但城乡二元体制阻隔了农民进城就业的道路。农村工业的发展为农民的非农就业提供了市场。乡镇企业的发展带动了农村工业化。党的十一届三中全会后,我国乡镇企业得到蓬勃发展。乡镇企业成为我国就业结构转变的主要载体,加快了农民的非农就业进程,加快了国家工业化进程。在市场竞争的压力之下,乡镇企业从由扩张为主变为提高质量为主,其在产权、增长方式、市场开拓、组织结构以及企业布局等方面呈现了新的特点。其出现发挥了介于计划经济体制和市场经济体制之间的特殊的资源配置方式。随着市场经济体制的完善,其作用也逐步消失[1]。如果说新世纪推行的是三化同步,那么改革开放时期推行的是二化同步即城市化和工业化。首先,城市化的推行对土地、劳动力的需求巨大。其次,工业化对土地也有大规模占有的偏好,还为农村大量剩余劳动力找到了就业机会。

这样,非农化的发展带来的是从事农业的农民其土地经营规模扩大的可能性,为实现规模经济提供了基础。

3.2.3 户籍弱化:城乡一体化的大力推动

城乡一体化的推动愈加弱化了户籍的禁锢性,使户籍流于形式化。以城乡一体化为目标的新型城镇化在 20 世纪末 21 世纪初,处于萌芽试点阶段。南市以"小政府,大服务"为改革目标,推进省市小城镇综合改革试点镇的建设,强调户籍管理制度、行政管理体制、财政管理体制和产权制度改革。首先以推进省市小城镇综合改革试点镇为契机,确定中心镇建设,实施撤乡并镇工作,推进农村经济结构战略性调整。加强村镇规划建设,实施"五个一工程"(即:一个现代农业示范园区、一个现代农业产业带、一个特色工业园区、一个中心镇、一个示范村)。

早在 20 世纪末,南市政府就开始大力推动农业和农村现代化,1999 年,市

---

① 张晓山、李周:《中国农村改革 30 年研究》,经济管理出版社 2008 年版,第 114-115 页。

委、市政府制定出台了《南市农业和农村现代化建设规划》,2000 年起实施了《关于推进农业和农村现代化"五个一工程"的实施意见》,将农村和农业现代化作为统筹城乡的基础,不再仅仅关注城市建设,说明政府治理有一个比较明显的空间转向。

2003 年,南市全面推进统筹城乡工作,开始实施城乡一体化发展战略。这个阶段的发展目标开始转向城乡的平等化,一体化的范围从就业一体化扩展到教育和社保一体化方面,注重二元结构向一元结构的转变,从关注农民自身与过去的比较到关注城乡之间的差异比较。首先加强新农村建设。2006 年南市提出加强现代新农村建设和新型城市化协调发展。其次农业方面,建设都市型农业。此阶段先后提出建设都市型农业,后又调整为建设生态高校都市型农业。为提高农村劳动力的转移就业能力,积极开展农民培训。与国家政策出台时间相比,提早两年取消农业税,减轻了农民负担。2008—2010 年,开展农民专业合作社、供销合作社、信用合作社"三位一体"改革工作,培育发展农业龙头企业,创新农村金融体制。发展都市型现代农业,全面建成土地流转服务网络,推进农产品品牌建设。重视农业生产方式的改进,注重土地的集约利用,而不仅仅是城市土地的扩张。2010 年底南市以推进省级小城市培育试点为节点,在农业方面推进农业"两区一中心"建设,促进农产品品牌建设;推进农村集体资产产权制度改革,壮大农业经营主体,发展生态循环农业。城乡一体化的发展,缩小了城乡差距,从整体上弱化了户籍带来的差异化。

3.3　产品市场化:供销制度变迁与新型职业农民的兴起

供销制度体现了农民与国家的对接方式。从集体化时期的统购统销、改革开放时期的产业结构调整到税费改革时期的合作化体现了供销制度的转型逻辑。供销制度的变革影响了农民的合作方式、产业结构,从而推动了新型职业农民的发展。

3.3.1　保证供给:统购统销的推行

计划经济体制的构建需要将所有小农纳入国家的治理视野,但作为拥有庞大数量的小农,国家采取怎样的方式与之对接,是国家需要解决的重要问题。为了更方便保证农产品供应,国家实施统购统销政策,将农业生产完全纳入计划经济体系中,促成了我国计划经济体制的确立,可以说以最快的速度将国家政权与小农相对接。刘洋(2004)认为统购统销原本是为了消除粮食供应紧张而作出的制度选择,但是后来演变为影响中国经济发展的重要制度。[①] 之后,统购统销与农民合作化联系在一起,反映了国家政权全面掌握农业资源和生产的统制经济思想,构成具有社会主义色彩的制度设计。

统购统销要求每家每户都要将粮食销售给国家,但征收的任务比较细碎烦琐,合作社的成立在很大程度上促进了统购统销的顺利进行。这样国家不用直接面对小农,而是与相对数量较少的人民公社对接,减少交易成本的同时,还提升了治理的效果。当一项经济政策上升到政治高度时,往往具有更大的执行力度,给经济任务披上了合法性的外衣,对小农的威慑力更强。如此一来,国家和小农户不再发生直接的关系,而是经由合作社间接地联系了国家和小农户,简化了国家统购的烦琐的流程,由原来的一亿几千万农户缩减为几十万个合作社,加快了收购的进度,简化了购销手段,便于推行合同预购。

3.3.2 市场倾向:供销制度的变革

集体化时期,统购统销的指令性经济让农民失去了生产经营的自主性,农民与市场几乎是完全隔离的状态。1978 年 12 月党的十一届三中全会召开,成为中国发展的重大转折点,认识到"阶级斗争为纲"已经不能再成为社会主义社会的纲领,整个工作重点转移到社会主义现代化建设,从而打开了改革开放的大门,开辟了一条具有中国特色的社会主义建设的道路。统购统销的取消为土地流转提供了基础,经营自主权的回归使农民不仅仅限于种粮食,而是追求效益更高的农作物,同时也增长了对土地的大量需求。由于没有粮食任务的束缚,更多农村剩余劳动力投入第二、三产业中,希望流转承包经营地。

3.3.3 农民合作:组织形式的变化

1999 年国务院发出《关于解决当前供销合作社几个突出问题的通知》,逐渐发展农民的合作经济组织。农业产业化强调了农业企业的带动作用,强调农业企业的"大",是一种内部规模化的发展。而农民合作化属于外部规模化,是多个小农通过合作形式解决单个小农对接市场,增强生产能力的问题。南市发展农

---

① 刘洋:《统购统销——建国初期统制经济思想的体现》,《中共党史研究》2004 年第 6 期,第 27-30 页。

民合作化的方式主要有推动农民专业合作社发展。

(1)农民专业合作社的发展

个案 27:WZR,盐县横村主任

> 规模化对村级来说无疑管理上方便了很多,因此最好整村流转,规模经营。同时,因为灌水,相邻土地因为高低不平总会产生矛盾,但大户并不在意。如果地里需要埋信号塔等,小户你得一个个去磨嘴皮,讨价还价还是大户交涉起来省力方便。①

2013 年《浙江省农业经营主体政策实用指南》的颁布为各类新型农业经营主体提供了政策帮助,其中文本定义农民专业合作社:"是在农村家庭承包经营基础上,同类农产品的生产经营者或者同类农业生产经营服务的提供者利用者,自愿联合、民主管理的互助性经济组织。"该《指南》对农民专业合作社的设立、变更和相应的扶持政策做了详细的规定。但在 2003 年,农民专业合作社就有了文本上的一般规定。

2003 年南市《关于加快发展农村专业合作组织的意见》中提到:"农村专业合作经济组织是农民在农业结构调整、农村产业化经营中的崭新创造。"这句话隐含了农村合作经济组织是在发展农业产业化的过程中出现的。正如熊万胜(2009)将其作为一种"制度化进程的意外后果"。该《意见》表达了建立农村专业合作经济组织的必要性和紧迫性,认为通过专业合作组织的建立可以提高农民的组织化程度,增强农产品市场竞争力,也能促进农村产业化经营,增加农民收入。其发展坚持"民办、民管、民受益"的原则,强调专业合作经济组织对内不以营利为目的,对外追求利润最大化。同时,该《意见》制定了专业合作经济组织的设立条件等②。但问题是谁来监管农民专业合作经济组织的运行效果,如果结果可以监控,那么是否也体现了国家对于这种农民合作组织的包容,并不过多地干涉其运行过程。同时,由于当时农民专业合作社的提法并不是非常成熟,但允许以合作社的名义进行登记。提倡先发展后规范,边发展边规范的原则,同时文

---

① 2015 年 10 月 15 日实地访谈。访谈对象:WZR,盐县横村主任。

② 《关于加强发展农村专业合作社的意见》所制定的专业合作经济组织的组建条件有四个:一是要有明确的发起人和一定数量的成员。凡有民事行为能力的公民、法人和其他组织均可发起设立农村专业合作经济组织,从事同一专业生产经营者,都可自愿加入,其成员一般不得少于 5 人。二是要有共同的专业生产经营项目和具体的合作内容。三是要有比较规范的农村专业合作经济组织章程。四是要有一定的经营要素,如资金、技术、土地、设备等。

件对各级财政的支持力度作了指导性规定。而且事实上,不论是地方还是中央层面都试图对农民专业合作社的运行过程进行"规范"。

2004 年浙江省颁布《浙江省农民专业合作社条例》,对专业合作社的成立、运行等做了比较详细的规定。比较有意思的是专业合作社登记、合并等都归口工商行政管理部门,但其管理归口于农业行政部门。这必然造成管理上的脱节,同时,农业部门和工商部门统计的数据会产生差异。这种问题不仅仅是在专业合作社,农业龙头企业、家庭农场也存在这样的问题。2005 年,南市公布了 20 家示范性农民专业合作社,之后的《南市示范性农民专业合作社考核管理办法的通知》指出争取在 2010 年发展各类专业合作社 300 家,实际上,2010 年南市各类农村专业合作社已经达到 650 家,远远超过原来的目标。但该文件的意义在于明确了何为"示范",即示范的标准,并规定 2008 年起,对示范性合作社每三年一考核,对示范性合作社配套扶持政策。被评为市级示范性农民专业合作社的,分别由市、县(市、区)财政在两年内给予适当的奖励。从 2005 年起,连续三年市财政安排 50 万元作为市本级示范性农民专业合作社的奖励专项资金;各县(市、区)也要安排相应的奖励专项资金,对本地区的市级示范性农民专业合作社进行奖励,同时对符合《浙江省农民专业合作社条例》规定新组建的农民专业合作社给予适当的补助。

可见"示范"有一套,也必须有一套完整的认定、考核、管理、扶持办法。没有认定和考核,就会乱套,造成领导拍脑袋决定,失去公信力,也就不能成为"示范"。政府资源的支持是稀缺的,势必会制造竞争。但没有扶持,就没有激励,谁会为没有回报的事情投入更多的精力,毕竟达到"示范"必然会花费一定的精力。

2007 年开始实施的《中华人民共和国农民专业合作社法》从其设立登记、成员、组织机构、合并分立等都作了相应的规定。这种上升到法律层面的规定真的规范了农民专业合作社吗?换句话说,现有的农民专业合作社真的都符合法律的规定吗?这方面国家一方面设立法律表明了规范农民专业合作社的决心,可是一方面又表现出了对专业合作社的无比包容,提到对农民合作社的管理要循序渐进(熊万胜,2009)。这就导致农民专业合作社其带动作用受到质疑,存在"名实分离"的现象。2009 年南市人民政府颁布《关于进一步支持和促进农民专业合作社发展的意见》认为农民专业合作社是农业产业发展、建设现代农业、实行农民增收致富的重要力量,再次强调将专业合作社的发展与农业产业化联系在一起。① 同时将农业综合开发与农民专业合作社发展相联系。

农民专业合作社实施农业综合开发土地治理项目的,按不低于 1350 万元/千公顷标准给予扶持资金(单个项目面积不低于 66.67 公顷);实施农业综合开发科技推广项目的,原则上单个项目财政扶持资金不低于 30 万元;实施种植养殖基地、农产品加工、流通设施等项目建设的,按不超过建设总投资的 40% 给予财政资金扶持(单个项目原则上不高于 400 万元)。积极支持大中专毕业生到农民专业合作社工作。

在不断的实践中,治理主体总是想方设法地把原来的制度赋予其新的使命,或跟新的使命相联系,巧妙地将两种逻辑加以融合,以期增加对其的认同或者合法性,这何尝不是一种减少治理成本的体现。在农民专业合作社的推进中,对其定义、规则等,从国家到地方都在改进中。而专业合作社的发展开始与农业产业化联系,后来又渗透到农业综合开发中,总之,其作用起码在国家的导向中并没有减弱,反而在不同程度地加强。

(2)农业现代园区建设

南市建成各类园区 96 个,大大提高了园区的机械化水平和抗灾能力。② 园区建设也是农业综合开发的后期发展形式,为产业化和规模化提供了现实基础,也为新型职业农民提供了载体。

南市 2015 年底农业"两区"平台建设累计投入各类资金 54.9 亿元,累计建成粮食生产功能区 1348 个,面积 6.28 万公顷,共有省级粮食生产功能区 41 个,面积 0.43 万公顷;省级现代农业园区建成面积 4.47 万公顷,累计有 11 个现代农业综合区、22 个主导产业示范区和 45 个特色农业精品园通过省级验收。引导广大农民应用先进适用技术和优良品种,推介发布农业主导品种 119 个、主推技术 73 项、主推机具 4 类。③

---

① 文件指出农民专业合作社的发展重点之一是围绕农业产业化经营延伸产业链,解决产业链脱节、利益联结松散问题,开展产加销一体化经营合作,增强农民专业合作社的带动力。指出农民专业合作社应该规范性发展、规模化发展。对市级规范性农民专业合作社给予 5 万元的一次性奖励,对新获得国家级、省级示范性农民专业合作社称号的,再分别给予 5 万元的一次性奖励。对净资产规模首次超过 100 万元的农民专业合作社,给予 10 万元的一次性奖励;对加工、销售社员农产品和服务收入达到一定规模的市级示范性农民专业合作社,每年给予 5 万~15 万元的奖励(具体标准另行制定)。

② 南市地方志编纂委员会:《南市年鉴.2000》,方志出版社 2000 年版,第 65-66 页。其中记载善县魏塘农业园区建成后,农民发展设施栽培的积极性有较大提高,1999 年大棚蔬菜发展到 19.67 公顷,11种新种植模式逐渐从园区辐射到农户,带动了全镇设施农业的发展。

③ 方颖:《我市基本实现农业现代化》,《南市日报》2016 年 1 月 30 日,http://www.cnjxol.comxwzxjxxw/jxshxw/content/2016-01/30/content_3555051.htm。

这样,家庭联产承包制的推行、农业产业结构调整、农民非农化制度促动、土地规模化的政策促动等,为职业农民的兴起提供了现实基础。

3.3.4　非农促动:产业结构的调整

改革开放时期农业产业结构的调整,促进了农业剩余劳动力的转移。南市农村历来是以粮食为主体的综合经营地区。农村形成的基本是"三八式"格局,即80%的耕地种粮,80%的劳力务农,80%的收入来自农业。1983年家庭联产承包责任制的实行,使农民有了生产经营的自主权,从自身有迫切改变陈旧产业结构的需求,农村产业结构调整势在必行。1987年的中央5号文件提出进行农业产业结构调整、促进农业劳动力的转移。

南市首先进行的是分层次调整产业结构。调整了种植业结构,80年代后粮食稳定增产,1984年创历史最高值。1985年,在确保粮食总产稳定增长前提下,围绕提高耕地的种植效益,调整粮食和经济作物的比例关系。利用水田推行多种配合的轮作、间作、套种等,扩大经济作物的种植面积;利用旱地、山坡发展市场短缺的瓜果蔬菜种植面积。1978—1990年南市粮食作物与经济作物之比从85.59∶14.41调整为77.7∶22.3,经济作物的种植面积上升7.89个百分点。粮食与经济作物产值之比从1978年的66.9∶33.1调整为1990年的63.9∶36.61。同时调整大农业内部结构,虽然南市属于农、林、牧、副、渔综合经营地区,但内部结构在较长一段时期都不合理,林业、牧业、渔业是短板。1981年,南市由点到面开展农业资源调查工作,结合本地资源和市场需求,实行种植业、养殖业和加工业相结合,建立有特色的农业产业结构。大力开发水产养殖业,利用粮食优势发展畜牧业,围绕农产品转化增值,兴办农产品加工厂实行深加工。1978年,农业占72.33%,工业占15.84%,第三产业占11.83%。1986年,南市逐步建立起以农业为基础,以乡镇工业为主体,一、二、三产业协调发展的经济新格局。从1978—1990年农村社会总产值各业间的比重,农业从72.33%下降为26.95%,工业从占15.84%上升58.38%,第三产业从占11.83%上升到14.67%。在这个阶段,南市具有经营头脑的农户自发调整农业产业结构,发展蔬菜、蚕桑、畜牧等传统优势产业,但由于国家征购粮食的任务仍然是存在的,因此,农户调整的力度不大。

农业产业结构调整具有宏观上的合理性,一方面,引导了农民从事农业产业的发展方向,容易形成农业产业化,构成外部的规模化发展;另一方面,农业产业结构的调整,使农民将精力集中在某一产业,有利于专业技术的提高。1995 年开始,南市市委、市政府提出要推进农业产业化经营的战略,以此优化农业产业结构。这样农业产业结构调整与农业产业化相结合。

3.4　政策密集化:农业政策调整与新型职业农民的兴起

3.4.1　技术与资本密集:农业现代化政策的需要

(1)资本密集化:农业现代化的要素需求

新型职业农民的资本密集化特征从两个方面理解:第一,新型职业农民从事规模化的农业生产经营,必然需要比经营小块土地的传统小农更多的资金投入。第二,农业现代化的提倡也要求农民能有资本配备先进的农业设施设备,提高劳动生产率。特别是设施农业,加上价格逐年增高的土地流转金、人工费用、农资费用等,往往需要较大的资金量才能保证农业的正常投入。与改革开放时期兴起的职业农民相比,由于农业现代化程度更高,往往需要的现代化设施的投入更多。因此,新型职业农民具备了比职业农民、传统农民程度更高的资本密集化。

个案 28:ZYF,南村书记

> JN 村 ZYF 的葡萄园,每公顷每年大约投入 21 万元,其中流转8.33公顷,每年需要的总投入达 175 万元。①

一般农民家庭很难有这样的资金积累,对新型职业农民的进入实际设置了一定的门槛。虽然政府在农民借贷方面有一定的优惠,但基于现状,贷款总额是有限定的。

(2)技术密集化:农民职业化的素质需要

农业现代化要求农民职业化,掌握先进专业的农业技术。国家提高农民技术的路径主要是农民培训。南市推动农民职业化通过三条线索主要是对农民的大力培训,这个从后面的分析可以看到,培训的目的更趋向专业化、职业化。培训本身并不排斥小农,但是不同层级的培训却也体现了对不同主体的青睐,但无

---

① 2016 年 6 月 4 日南区南村实地访谈。访谈对象:ZYF,南村书记。

论是哪个层级的培训几乎都表现了对规模经营主体的倾向性。越是层次高的培训，这种倾向就越加明显。而对于普及农业技术类的培训，对小农不排斥。

第一，不断加大力度的农民培训。培训的作用至少可以从以下几个角度理解：一是有利于农民的职业化，老经验老知识在现代农业领域不再那么有效，现代农业科技技术的普及是从上至下推动农民向职业化转化的途径。二是有利于土地的规模经营，土地的规模经营不同于原有细小散的经营方式，在农业现代化技术应用方面有更高的要求，因此，农民培训有助于土地的规模化经营。三是有利于农民的就业转移，从 2005 年开始，南市特别重视就业转移人员的培训，这符合农民非农化背景下对技能需求的现实状况。

2003 年，南市全年培训农业实用技术人 11.7 万人次，培训跨世纪青年农科技人员 1.4 万人。2004 年，农业专业技能培训 7.68 万人，农村后备劳动力培训 1.59 万人。从事一产的农民比例从 2003 年的 33.1％ 下降到 2004 年的 21.84％。自 2004 年浙江省启动实施千万劳动力素质培训工程专项行动以来，南市紧紧围绕"农业增效、农民增收、农村发展"主题，注重发挥政府推动在农民培训中的作用，全面提高广大农民整体素质和就业创业能力。2010 年培育现代职业农民带头人 236 名，农村职业经纪人 374 名，农业社会化服务人次 328 次。据统计，仅 2011 年至 2014 年的 4 年里，南市共培训农民 32.9 万人，有力地推动了南市新农村建设和现代农业发展。2014 年底南市共有农村实用人才 79932 人。同时政府每年进行年度审核重新确认培训基地，激励其走向规范化。

第二，培训的分类和分级机制。南市农民培训种类较多，从 2009 年注重农村实用人才培训、农民转移就业培训，2011 年注重前两类培训的基础上，拓展农村"两创"实用人才培训和"五个一批"人才培训（包括现代职业农民、社区管理人才、农技推广人才、农村职业经纪人才和农业社会化服务人才培训）。农民的选择余地较大，但并非没有门槛，如盐县对生产经营型新型职业农民的培训对象必须是规模经营主体，年龄不能超过 55 周岁。

如图 3.5 显示了 2009—2014 年南市农民培训的基本情况。可以看到培训资金的投入比较平稳，参加培训的总人数在 2010 年达到一个小高峰，而在 2013 年降为低谷，2014 年反弹为新的高峰。这有两个原因：一是历年培训中，农民就业转移培训是主要部分，但经过多年发展，农村剩余劳动力的转移培训覆盖面已经较广，因此导致这方面人数的下降；二是随着国家培训导向的转移，对农民文

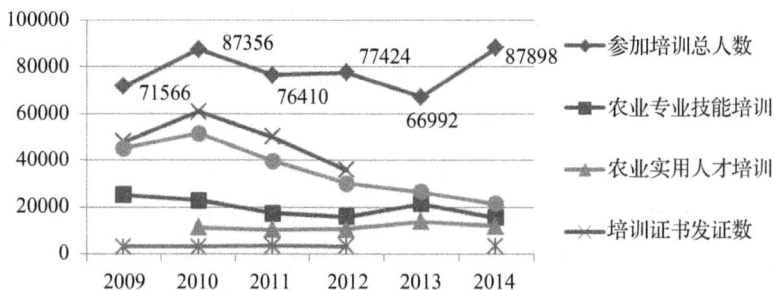

图 3.5　南市农民培训情况(2009—2014)

资料来源:南市农经局内部资料

化素质较为重视,2014 年对农民的普及性培训人数达到 27505 人。①

2015 年之后倾向于公开农民培训的情况。2018 全年共培训新型职业农民 2458 名,新招收农民中等职业教育学员 394 名。累计培育农创客 236 名 2019 年全市完成农民培训 66424 人,其中农村实用人才培训 6957 人,新型职业农民 2606 人,新培育农创客 268 名。2020 年全市完成农民培训 62001 人,其中农村实用人才培训 8996 人,高素质农民 1507 人,新培育农创客 207 名。从公布的数据资料看,培训的重点回归到实用性,同时增加了创新创业性的新型农民。农经局科教处 ZHM 表示农创客的培育有较大的压力,除非门槛降低,否则 5 年内 1 万名农创客的目标很难达到。②

个案 29:SLJ,南市农经局

> 职业农民参加培训的积极性比较高,在南市,除了南区还在重点做劳动力转移培训,其他几个县市区都将培训重点转向职业农民的培训,并且从 2014 年开始承担不同的新型职业农民的培训任务。在职业农民的培训中,一个重要的环节是培训对象的遴选,一般由村级开始逐级上报,由县市区培训机构进行遴选,但最大的主动权其实下放在村和镇级,因为他们最了解真实的情况。③

---

① 2014 年南市农经局统计资料。
② 2021 年 5 月 11 日南市农经局实地访谈。访谈对象:ZHM,科技处处长。
③ 2015 年 5 月 29 日南市农经局实地访谈。访谈对象:SLJ,原科教处处长。

2006年农技培训采取分类培训方式,一是确立以农业龙头企业、专业合作组织社员、科技示范户为主的绿色证书培训对象。按照不同农业专业开设绿色证书培训班,根据农业部和省厅绿色证书培训的要求,每个专业班设理论基础、专业课和实践课,系统地进行了农业基础知识、专业知识和操作技能的培训。二是根据各地农业产业发展特色,开设农业实用技术培训班,推广"一业一训"的培训模式,采取按农时分段组织培训方式,办班到村,既方便了农民,又增强了效果。

在培训体系方面建立以省农民大学到市农民学院到县农校的三级培训体系,各级培训主体吸纳的培训对象也不同。这里同样表现了对规模经营主体的重视,级别越高,对规模主体的重视程度就越大,小农就越被排斥在外。但反过来,这种培训体系有助于农民职业化的快速推行,见效快。

如盐县西塘桥镇根据当地养猪业生产的特点,组织养殖户开展猪的疫病防治、科学饲养、苗猪生产等,平均每个养殖户全年培训在3次以上。宁市硖石街道军民村开办的"湖羊养殖及产业化开发"培训班,将品种特性、选育选配、饲养管理到疫病防治分四部分,分段进行培训,使农民得到系统的技术培训,提高了培训质量。改变原来仅就生产中的某一环节开展技术培训的"一事一训"的做法,增强了培训的系统性。

第三,培训的形式多样化。培训的内容、培训的目标都发生了一定程度的变化,是否能够达到预期的培训效果还需要一段时间才能知晓。就连培训承担主体也很难快速转换。

个案30:CFL,盐县农经局

原来科教线承担的主要是实用人才培训,现在大家似乎把精力导向新型职业农民的培训。培训理念和培训技术很难保证短时期内顺利升级,其效果事愿所违。老百姓往往认为证书没用处,所以积极性并不高。[1]

政府想方设法创新培训形式,目前培训的形式有实地参观、现场培训、课堂培训等。形式的多样性保证了培训效果,提高了理论与实践的结合度。同时通过组织农业技能比武活动提高农民技能,提高农民学习农业技术知识的积极性[2]。

[1] 2016年7月2日盐县农经局实地访谈。访谈对象:CFL,科教科。
[2] 如善县洪溪镇举办长毛兔养殖技能比武大会,开展养兔技能比武。同时现场还举办养兔技能培训,设立了专家咨询服务,为广大养殖户提供了和专家面对面交流咨询的机会,形式生动,农民群众乐意接受。

3.4.2　政策支持密集:农业补贴政策的大力实施

(1)实物税的延续与弱化

农业税收政策一方面体现了统治者对农民的剥削程度,一方面又引导了农民的经营形式。安乐尼·吉登斯认为在大型非现代国家中,国家与民众(农民)之间的主要联系在于征税。整个封建社会庞大的官僚体系的运行需要农民承担沉重的赋税以支撑,"重农抑商"的政策又使得农民没有其他的职业可以选择,只能将生计寄托在所拥有或租佃的小块土地上。通过传统社会的税赋制度,国家剥夺广大农民的剩余产品。

1949 年之后,国家废除田赋旧制,实行负担合理、鼓励增产的农业税制度。南市七县历年农业税征收以现粮为主,1980 年起,现粮的比例有所下降,1990 年起随着农业产业结构的调整,现粮比例继续下降。1949 年开始征收公粮,根据土地占有量和土质优劣、产量多少等,以稻谷市斤为计算单位,确定各户应缴税额。1953 年,农业税的现粮任务与统购任务合并,按照先征后购进行征购。1955 年,农业税现粮征收,只限余粮户。1959 年,农业税收按照生产大队征收,1962 年,按照生产队征收,税率稳定在 11% 左右。1980 年代,农业税改为"实物代征、货币结算"的办法,按照村民小组征收。南市农业税赋占粮食实际产量的比例呈现持续下降的趋势。1985 年、1990 年、1993 年和 1996 年,中共中央、国务院都发出了有关减轻农民负担的通知。集体化时期,农业补贴等,影响较大。国家权力对市场和社会的让渡,工业化和第三产业的发展,使农业生产总值在国民生产总值中的比例越来越小,也促使国家进一步逐渐减弱了对农民的索取性。2004 年,南市对全市范围内的农业税实施免征政策,每年减轻农民负担 8200 万元。

(2)农业补贴政策的大力实施

政府在对农民特别是规模经营方面的补贴几乎在新世纪以来越来越密集,并且分为普惠型粮补、规模型补贴和项目式补贴。各类政策性补贴引导了农民生产的方向和生产形式,对保障农产品质量安全和农产品供应具有现实意义。各种补贴对小农的态度有所差异。

第一,普惠型粮贴。每个农民只要种粮食就会有相应的补贴。补贴按照土地面积计算。2004 年是一个转折点,南市免征农业税,总额为 8200 万元,人均减少农民负担 37 元。2004 年,南市政府种植大户实施对粮油开始实施直接补贴,在省财政对粮油复种面积在1.33公顷以上的大户按照每公顷150元和水稻种植面积在1.33公顷以上的种粮大户每公顷良种补贴75元的基础上,有市县财政安排资金同比例配套。2004年印发50万份宣传资料,宣传到户。抽调人员对种粮大户的基本情况进行核实。当年,3209户种粮大户享受补贴共计348.52万元,良种补贴121.55万元。

第二,规模型补贴和项目式补贴对小农的排斥。规模型补贴是针对规模经营主体的补贴,自然排斥了小农。如2010年的五个一百工程的实施,规定:对净资产规模首次超过100万元的农民专业合作社给予10万元的一次性补助;对农业上市企业给予每个100万元的补助。

项目式补贴是指主体以项目申报的名义申请各类政策补贴。对小农而言,由于规模这个往往已经隐含在项目要求里的条件已经将其排除在外,即使没有规模的条件,无论是技术、硬件设施等要素也都无法与规模主体相抗衡。项目式补贴对规模主体的倾向力度很大。如2010年南市出台《关于实施"五个一百"示范工程价款推进全市现代农业发展的意见》,对新获得中国名牌、中国驰名商标的农产品,一次性给予50万元补助。项目式的补贴对小农具有天然的排斥,在《南市财政农业专项资金管理办法(试行)》(南财农〔2011〕353号)中,对于申请对象作了较为明确的限制"支持对象是指符合农业专项资金管理办法或立项指南规定资格和条件的种养大户、规范化农民专业合作组织、农业龙头企业、行政事业单位、村级经济组织和其他各类经济组织。"在指明的支持对象种类中,首先是对规模作出了限制,种养大户在与其他经营主体的比较中已经是处于较为弱势的地位。因为种养大户本身并不是标准意义上的分类,至于农民专业合作组织、龙头企业等起码有设立的较为明确的门槛。那么小农,自然而然地更是被排除在外。

2014年出台《市区支持现代都市型生态农业和农村发展若干财政政策意见》对农业龙头企业、农民专业合作社、大学生创业等规定了相应的扶持政策,从财力上大力推进相应农业经营主体的发展。

对经营主体的政策扶持。这条线索明显体现了政府对小农的排斥,除关系国计民生的粮食生产外,小农无法得到以所谓项目形式存在的补贴,这些项目要具备规模、示范性才能享有补贴,但同时也对农民的职业化有所促动。但即使是对新型职业农民的倾向性政策也存在操作性的问题。在国家和农民关系的变动中,新型职业农民似乎是一个多次权衡后的平衡点,既不是绝对地索取也不是一味地给予,带有了国家对农民发展的期望,同时农民也能得到来自国家的政策支持。

小结

(1)土地制度的集中化演变,促使小农经济向规模经济转变,成为影响新型职业农民兴起的主要生产资料所有制之基础。集体化时期的合作化,使个体农民的生产成果隐没在集体背后,农民生产积极性较低;改革开放时期家庭联产承包责任制的推行,使土地经营责任分散到单个的农民家庭,直接为个体生产的农民积极性高涨,为新型职业农民的转化奠定了一定的技术基础;改革开放后实行的土地集中,让部分懂技术的农民获得规模经济效益,后税费改革时期进行的土地流转的推行,进一步使土地规模化成为常态,使新型职业农民的兴起具备了生产资料基础。

(2)户籍制度的初始禁锢促进了城乡之间的割裂,改革开放后期对户籍制度开始的弱化逻辑使农民非农化发展迅速,后期城乡一体化的推行越加使得户籍形式化。如此,户籍制度的演变为新型职业农民的形成奠定了土地集中的可能。

(3)供销制度的市场化指引了产业化和合作化。产业化为新型职业农民兴起确立了内部规模和纵向外部规模化基础,合作化为新型职业农民提供了横向的外部规模化的基础。产业化和合作化是现代农业的发展逻辑,那么对建立在现代农业基础上的新型职业农民有着促动。

(4)新型职业农民的直接的政策性推动表现在:培训对新型职业农民技术密集化的促动;宽松的借贷政策对新型职业农民资本密集化的促动;国家补贴的进入对新型职业农民政策密集化的促动。

第 4 章
治理交易成本与新型职业农民的兴起

　　1949 年之前,国家实行的是小农经济之上的惯性治理①。在长期的传统社会中,农民要么受到地主的剥削要么受到来自国家统治阶级的剥削。国家期望通过军队和政治教化统治农民,采取的是索取式的治理。国家统治的重点在于政权的稳固和驭民技术的提高,国家采用的是高度集权的威权式统治,统治阶级在采取具体治理措施的根本出发点往往是维护统治阶级的利益。对于地主官僚阶级而言,一方面用奖赏的方式扩大土地规模,一方面又采取"限田"限制其势力过大。统治方式和小农经济之间有着必然的联系,地主阶级的存在一方面减少了国家对接小农的交易成本,一方面又对小农有一定的治理作用。

　　治理交易成本的存在基于国家对接农民的难度和对接农民的数量两个方面。而考察治理方式,有助于理解治理交易成本对新型职业农民兴起的推动。集体化时期是中国试图改变落后的努力尝试的 30 年,但由于国家这只有形的手强有力地介入各个领域,在体制上束缚了工业和整个经济的发展,这 30 年是一个转型阶段,但总体来说由于农业生产工具和生产技术并没有得到很大的改进,它和传统社会的农业形态是比较接近的。在改革开放时期,国家高度集权型的政权一度向悬浮型政权转变,国家与农民的关系一度松解。一系列制度的实施,使得在比较效益的促使下,非农化速度很快,与之相对应的是职业农民的快速发展。后税费改革时期,国家与农民的关系,因为治理的重新介入而又变得紧密。在新型职业农民的兴起过程中,国家治理在不同阶段采用了不同的治理方式。新型职业农民的存在,将会大大减少从事农业的农民数量,这一方面意味着农民

---

①　赵红军:《小农经济、惯性治理与中国经济的长期变迁》,格致出版社 2010 年版,第 265 页。

经营土地的规模化;另一方面意味着国家对接农民数量的减少,交易成本的降低,这在目前来讲,是国家希望看到的景象,因为起码国家治理既能达到农业治理的目标又能在交易成本较小(方便而便宜)的情况下达到既定目标。

我国不能回避的基本现实是具有数量如此众多的小农,同时我国的政权是高度集权型的。集权型的政权根据集权的程度有控制全局甚至控制细节的需要。集体化时期政权是高度集权的全能型政权,国家努力建构紧密的国家与农民的关系,具有国家对接小农的迫切性。如何方便而有效地对接小农,是国家必须面对的现实。这个结构性的事实在改革开放时期、后税费改革时期一直比较稳定的存在,若要国家对接小农,就得考虑治理的交易成本的问题。只不过在改革开放时期,国家政权集权程度的下降,政权的悬浮趋势使国家与农民的关系一度呈现比较松散的状态,市场与法治社会有了很大的成长空间。但市场提倡自由竞争,它所提倡的规则未必是国家所能容忍的秩序。“三农”问题的凸显促使国家政权再次介入,怎样将松散的关系重新变得紧密,在紧密的过程中,治理的交易成本成为新型职业农民兴起的动力。

4.1　一体化治理:降低交易成本的粗暴式策略

一体化治理是国家政权努力较低交易成本的直接有效的策略。新中国成立初期的治理主体有一元化倾向。市场与社会被容纳在国家治理之内,国家代替了市场,代替了社会。工人被纳入“单位”,农民被纳入与“单位”类似的人民公社。人民公社成为国家与农民的对接载体,直接降低了国家与千万农民的对接成本。这种科层化的组织,具有较为明显的一体化的特征。

4.1.1　集权化:一体化治理的实施基础

(1)治理目标的单一化。治理理念的现代化转变对治理的交易成本有着足够的重视。由于 1950 年从集体化的实验到全国开展,长达 20 余年的集体化成为这段时期最明显的特征。斯科特在分析苏联集体化时代时,认为迅猛的集体化是为了掌握足够的粮食和迅速推进工业化的目的而推行的[①],这与我国推行

---

① ［美］詹姆斯・C.斯科特著:《国家的视角:那些试图改善人类状况的项目是如何失败的》,王晓毅译,社会科学文献出版社 2004 年版,第 290-293 页。

集体化的原因几乎一致,正是在这种情况下,国家领导人选择了以重工业发展为主的斯大林模式。在短时期内实现工业的现代化,需要制度、政策的快速而有效的执行,必须降低治理的交易成本。从1952年南市互助组的建立到1956年高级社的发展,仅仅经历了4年时间,农村合作形式几经变化,或者说迅速的变化包含了上级迅速降低交易成本的期冀。

(2)高度集权的全能政府。1949年,现代性工业仅占国民生产总值的10%左右[1]。同时,工业结构不完善,工业基础较薄弱,工业设备落后,规模小等诸多问题存在[2]。落后的现状需要一个具有强大整合能力的政权实施治理。新中国的成立意味着现代国家的诞生[3],之后高度集中的计划经济体制、高度集权的政治体制,建立起了国家权力统治一切的"全能"政府。这种特点直接决定了国家权力可以任意进入市场和社会,侵蚀本属于市场和社会的空间。对全能政府来说,政治权力没有行为边界,也没有其职能的界定,通过对资源的垄断性分配切断市场的生存空间,通过单位的设置,将个体框定在既定空间内,侵占了社会的生存空间,可以说个体和产业的发展均依赖于政府的权力,农业自然也不能例外。

4.1.2 单位制:一体化治理的实施途径

新中国成立后建立了全能式的中央政府,试图将市场、社会职能都纳入国家治理范围,采取了一系列制度。土地改革让农民与地主一样平等地拥有了土地,但土地私有制意味着农民是自由的,无法保证在短时间内达到用农业补贴工业的迫切性需求。如图4.1,作为一个大国,国家将个体农民编入"人民公社",避免了直接面对小农的巨大的治理交易成本。国家希望通过建立一个将小农放入其中的一体化的中介组织,达到国家与亿万小农对接的目的。这是一种更加方便和减少治理交易成本的目的。国家政权通过一体化组织直接贯彻到小农。同时,通过"人民公社"管理个体小农使统治阶级的意志得到最大程度的贯彻。

国家工业化的发展,将工人的发展和管理纳入企业这个单位中去,[4]那么数量如此众多的农民怎么治理呢?人民公社的建立解决了这个问题,这样,国家通

① 毛泽东:《毛泽东选集》(第四卷),人民出版社1991版,第1430页。
② 刘祖云:《社会转型解读》,武汉大学出版社2005年版,第19页。
③ 何显明:《政府转型与现代国家治理体系的建构——60年来政府体制演变的内在逻辑》,《浙江社会科学》2013年第6期,第4-13页。
④ 李友梅:《中国社会生活的变迁》,中国大百科全书出版社2008版,第43页。

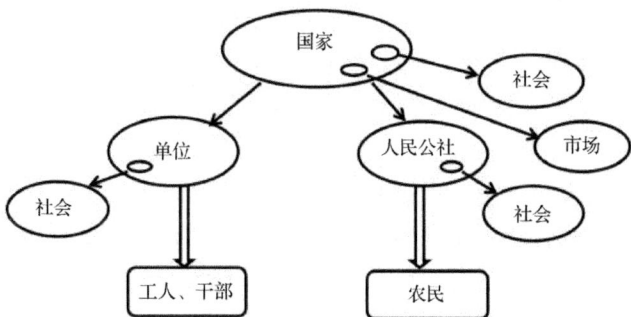

图 4.1　单位制的示意图

过人民公社对接了亿万小农,方便地进行管理,减少了治理的交易成本。为了强化国家目标的统一,国家采用了计划经济体制,其实从治理的交易成本来说是大大增加的,因为无论是生产还是销售,国家曾经试图都掌控在自己手中,那么治理成本必然是上升的,但这部分交易成本大部分是内化在人民公社之中,这种一体化的组织将每个农民被编入既定的公社,由公社负责与其对接。图 4.1 显示了国家通过单位治理的过程。因为当时的生产或是销售同时具有政治意涵,一旦与政治相连,交易成本就被政治所覆盖而减少。国家将农村的农民被编入人民公社,城市的居民被编入其工作的地方,这样每个公民被限制在其单位中,单位与单位之间的界限非常明显,且具政治色彩,这是物理空间和政治空间高度结合的年代,是公民具有高度同质性的时代。

　　人民公社的成立有两个重要的缘由:首先,统购统销是不可能独立进行的,[①]在理论上,统购统销的粮食部门应该能够代替地主承担农村流通主体的作用,以降低国家与千万小农的对接成本。但在推行中,遇到的实际问题是农民本来是作为独立的经济主体存在,并不愿意按照国家规定的较低的价格上缴粮食。如果没有特殊的制度和组织安排,任何政府都不太可能解决从分散小农那里提取农业剩余所引起的矛盾。毛泽东曾经在 1953 年召开的第三次互助合作会议上指出"个体所有制与大量供应是完全冲突的",这样,党把解决农产品供应的问题的解决推向了合作化。温铁军认为统购统销和合作化的结合在当时已经上升到了政治合理性的高度。正如涂尔干所提出的"职业团体"在连接统治者和被统治者、国家与社会的关系中所起到的重要作用,其是"国家活动的范围拓展进入

---

　　①　温铁军:《"三农"问题与制度变迁》,中国经济出版社 2005 版,第 174 页。

社会其他领域的直接通道"①。那么在当时无论是城市居民还是农民被纳入其中的"单位"在某种程度上就发挥了"职业团体"的连接作用,当然由于政治环境不同,民主的程度不同,两者的地位不能相提并论。高度政治性使政令通行,如遇到问题,立即整顿,解决人民公社运行中出现的问题的行动称为"整社"。

其次,除了国家与小农的对接诉求,还要考虑如何降低交易成本。温铁军认为人民公社制度背后的"合作化"解决的就是国家与农民的交易成本问题。② 这段时期的治理具有革命色彩,又具有典型的运动式特征,政府的权力无孔不入,国家与亿万小农对接起来,如果说治理要减少治理的交易成本,那么这段时期国家考虑的是如何方便地把小农纳入治理体系中。既有维持秩序的目的,也有推动国家发展的目的。政府是全能政府,试图将一切纳入统治体系中。农民更多了具有政治性身份特征,被编入政治末端,直接进入国家统治体系,严密的层级设置使国家通过集体面对小农,国家对接小农的层次减少,相应的社区自治能力近乎消失。发展工业化必须完成原始积累,这在商品率极低的小农经济情况下很难实现,那么必须设法提高农民的组织化程度降低与分散小农的交易费用③。人民公社的建立是一种集体化程度的上升,而后面推行的生产大队为核算单位,是集体化程度的一种弱化。这种集体化程度的波动体现的是国家与农民对接中间层的变化,原本由人民公社承担的国家与农民之间的交易成本下沉到生产队。如果将人民公社看作一种大集体经济,那么生产队就可以是一种小集体经济。国家对接小农的交易成本转化到基层,由基层承担。虽然高度集体化在某种意义上是失败的,但降低治理交易成本的目的却达到了。

4.2 体系化治理:新型职业农民兴起的横向推动

改革开放后农业部门和基层组织实施体系化治理是一种抓重点的治理方式,是治理交易成本重新浮现后的主要策略。人民公社解体后,由农业部门直接对接数量众多的小农,其交易成本巨大,但农产品的供应却要达到既定目标,只能采取在横向上"抓重点、重点抓"的方式,以此降低交易成本。那么就必然形成

---

① 〔英〕安东尼·吉登斯著:《政治学、社会学与社会理论——经典理论与当代思潮的碰撞》,何雪松、赵方杜译,格致出版社 2015 年版,第 78-79 页。
② 温铁军:《"三农"问题与制度变迁》,中国经济出版社 2005 版,第 174 页。
③ 温铁军:《"三农"问题与制度变迁》,中国经济出版社 2005 版,第 17 页。

不同产业、不同区位的分类式的差异化治理,同时,分类的标准从操作性、可行性来讲,都指向了简单化的规模标准,即规模首先成为政府最容易看得见的分类标准。而在规模相差无几的情况下,"示范"成为比简单规模化标准更高层次的质量方面的分类依据。这种容易形成"块"的治理方式,成为在横向方面推动新型职业农民产生的动力。

4.2.1 多元化与现代化:体系化治理实施背景

(1)国家治理目标多元化

首先,国家治理目标多元化。许耀桐、刘祺(2014)认为中国的治理从计划经济时代到现在有一个从管制—管理—治理的发展过程。① 计划经济时期国家是单一的管理主体,通过管制手段对国家的政治、市场和社会进行控制。在改革开放时代,国家逐渐推行政治体制改革,政府职能缩减的过程中有了市场和社会的成长。一度由底层单位"人民公社"承担的交易成本浮现出来,需要各治理的主体自己解决,那么治理主体在达到治理目标的进程中必须思考如何降低治理交易成本的问题。在改革开放时期,市场经济的引入,一度使得国家与农民的关系处于比较松解的状态,国家与农民的对接考虑的是如何降低与自由的市场主体之间的对接成本。

进入新世纪的政府,多元治理目标与多元治理方式并存。国家治理目标和方式有了大的调整,2004 年,中国发展的总体布局已经由经济建设、政治建设、文化建设"三位一体"任务,扩展为包括社会建设在内的"经济建设、政治建设、文化建设、社会建设"的"四位一体"任务。国家越来越重视社会在国家发展中的作用,提倡形成国家、市场、社会共同治理国家的局面。2012 年,党的十八大提出"经济建设、政治建设、文化建设、社会建设和生态文明建设"的"五位一体"的布局。"三位一体""四位一体""五位一体"的构建是一个理论联系实践、不断发展的过程,是国家治理目标多元化也是国家治理体系不断完善的体现。2013 年,党的十八届三中全会提出:"全面深化改革的总目标是完善和发展中国特色社会主义制度,推进国家治理体系和治理能力现代化。"将国家治理改革的重要性提高到新的高度,是推动国家治理走向现代化的转折点。因此,2014 年被称为国家治理现代化元年。这种理念的变化代表了政府及官僚体系的认知水平在不断的发展,理念对决策和行动起指导作用,决定了决策和行动的方向。因此理念先

---

① 许耀桐、刘祺:《当代中国国家治理体系分析》,《理论探索》2014 年第 1 期,第 50 页。

行,治理的现代化要求治理理念的现代化,在理念变革的带动下,实施现代化的治理。《国家治理创新年度报告(2016)》指出,当前我国治理现代化面临四大挑战:治理理念能否更好、更快地转化为政策、行为;供给侧结构性改革所带来的阵痛能否成功渡过;新的激励机制能否尽快形成;与民生相关的议题能否优先、有效解决。这些治理理念在村基层组织的贯彻也是相当深入,显示了治理理念背后强大的宣传动员。在访谈的村干部当中,大多数人都会提及"农业现代化""五位一体""三化同步"等治理理念。这种贯彻相当于从上至下治理理念的统一及深入化,为其政策的执行减少了障碍。

(2)治理主体多元化

从高度集权到改革开放的部分放权,再到新世纪,由于治理目标的多元化,现代国家也强调治理主体的多元化。这说明治理的主体并不是一个虚幻的国家,而是由具体的部门在操作,指向多元化的目标。但问题是多元化的目标未必都指向同样的农业经营组织形式或对农民有同样的期望。因此,国家的总体治理逻辑下各个部门发展了自身的治理逻辑,不同的逻辑交织在一起,需要地方部门进行统筹。但即使治理逻辑各不相同,其治理却需要在考虑方便交涉、方便监督、方便处理的前提下进行,也就是说,他们都需要考虑治理交易成本的因素,否则治理方式的实施会遇到障碍。从第5章南市养猪业的例子我们可以看到多部门是怎样介入到一个产业的发展历程的。

治理虽然是20世纪90年代后期提出,但并不意味着它刚刚出现,从广义来讲,统治也是治理的一个阶段。党的十一届三中全会被认为是改革开放的标志,也是中国治理转型的标志,之前是建立在小农经济基础上的漫长的中央集权式的治理方式[1]。随着经济体制的改革,中国的政治体制也经受了改革的洗礼。俞可平认为中国的政治体制比在西方国家对经济的作用要大得多。[2] 而中国的政治改革同时也是一种治理的改革。其政治体制虽然不涉及整个政治框架的变化,但是其政府管理体制却是其重要的变革内容。这样国家治理开始有了从统治到治理的真正的转向。相比统治,治理权力的来源和主体趋向多元化[3]。因为多元主体对治理的参与,这种多元化某种程度上降低了国家治理的交易成本。但同时人民公社的取消却使得原来内化在基层的交易成本须由治理主体自身来承担。

① 赵红军:《小农经济、惯性治理与中国经济的产期变迁》,格致出版社2010年版,第283页。
② 俞可平:《论国家治理现代化》,社会科学文献出版社2014年版,第77页。
③ 俞可平:《治理与善治》,社会科学文献出版社2000年版,第4页。

国家治理体系发生了巨大的变革,国家、市场、社会的关系局面发生了改变(俞可平,2014)。[1] 改革开放后,治理的转向意味着人民政权民主程度的提高和人民话语权的提升。在国家治理层面,尤其是对我国人数众多的国家来说,民主表面意味着大量交易成本的提升,但这种提升却恰恰提高了民众对制度的接受程度,减低了制度在运行中的交易成本。总的来说降低了治理交易成本,进一步的民主化却是总的发展趋势。各种听证会的举行,处于社会阶层中底层的主体参与决策的比例越来越高,都在表明我国曾经高度集中的权力在下层的分散。国家也进行国家与市场的关系调整,提倡竞争的市场经济体制的建立,实行政社分开、政企分开,政府不再直接干预农民的生产和企业的经营活动,农民和企业都有了极大的自主权,市场有了存在的空间。其次进行了国家与社会的关系调整,20 世纪 80 年代末,村民委员会制度在全国推行,俞可平认为这是中国基层民主的突破性的进展。建立了农村基层组织自治组织,建立乡政府取代原先的人民公社,国家不再直接干预农民的生产活动。1983 年,中共中央、国务院《关于实行政社分开建立乡政府的通知》指出应该以之前建立的人民公社的规模为参考建立乡级政府。国家权力边界的回缩使农村自治组织逐渐发展。1994 年中共中央进一步指出,应该以村为重点,加强农村基层组织建设。自治组织的建立使国家与农民的对接成本外显化,原来由人民公社承担的成本,之后有各种条线的上级部门承担,这就迫使各个部门必须考虑交易成本问题。90 年代社会民间组织兴起,国家对其的态度由消极转变为积极培育,目前各类社会组织已经有 300 多万个,这些社会组织通过参与社会治理的方式和政府购买公共服务的方式发挥作用,在国家治理体系中发挥重要作用。

最后调整了市场与社会的关系。改革开放使原本承担多重功能的单位将一些社会功能分离出去,由社会承担,社会开始成长。市场和社会的兴起一方面发挥了积极作用,但同时,除了政府和市场、政府与社会的关系边界问题,又出现了市场与社会的边界问题。市场和社会的发展在开始阶段发展迅速同时伴随着无序,在社会公共领域,市场的大量侵入,如教育、公共卫生等,造成无序竞争,使公众产生了信任危机。而在企业的发展中,又常常遭到政府与社会的干预,企业负担过重。那么市场与社会的边界也成了新的问题。国家在 20 世纪 90 年代对民

---

[1]　俞可平:《走向国家治理现代化——论中国改革开放后的国家、市场与社会关系》,《当代世界》2014 年第 10 期,第 24-25 页。

办非企业单位的清理、对企业社会责任的界定等,是在行动上界定市场与社会关系的体现。

如图 4.2 展示了改革开放时期国家与社会、国家与市场、社会与市场的包容关系。

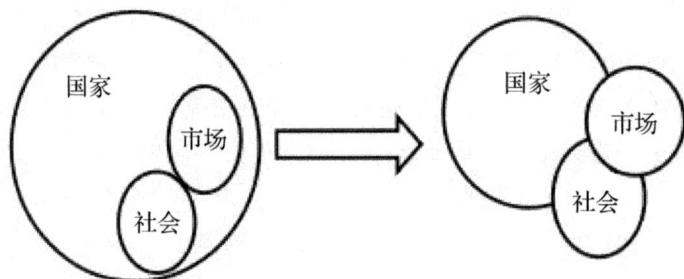

图 4.2　国家、市场与社会的关系变迁

这种治理模式强调了党和国家原来高度集中的权力的分散,在防止具有克里斯玛式权威的形成方面起到了作用。强调分权的治理模式表现在政府权力向地方、向企业、向社会的分散。克里斯玛式权威一旦形成,意味着人治的不可避免性,长期封建社会和新中国成立初期的教训使国家认识到法治的重要性。法治强调制度和法律的重要性,而不会因为实施主体的不同产生断裂。俞可平认为改革开放后的政府不是以前的管制型政府,其强权式的管制成分在减少的同时,更加凸显发展和服务的作用。党的十二届六中全会首先提出了以经济建设为中心,坚定不移的进行政治体制改革,坚定不移的加强精神文明建设的总布局,是"三位一体"的首次提出。1987 年,党的十三大提出把"富强、民主、文明"作为社会主义现代化的奋斗目标,此后的十四大、十五大、十六大延续了这一国家治理的布局。治理的目标通过文件的形式予以确定,肯定了市场的地位。对农民来说要富强,就要增收,相对来说,各级政府开始将农民增收作为一个政治目标来实现。

改革开放时期的治理是改革式的,因为其治理的方式、手段包括权力的分散程度等都在摸索中,会逐渐得到改善,但也意味着有波动性。国家对市场和社会权利的逐渐放手,加强了国家治理的合法性。叶敏、熊万胜(2013)认为"示范"作为一种政策执行的机制,处于核心地位[1],其具有社会改造的功能,能够起带动

---

[1]　叶敏、熊万胜:《"示范":中国式政策执行的一种核心机制——以 XZ 区的新农村建设过程为例》,《公共管理学报》2013 年第 10 期,第 15-25 页。

作用。改革开放让一部分人先富起来是当时国家领导人的愿望,这一部分人先尝改革的成果,成为其他人的"示范",这种示范作用迅速扩大,成为国家治理有效性的基础之一。

俞可平认为国家治理的现代化就是要达到善治,即治理主体的多元化,在现代化的治理体系中,国家和各级行政组织、各种社会组织、人民都是治理的主体。随着治理主体的多元化,治理主体的目标也越加多重化,导致国家治理在推行中必须考虑如何更加方便而便宜的进行,这就导向了降低交易成本的治理。

（3）农业现代化:农业治理的目标转向

治理现代化是指国家考虑到影响社会发展的因素,将其作为影响系统发展的要素,随着认识的发展和时代环境的变化,将其纳入治理范围的过程。但治理范围的扩大并不意味着国家和政府应该起到的作用更大,而是指国家将逐渐引导范围内各领域的发展。治理现代化目标的达成是一个漫长的过程,其考虑的因素受到社会发展的局限。现代化治理提倡了公民参与,体现了社会的作用。现代化治理是一种制度式的治理,也是现代化治理进程减少治理交易成本的一种途径。现代化治理中,国家对产业发展的引导和治理充分考虑了其对社会的影响,其中最重要的就是对生态环境的影响。对于农业而言,国家开始看到农业产业所产生的农业面源污染。

集体化时期,农业治理的目标是增产,保证农产品的足量供应,采取的是集体化的方式以降低治理交易成本。在后税费改革时期,从重要的中央文件文本中语词的变化可以清晰地看到国家农业治理的目标转向。对"农业现代化"的研究由来已久,但其研究重点都有其强烈的国家政治导向。早在 20 世纪 60 年代学术界对"农业现代化"已经有所研究,而此后学者和政府对"农业现代化"的研究热点和发展方向有所变迁。如 60 年代探讨其基本概念、特点和必要性问题[1],认为农业现代化与当时提倡的"四化"相联系,农业现代化的目标是实现"四化",同时探讨了农业现代化和工业现代化的关系,认为工业现代化是农业现代化的实现基础[2]。70 年代兴起了对他国先进经验的总结和借鉴[3],1980 年代

---

[1]　李小樱:《农业现代化的体系问题初探》,《学术研究》1964 年第 1 期,第 39-43 页;郑玉林:《农业现代化的当前重点问题》,《江淮月刊》1964 年第 4 期,第 37-41 页。

[2]　中杰:《关于我国农业现代化问题的讨论》,《经济研究》1963 年第 12 期,第 73-78 页。

[3]　项南:《欧洲四国考察归来谈农业现代化》,《世界经济》1978 年第 5 期,第 1-7 页;郑林庄:《美法农业现代化过程中的专业化和一体化》,《世界农业》1979 年第 1 期,第 43-45 页;王克海:《国外农业现代化的三种类型》,《甘肃农业科技》1979 年第 1 期,第 41 页。

研究热点越来越多的指向如何实现中国的农业现代化的问题,讨论的主题更加具体如资金问题①、基地建设问题②、农业现代化的道路选择问题③。随着实践经验的积累和他国的先例,国家对农业现代化有越来越清晰的概念和实现途径。90年代初肯定了农村工业、农二推广在农业现代化中的作用④,农业综合开发与农业现代化的关系⑤。90年代末,将农业产业化与农业现代化相联系⑥。21世纪初对农业现代化的概念重新界定⑦,适度规模经营对农业现代化的作用⑧,并出现了对农业现代化的反思⑨。从整个历史延续时期来看,农业现代化一直是国家在农业方面关注的目标之一,也表明农业现代化是需要政府长期努力才能实现,而农业现代化实现的途径和内涵随着时代进步而有所变迁。

国家推动农业现代化的动力机制来自几个方面。一是农业现代化与工业化、城镇化共同构成21世纪初政府所提倡的"三化同步",三者具有高度的协同性。但现实情况是农业现代化水平落后于工业化和城镇化水平。必须将农业现代化提高到新的重要程度。而2014年、2015年、2016年中央一号文件标题的核心关键词就是农业现代化,体现了政府推进农业现代化的重要性和迫切性。二是农业现代化有利于农民增收。农民增收属于国家在新世纪一直追求的政治目标之一,具有高度的政治正确性。农业现代化是农民增收的手段之一,例如农业现代化采用的高度农业机械化可以解放大量的剩余劳动力,农民可以有能力耕种更多的土地,实现规模经济,提高农业收入。三是农业现代化有助于土地的利用率和产出率的提高。小农虽然精耕细作,但其生产具有一定的盲目性。我国人多地少,国家出于保证农产品供应的角度必须保证土地的利用率和产出率,要

① 李炳坤:《农业现代化建设中的资金问题》,《经济研究》1981年第12期,第45-48页。

② 陈林:《五个农业现代化基地县是怎样开展科学实验的》,《农业经济问题》1982年第3期,第35-37页。

③ 刘维清:《论中国式农业现代化的道路—立体综合农业》,《湖北农业科学》1981年第12期,第1-5页。

④ 黄佩民:《发展农村工业推进农业现代化》,《中国农学通报》1991年第8期,第5-7页。

⑤ 王军茂、张来应:《农业综合开发与实现农业现代化——从我省黄淮海平原农业综合开发看实现农业现代化的道路》,《河南农业》1992年第3期,第6-7页;李超、宋凤斌、李志民:《综合开发与农业现代化》,《吉林农业大学学报》1992年第12期,第1-6页。

⑥ 王利民:《农业现代化的条件与选择——潍坊市农业现代化理论研讨会综述》,《中国农村经济》1999年第6期,第72-74页;黄晓波:《浅议农业产业化与农业现代化》,《农业经济》1999年第4期,第12-13页。

⑦ 黄国桢:《"农业现代化"再界定》,《农业现代化研究》2001年第2期,第48-50页。

⑧ 颜士敏:《发展适度规模经营,促进江苏农业现代化》,《中国农技推广》2014年第5期,第1-1页。

⑨ 温铁军:《农业现代化的误区》,《财经界》2014年第11期,第40-45页。

求土地的集约利用。

自始至终强调并且其重要性逐渐提升的"农业现代化"体现了国家对农业转型的重视,几千年来的小农经济有其顽强的生命力,但其弊端也呈显得越来越明显,其经营的土地面积细小散,无法达到规模经济。但在经济比较发达的南市,农民兼业程度较高,一方面农忙季节可以回来务农,一方面也可以在企业打工,同时还可以经营家庭副业,这种收入的多重来源保证了小农经济的活力。如果国家不强行介入,强调土地流转,这种当地农民的收入结构还有较长的生命力。但从发展的角度来看,小农经济的存在不利于农业向现代农业的转型,小农的劳动力、技术等生产要素的投入是根据家庭的实际情况和需要有较大灵活的余地。如果其兼业收入较高,并不太会注重农业收入。但这正是国家所排斥的。

从逻辑上看农业现代化是一个过程,是实现现代农业、农业产业化的手段。同时现代农业、农业产业化又是衡量农业现代化水平的标志。现代农业在2004—2016 年的中央 1 号文件(包括 2001 的《关于做好 2001 年农业农村工作的意见》)出现 99 次,农业现代化出现 21 次。农业现代化在后期强调的次数越来越多,在政府文本中更多使用了静态的现代农业,强调农业要达到的目标。而农业产业化在 20 世纪末期已经大力提倡,在新世纪的政策文本中也多次强调了农业产业化的重要性,但后面已经不是单纯的产业自身的发展,而趋向强调产业融合。这种转向提倡的是土地的规模化经营、现代化经营,是保证农产品质量安全,降低交易成本的治理方式。

(4)乡村工业与市场化的发展

这个阶段有一个制度进程的意外结果:乡镇企业的产生。农民在当时条件下既被限制了进城,又要提高收入,从事非农的选择促使社队企业向乡镇企业转变。国家看到了乡镇企业既能增加农民收入,又能解决农村剩余劳动力的问题,认为乡镇企业是我国经济发展的有利补充。同时,政府继续改革流通体制,政府更多的退出市场。农民与市场的联系逐渐建立,市场是鼓励竞争的,农业也是如此,一部分农业技术好、懂经营的专业户、重点户发展起来,体现农民与国家关系的松解时,也体现了国家对接农民的交易成本的下降。

(5)国家与农民的关系变迁

国家与农民的关系由索取转向索取与治理并重。集体化时期,统购统销对农民来说构成了沉重的负担,在当时较为落后的经济状况下,国家与农民的关系呈现索取性状态。国家与农民的对接考虑的是如何降低温铁军所说的"索取的交易成本"。随着农业在整个国民生产总值中所占比例越来越小,考虑到农民的负担,国家 2004 年发文减免农业税。就减免农业税本身而言,就是对农民从事农业的鼓励。同时,各种农业扶持政策以项目和直补方式流入农村,这种扶持从治理的角度看明显包含了国家对农业的发展期望,国家对农民转向了索取与治理并重阶段。

4.2.2 横向规模化:体系化治理下的实施逻辑

改革开放后,家庭联产承包责任制的实施使小农由"集体"生产回归个体经营,自主性大大提高,农民的生产积极性空前高涨。但同时带来的是如何与数量如此众多的小农对接,如何方便的对接,当然对接对于农业部门和地方政府基层组织来说目的是既要发展又要顺应国家治理的目标。这里主要从农业区划、农业综合开发、商品基地建设和规模主体的推动四条线进行理解,这四个方面恰好体现了"块"的形成历程。

(1)农业区划的形成

新中国成立以来浙江省的第一个政府农业区划实行于 1980 年,在全省划分出九个一级农业区,南市所在的农业区是"杭嘉湖水网平原粮桑渔畜油区"。① 农业区划的设定实际为各个地区的农业发展进行了定位,南市的农业区划为农民的生产提供了大的引导方向,至少在形式上为农民提供了土地流转的方向以及种养结构的参考。农业区划实际上属于国家块状方面的体系化治理,在需要提供足够的农产品和足够安全的农产品时,一个能够在较短时间内以较低的交易成本实现其目标的途径就是农业区划。农业区划的制定,使地方政府只能在上级政府的更高层次的治理框架内行动,服从全局的安排。毕竟在国家治理面前,地方政府需要做的只能是服从,这样才能有助于国家在农业治理方面的目标有效完成。从全局来看,农业区划从几个方面降低了治理的交易成本:首先,国家对于这种块状的安排体现了地方不同的产业结构,方便国家与地方的对接;其次,农业区划的设定有助于地方政府与农民的对接,将主要精力集中放在主要的产业;再次,对农民来说容易形成产业化的经营促动规模化的发展,而产业化又反过来降低了国家与农民的对接成本。

(2)农业综合开发的转向

第一,初始阶段以增产为导向。政府有组织有计划地实施农业综合开发项

---

① 中国农业全书总编辑委员会,中国农业全书浙江卷编辑委员会:《中国农业全书(浙江卷)》,中国农业出版社 1997 年版,第 117 页。

目追溯到 1988 年。而其实施的最初目的是粮食增产。1984 年,由于实施家庭联产承包责任制,释放了农民的生产积极性,粮食产量达到最高峰,但 1984 年后,由于改革开放的实施,农民的选择余地增多,农业与其他产业相比,经济效益不占优势,同时农业生产成本也在增加,加上人多地少,以家庭为单位的生产责任制并不能实现规模经济,非农就业的农民急速增加,粮食产量下降。为保证粮食产量,政府综合考虑了田地质量、投入资金等多项资源,实施农业综合开发,提高农业综合生产能力,而最初的实施也取得了比较好的效果。1989 年将农业开发统称为"农业综合开发",并成立相应的国家农业综合开发领导小组,隶属于财政部。实施的初始阶段关注的是中低产田治理,而 1994 年后开始关注多种经营项目的建设力度,将农业增收与农业增产联系起来。1997 年南市在治理改造中低田的同时,积极发展多种经营,建成五大优新农产品基地,发展各类农产品加工。

第二,向产业化、园区建设的靠拢。农业综合开发使用的是中央财政投入,其组织和发展都是在政府治理下行动,体现了政府调控和引导农业发展的机制的有效性。这种组织和发展也只有在政府强力介入下才能协调范围如此广泛、量如此大的要素和资源,在解决农业生产必需的基础设施方面、弥补家庭承包经营的分散性、细小性和生产盲目性方面发挥了巨大作用。农业综合开发属于农业公共项目,是一种集政治、政策与技术为一体的政府进行农业治理的方式。首先,从中央到地方成立的各级农业综合开发办公室为其提供了政治上的合法性,其一系列政策的实施为解决不同时期的关键性的农业问题铺设了道路,提高了解决的可能性,同时其培训农民的农技推广路线等也为农业治理提供了技术的可能。正是因为有了这三个方面的存在,农业综合开发总能紧密结合不同历史时期所需要解决的重大问题。农业综合开发是在改革开放后因为农产品市场出现了供给与需求的矛盾从而推出的基于中低产田治理的资源要素配置的治理措施,但在新世纪持续推进的农业综合开发却不断地被赋予新的使命。

2002 年,财政部发出《关于农业综合开发的若干意见》提出了农业农合开发的指导思想、目标任务。该《意见》明确地将农业综合开发与农业产业化结合,加强农民技术培训,推进农业现代化,提高农业国际竞争力。新世纪的农业综合开发,在 21 世纪,农业综合开发与农业产业化、农民合作社、农业园区建设发展继续结合在一起,不再是单纯为保证农产品供应而进行的项目建设了。2010 年,国家农业综合开发项目"资金安排向高标准农田建设聚焦,项目布局向粮食主产区聚焦",继续支持农业产业体系建设,推进规模化经营和农民组织化程度的提高是政策扶持重点,农民专业合作社的发展显然顺应了这一方向①。因此在新世纪,众多的农业综合开发项目的实施主体是农业龙头企业和农民专业合作社。《全国农业综合开发"十二五"工作思路》指出:"要大力扶持农民专业合作社和龙头企业,促进农业产业化经营,调整农业生产结构,提高项目区农民收入水平。"该文件还强调 2011 年财政补助资金的 60% 以上用于农民专业合作社项目,40% 以下用于龙头企业项目。

农业综合开发本属于农业公共项目,可其后来的发展出现了一定程度的变异,包括对农业产业化、对农民专业合作社的重点扶持渐渐地将国家项目转变为追求局部甚至某个个体收益的手段。农业综合开发的管理机构,从中央一直到项目所在县,都有归口管理部门,有一套比较完整的管理网络。在这个网络中,财政部门是农业综合开发的资金管理部门,农业综合开发机构是管理部门。问题如同对农业龙头企业的作用的质疑,农业合作社的带动作用也受到质疑。那么农业综合开发将这两类已经受到质疑的组织作为支持的重点对象,是否有降低治理交易成本的目的呢? 因为在偌大的中国,甚至在某个范围较小的县,项目的开展需要有对象支撑,将资金平均分配给众多小农显然不太现实,必定是寻找重点支持对象,也就是说必定是少量的。最简单的、最有效的自然是寻找规模主体作为开发项目的承担实体。因为农业综合开发项目的公共性,必然选取具有带动作用的,专业大户的带动性显然不足,农业龙头企业和农民专业合作社是最佳选择。但如果带动性都受到了质疑,国家仍然选择这两类作为重点扶持对象的话,一个比较合理的解释是国家需要降低与农户对接的交易成本。当农业综合开发与农业产业化、农业园区建设相结合时,就促进了规模化的发展,间接降低了治理的交易成本。

(3)商品基地建设的兴起

商品基地的建设实际是国家或地方政府体系化治理的一种方式,是对重点区域重点扶持以期能够保证总体供应的一种手段。就商品基地建设而言,国家在各种重要物资方面都建设了相应的商品基地。商品基地建设也是在人民公社解体之后如何顺利解决足量供应的背景下产生的。毕竟市场化后,人民有自己的经营自主权,而随着农民非农化的提升,种粮或从事农业越来越缺少比较优势。在形势严峻的情况下,政府作出的选择就是商品基地建设。

---

① 王勇:《农业综合开发中农民专业合作社的管理策略》,《农机化研究》2013 年第 12 期,第 245-248 页。

以粮食产业为例,南市历来是浙江省重要的商品粮基地,除去南区,其他六个县市区都是商品粮基地。南市全境提供的商品粮,历来为全省之首,粮食商品率、农村人均提供的商品量、粮田亩均提供的商品量,都居全省最高。同时 1982 年建立商品蛋基地,1989 年,市区基地交售鲜蛋 1123 吨,占市食品公司鲜蛋收购量的 77.4%。

体系化的治理是一种传统的治理模式,但在新世纪仍然占有重要地位,如国家对农民实施的补贴政策,补贴对象是因类别不同而有不同的补贴程度的,这就体现了体系化治理的特征。当国家不能直接对接数量众多的小农时,为了产业的发展,为保证供应的前提下,如何降低治理的难度和治理的交易成本是国家必须考虑的问题。

(4)后期发展的产业化与合作化

农业产业化是从供应链角度考虑的农产品供应的各个环节的连接。国家寄希望于农业龙头企业能够起到带动农户的作用,在当时农产品供应并不足量的前提下,农业产业化发挥了巨大的作用。但这个带动农户的作用也是建立在国家对农业龙头企业各种扶持的既有政策之下。

改革开放后,农民生产的积极性大大提高,但单个小农对接市场的矛盾比较突出。农业与非农产业相比,效益较低,农民务农积极性不高,农民增收缓慢。山东潍坊市率先实行了农业产业化,其战略思想是以主导产业为基础,实行区域布局,依靠龙头企业带动农户发展,推动规模经营。1994 年山东省一号文件提倡全省推广潍坊农业产业化经验。1995 年 3 月《农民日报》发表《产业化是农产改革和发展的方向》,提出"产业化是农村改革自家庭联产承包制以来又一次飞跃"肯定了农业产业化的作用。20 世纪 90 年代后期,农业产业化迅速在全国推行。1996 年,市委、市政府出台了第一个有关农业产业化的指导性文件。1997年,召开第一次农业产业化经营工作会议,提出要培养粮油、蚕桑等 10 条龙型产业链,要实施"规模经济、科技兴农、外向推动、创名牌"的战略。1997 年,市委办、市府办转发《关于扶持农业龙头企业发展的若干意见》。南市推行的力度很大,每年都召开一次农业产业化经营会议,利用典型经验推动农业结构调整。

1999 年,国务院发出《关于解决当前供销合作社几个突出问题的通知》,逐渐发展农民的合作经济组织。农业产业化强调了农业企业的带动作用,强调农业企业的"大",是一种内部规模化的发展。而农民合作化是外部规模化,是多个小农通过合作形式解决单个小农对接市场,增强生产能力的问题。

与农业现代化、现代农业紧密连在一起的是农业产业化。农业产业化是将农业企业、农业合作社、农户以契约的形式组织起来，降低之前的市场交易成本。农业产业化的理论来源主要有三个：规模经济理论、分工与协作理论和交易费用理论。这里的规模经济主要指产业链上纵向合作的外部规模化。马克思对资本主义社会基本矛盾的分析中，生产资料的集中化和规模化，以及组织内有计划的分工，就是生产社会化过程最核心的内涵。所谓社会化的大生产也就是规模化的组织化的生产(熊万胜，2010)。亚当·斯密在论述分工的好处时，特别强调了农业在这方面的弱势，认为"农业不能采用完全的分工制度"[①]。既然在农业内部难以进行彻底的分工，难以得到分工的好处，那么农业外部的分工特别是在纵向产业链上的分工就显得尤为必要。涂尔干认为分工的最大作用在于功能彼此紧密地结合，"使社会成为可能"[②]。那么农业产业化目的应该是促进企业、合作社与农户的紧密结合。科斯提出了交易成本理论，若交易成本为零，无论权利如何界定，都可以通过市场交易达到资源的最佳配置，"生产者将做出各种对于产值最大化不可或缺的契约安排"[③]。这种产业化应用在农业上，降低了农业企业、合作社与农户和外界的交易费用，提高了资源的配置效率。威廉姆森系统地研究了交易成本，认为交易成本的大小是决定企业组织形式的关键因素。[④]

农业企业因为在市场化体系中也处于弱者的地位，需要外部合作推动企业发展。但国家是从农业企业能够带动农户的角度推动农业产业化、农村的市场化，推动生产的发展以适应快速城镇化的巨大需求，因此需要用国家政策支持农业的产业化。国家对于农业政策，"主要寄希望于大规模的产业化的新农业，把旧农业中的男工女耕、壮工老耕等农业体系视为既定事实，没有积极扶持其他经营模式的发展。"[⑤]

4.2.3　内部规模化：降低交易成本的直接考量

土地规模化经营有助于减少村集体与小农的交涉，从治理的角度来说也是

---

① 亚当·斯密著：《国富论》，富强译，北京联合出版社2014年版，第3页。

② [法]埃米尔·涂尔干著：《社会分工论》，渠东译，生活·读书·新知三联书店2000年版，第24页。

③ [美]罗纳德·哈里·科斯著：《企业、市场与法律》，盛洪、陈郁译，格致出版社2009年版，第170页。

④ [美]奥利弗·威廉姆森著：《资本主义经济制度》，商务印书馆2003年版，第126页。

⑤ [美]黄宗智：《中国的隐性农业革命》法律出版社2010年版，第94页。

非常有利的。对于地方政府,重要的是要保证农产品的供应和农产品的质量安全。而无论是农产品的供应还是质量安全,规模化有助于减少政府的监控成本和交易成本。而且对于村集体来说,因为有分利秩序的存在,村干部能够从中得到好处,也有推动规模化的动力。地方政府将土地流转的规模也写入政府工作报告,成为一种业绩的体现,在地方政府之间存在的竞争机制,促动其进行更快更大规模的土地流转。20 世纪 90 年代末推行的"三个集中"到新世纪的"三化同步"都指向了土地规模化经营。20 世纪 90 年代,上海和苏南地区首先提出了"三个集中"的城乡统筹策略,即工业向园区集中,农民向城镇集中,农田向规模化经营集中。随后江浙、成都乃至整个大江南北,开始实施"三个集中"。"三个集中"是对农业产业升级和城乡经济社会的协调发展的重要措施(邹金鸳,1999)①。"三个集中"的实施,对改变农民的生活方式和耕种方式,转变农村社会结构、农村治理方式和农业经营形式起到很大的推动作用。而后推行的"三化同步"即工业化、城镇化和农业现代化是"三个集中"在新时期的表现形式,同样鼓励了土地的规模化发展。可见土地规模化发展为各层级政府带来了治理的便利,首先,不需要和众多小农交涉降低了谈判成本;其次经营主体数量的减少降低了监控成本;最后如果出现问题,个别主体也会减少相应的处理成本。

4.2.4 多层级示范:体系化治理下的分类逻辑

政府对经营主体实施的分类制度主要有规范和标准化管理。可以从组织规范和生产规范进行理解。

不论是农业龙头企业还是农民专业合作社、家庭农场,都面临一个级别认定的问题。在现实中,合作社即使有法律的约束,其发展也并非那么规范。无论是合作社负责人、县市领导还是上级部门似乎认为这已经是"正常现象"。

个案 31:LW,善县姚镇农技站

> 早期的合作社基本是家庭农场的性质,大约在 90% 吧。合作社的农户其实也没有股份,只是将产品销售给合作社而已。以前合作社验资,现在又不验资了。在实际操作中,账本不全,经费往来不清晰,手续凭证缺乏,现在

---

① 邹金鸳:《努力推进"三个集中"加快农村产业结构调整步伐》,《湖南社会科学》1999 年第 6 期,第 50-52 页。

认缴漏洞很多,特别可能牵涉撤股,分红问题,极少有合作社达到所有的标准。

其实合作社只要帮农民销售,能赚到钱就好了。[①]

而无论是何种农业主体,都经历着从不规范的摸索到规范的发展过程。

个案32:XC,南市农经局

1996年南市政府引导农民种茭白,但第二年由于农民与市场脱节,销量很差。善县的雪菜销售也遇到同样情况,几个营销大户联合起来建立合作社专门搞销售,这样解决了农民和市场对接的问题,对农民,对政府都有好处。但成立第一家农民专业合作社,农民根本不知道合作社是怎么回事,比较茫然。现在合作社的定位发生了一定程度的变化,主要通过为农民服务提高抗风险能力。

2013年允许家庭农场进行工商登记,发展比较迅速,但认定的标准其实还不是非常的规范,比如现在规定家庭农场有3.1个劳动力以内是符合要求的,但很难知晓3.1个的标准就是科学的。

无论是合作社、家庭农场还是农业企业,其发展都有从数量到质量上的要求,即越来越规范。[②]

个案33:Z科长,盐县经管科

对家庭农场的发展是先发展后规范,规范的难度特别大,比较好的家庭农场有超出规定规模的,但他们做得好,毕竟有时候新品种的实验也是有他们承担的,如秸秆的处理等。以前对规模只有下限,现在也开始关注上限。但有些规定毕竟是模糊的,可操作性不强。[③]

在2008年经济体制改革工作的分解中显示,南市农经局牵头市财政局、国资委、审计局和工商局参与的主要任务是加快推进农民专业合作社规范化建设。2010年南市出台《关于实施"五个一百"示范工程及推进全市现代农业发展的意

---

① 2014年7月21日姚镇农技站实地访谈。访谈对象:LW,男,农技站站长。
② 2015年6月1日南市农经局实地访谈。访谈对象:XC,男,农经局经管处。
③ 2015年10月16日盐县农经局实地访谈。访谈对象:Z科长,男,盐县农经局经管科。

见》提到了要培育和建成 100 个以上粮食生产功能示范区,100 个以上现代农业示范园,100 家以上农业龙头示范企业,100 家以上农民专业合作示范社,100 个以上知名农产品示范品牌,以此加快全市现代农业园区化规划建设和经营管理。

　　2015 年南市建设省级农业科技示范园区 7 个,科技示范基地 105 个,科技示范户 10175 户,形成"农业科技示范园区＋农业科技示范基地＋农业科技示范户"的农业科技推广示范新平台。①

4.3　供应链治理:新型职业农民兴起的纵向推动

　　在集体化时期依靠人民公社解决工业和城市对农业的需求,改革开放后,人民公社的解体,让商业部门必须重新思索如何更容易地建立对城市的供应体系。在供应链治理的进程中,不仅有商业部门卷入,为了完成国家任务达到地方目标,农业部门和基层组织也会介入其中,如对农业产业结构的调整,不能不说随着消费结构的调整和城市的实际需求由多部门介入而进行的。如此,供应链治理成为新型职业农民兴起的纵向力量。

4.3.1　小农排斥:供销体制的交易成本考量

　　1949 年后,农产品尤其是粮食的购销体制一直实行统派统购制度,这种制度虽然在历史上起到过一定的作用,但其切断了农民同市场的联系,农民无法成为独立的商品生产者。但对于国家的购销体系来说却大大降低了治理的交易成本,因为指令性经济的存在,省却了讨价还价的过程。从这个意义上说,统购统销的购销体制是一举两得,即保证了全国农产品的供应,又能在短时间内比较方便地达到目标。

　　改革开放时期,国家尝试通过合同、调整、生育等进行从总体治理到专项治理的过渡②。相对人民公社时期国家的总体性治理,改革开放时期,国家对农村

---

　　①　方颖:《我市基本实现农业现代化》,《南市日报》2016 年 1 月 30 日,http://www.cnjxol.com/xwzx/jxxw/jxshxw/content/2016-01/30/content_3555051.htm。

　　②　应星:《农户、集体与国家——国家与农民关系的六十年变迁》,中国社会科学出版社 2016 年版,第 60 页。

的控制和干预逐渐弱化①。在这个阶段,国家的任务重点放在了农业产业结构调整、流通体制改革方面。鼓励多种产业共同发展,丰富了农产品供应种类,同时为农民发展副业经营打下了基础,为专业户、重点户的发展提供了可能。流通体制改革大大激发了农民的积极性,农民与市场重新建立了联系。1995 年后国家逐渐建立了农业产业化经营政策体系,这种政策体系下的扶持与原有的基地县制度下的扶持有着重要的差异。基地县制度下的扶持政策可以理解为是国营商业公司发展的纵向一体化策略,具有准计划色彩,而农业产业化经营政策则具有更加鲜明的市场化色彩,它鼓励多种经营主体发展产销一体化经营。

改革开放后,国家悬浮型政权的建立,市场的开放,农业比较效益低的窘状越来越明显,也促使农民非农化的进行、国家与农民关系的松解。同时,市场机制在购销体制中的引入,国家不能像集体化经济时期用指令的形式保证农产品的供应,尤其在 1992 年粮食的流通实行市场化改革后,治理交易成本呈现上升趋势。如何保证农产品的供应,是国家必须找寻出路,解决比较紧迫的问题。农产品价格的提高使得农民劳动效益有了较大的提升,调动了农民从事生产的积极性。同时职业农民的推动,商品基地的建设都是国家为了更加方便地完成治理目标而实施的制度建设。20 世纪 90 年代末期,粮食价格的上升,迫使国家再次介入,从收购到批发基本又实现了国有粮食部门的统一经营。② 后税费改革时期,粮食流通体制全面放开。流通体制的收、放体现了国家与市场、③国家与农民的博弈。同时体现了交易成本的差异化,当流通体制收到国家层面,交易成本内化;当市场体制引入,交易成本外化。在流通体制放开的时期,国家希望在保证粮食供应的前提下,对接数量更少的经营主体,以降低交易成本,这必然指向了规模经营主体的发展。

4.3.2　标准制定:供应链治理下的质量分级

标准化关系到农产品质量安全,因此越来越受到政府的重视。2002 年 4 月南市通过《加快建立南市农产品保障体系》的议案,大力营造"绿色南市"。广泛宣传"绿色理念"不定期推出绿色农产品生产、销售、检测等报道,通过科技下乡、

---

① 应星:《农户、集体与国家——国家与农民关系的六十年变迁》,中国社会科学出版社 2016 年版,第 64 页。
② 顾益康、金佩华:《改革开放 35 年浙江农民发展报告》,中国农业出版社 2013 年版,第 16-17 页。
③ 魏丹、韩晓龙:《从新制度经济学角度对我国粮食流通体制改革的思考》,《广东农业科学》2013 年第 9 期。

农技 110,举报专题培训班,开展绿色农产品百日宣传,普及绿色理念。营造"绿色环境",突出农业面源污染整治,加大监控力度,推广农业生产新技术。

首先,标准制定与产品认证

2002 年,出台《南市农业面源污染防治工作实施方案》,为保障实施效果与农药经销商、种养大户、生产基地等签订责任状,建立质量跟踪卡,同时制定各类农业标准 235 项。规范绿色生产。2002 年底,南市建立无公害农产品基地 167 个。2003 年《关于加快发展农村专业合作组织的意见》指出农民专业合作经济组织可以作为无公害农产品和无公害基地的申报主体,享受相关优惠和奖励政策。2008 年《南市人民政府关于实施标准化战略的若干意见》(南政发〔2008〕34号)发布,明显强调了农业龙头企业、农民专业合作社在标准化中的作用,[①]尤其是农业龙头企业,强调其示范和带动作用。为增强实施的激励性,政府实施配套奖励,例如对通过验收的市级农业标准化示范区项目,市本级给予每个项目 8 万元的"以奖代补"资金。

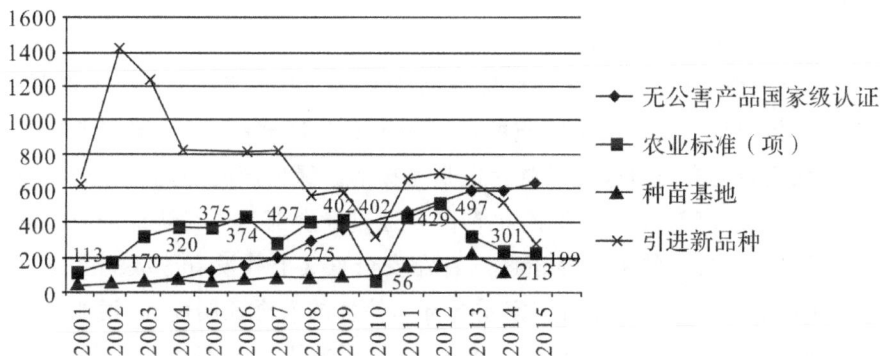

图 4.3　南市农产品认证及种苗情况(2001—2015)

资料来源:《南市年鉴》(2002—2015),南市(2001—2016)社会经济发展统计公报

由于数据的可得性,2001—2015 农产品认证情况如图 4.3 所示,2016—2020 年农产品认证的统计及公布类项缺少一致性。2004 年到 2015 年,南市均比较重视农业标准的制定,2001 年南市制定农业标准 113 项,2015 年制定 199

---

① 文件提到:"引导农业龙头企业建立标准化体系,积极创建国家、省级农业标准化示范区,开展市级农业标准化示范区创建活动,通过示范引路,带动广大农民按标准组织生产。引导农民和农业生产经营者树立品牌意识,把推行农业标准化与开展 GAP 认证、创建品牌农产品、无公害农产品、绿色食品等工作结合起来,争创一批按标准组织生产、在国内具有竞争优势的特色农业名牌产品。"

项农业标准。2016 年制定农业标准 269 项,有 593 个农产品通过国家级无公害农产品认证。

农业标准的制定实际上是一种对生产过程和生产结果的规范。但因为农产品的特殊性,无法对生产结果进行再加工,因此更多地强调的是生产过程的标准化。而且相比之下,农业的标准化其监控成本远远高于工业产品的标准化。

个案 34:YHM 南市农经局农产品质量安全办公室

> 比较悖论的是,按照标准生产的农产品未必能够卖得好,这点会影响农民追求高质量农产品的积极性。政府必须在完善检测体系和标准认证体系的同时,急需建立农产品市场准入制度,以倒逼生产者的诚信,并设法提高农民优质优价保证的动力。
>
> 如培育规模化、组织化的主体很重要,同时,应该将散户组织起来,利于对生产结果的监控。①

其次,标准化的分类机制

农产品的质量标准化按照认证标准和认证部门不同区分为无公害产品、绿色产品、有机产品。三者由于实施的认证标准和认证部门不同,消费者很难区分,包括农民自己有时对这三者概念也是模糊的。绿色产品和无公害产品是指初级产品经过政府部门认证的,有机产品是通过社会部门进行认证的。据农经局农产品安全办公室的主任介绍这三者在安全意义上并没有等级意义上的差别。绿色产品和无公害产品有国家质检部门核发的安全证明商标,说明了这两种产品在认证方面的政府性质。2014 年,南市国家级无公害产品 649 个,绿色产品 170 个,有机产品 40 余个。2018 年新创建"嘉田四季"农产品市域公用品牌和"绿秀洲"县(区)域公用品牌。2018 年新增名牌农产品 15 个、无公害农产品 67 个。2018—2020 年分别新增绿色食品 22 个、20 个、58 个,新增地理标志农产品 2 个、1 个、3 个,2020 年,新增绿色食品 58 个、地理标志农产品 3 个,主要食用农产品中"三品"比率分别达 56%、58.1%、57.4%。

---

① 2015 年 5 月 29 日南市农经局实地访谈。访谈对象:YHM,农产品质量安全办公室主任。

4.4　减量化治理:新型职业农民兴起的数量考量

减量化治理的减量应该从两个方面理解,其一是减少农业经营主体的数量,以此直接推动新型职业农民的发展;其二是减少生产的农产品数量,主要针对具有污染的农产品而言。从第一个维度来讲,改革开放后,国家秉承的是让农民数量的自然而然地减少,是一种渐进式的方式,农业税费改革后,这种趋势的速度有所提升,特别是国家对环境的重视,使得农业经营主体的数量与生产的农产品数量结合起来。且不同层次的政府考虑的重点不同,但当生态环境的重要性越来越凸显时,各级政府均将承担农产品供应的任务指向了数量较少的规模化的农业经营主体,而着力排斥小农。

4.4.1　生态治理:国家治理的现代化取向

进入新世纪以来,国家对生态环境越来越重视,市场在某些方面的过度发展让公众承担了过多的社会成本。改革开放后长期推行的农业增产增效,以及"高产、优质、高效"的农业发展策略,使农业开发的强度过大,大量农业投入如化肥、农药、农膜对环境产生了大量污染,与此同时,畜牧养殖业的规模也在逐渐扩大,逐渐超过了环境的承载能力。20 世纪 80 年代国务院成立环境保护部门专门负责环境保护工作,对环境管理实施统一监督管理。农业环保列为农业部门的职责之一。20 世纪末,农业面源污染防治被纳入重点区域污染源控制计划,国家环保部门成为环保总局,农业环保职能归环保部门统一管理。农村面源污染环境管理成为环保重点领域。南市"十三五"规划中,提倡了都市型生态农业的发展,"大力发展生态循环农业、现代种业、农产品加工业、农业服务业,加快构建高产高效生态安全的农业产业体系"[1]。国家对生态环境的重视直接导向了农业的转型,这种转型也许是渐变的,也许是突变的,比如第六章的例子就生动地体现了国家治理在生态环境方面的逻辑。对于南市农业面源污染而言,主要存在于畜牧养殖特别是养猪业方面,针对畜牧养殖污染问题,南市出台了一系列政策和措施,第六章专门对此进行了分析。也可以看到随着国家治理在环境方面的强化,治理的手段越来越先进,治理的强度越来越大,治理的决心也越来越坚决。

---

① 　参见《南市国民经济和社会发展第十三个五年规划纲要》(嘉政发〔2016〕26 号)

4.4.2　减量化治理:以数量为依据的治理

生态环境的治理,引出了环保部门的登台以及其重要性的提升。环保部门是比较倾向于规模化主体的存在的,可以从三个方面理解:首先,生态环境治理的设备开启和运行成本也要求使用主体能够发挥规模效应;其次,对小规模经营者来说,如何监控是个很难或者说是成本很高的问题。对大户来说,焚烧秸秆就是冒险行为,哪里出现烟,政府很快就可以凭借现代监控技术知晓,更加容易治理;再次,政府对大户污染设备的补贴使大户治污变得相对便宜而方便,小户就没有那么幸运了。因此总的来说,环保部门是倾向于规模化主体的。

减量化治理是国家出于总体发展需要对某项产业或者某些对象采取数量减少的治理方法。新时期国家所承担的生态发展的目标要求国家必须对环境污染做出响应,那么对农业来说,某些污染大的产业必然会遭到减量化的治理。减量化治理既体现了国家的进步又是其无奈选择。减量化治理的原因往往是污染物的日益增加,因此其目的是减少污染物不经处理的排放,或者减少农业生产对于土地的占用。

对于养殖业来说,它要控制未经处理的污染总量,并限制在禁养区发展养殖业,但是又要允许养殖业以一定规模可持续发展。有关治理主体很自然地会要求减少散户,发展集中养殖,提高用地的集约化程度。对于粮食类的种植业来说,也存在生态环境的治理问题,其解决形式也采取了减量化的途径,但需要知晓的是这种减量化是通过经营主体的数量体现而不是种植量的数量体现。小农和规模农户在国家治理视野下有着不同的地位和治理难度。以焚烧秸秆为例,小农的焚烧国家很难控制,规模户的焚烧却容易治理的多,因为规模户要考虑国家的农业补贴,自然会更服从国家治理的策略。对于经济作物的种植业来说,污染主要体现在农药的使用方面,那么同样的,规模化的经营主体更加容易纳入到国家治理的范围。这样规模化成为减量化治理的理想指向。

可见国家在不同时期基于不同的治理目的发展了不同的治理方式,集体化时期的一体化治理用简单粗暴的方式解决了治理交易成本的问题,以最便利的政治途径达到经济上的目的。改革开放时期的体系化治理和供应链治理的综合交互,无论是横向方面还是纵向方面都体现了规模化的不同途径,将少数生产经营主体纳入国家治理视野,即保证了城市农产品的供应,又降低了国家对接小农的交易成本,毕竟这段时期,交易成本是由各个部门独立承担的,其治理方式体现了各个部门降低交易成本的迫切性和对规模的不约而同指向。这种不谋而合的指向,推动了集体农民向职业农民的转化。后税费改革以来,体系化治理、供应链治理更多的使用经济形式的激励,体现在大量的以项目形式的农业补贴的进入。减量化治理在各种产业当中,最终青睐着规模化主体。这几种治理的综合,均不同程度地体现了治理便利的需要,这就使得各种治理必须降低交易成本,尽管在治理中涉及了不同的部门,但其对交易成本降低的偏好成为促进新型职业农民产生的动力。

4.5　交易成本与规模化:农业治理的共同指向与实现机制

农业治理牵涉到了政府的不同部门和不同层级,但无论哪个层级、哪个部门,都对降低交易成本有着天然的需求。即使在集体化时期,为了快速便利地达到城市和工业供应的目的,建立人民公社以降低交易成本,被编入人民公社的农民,其行动体现了集体的统一性,交易成本被内化在人民公社。改革开放时期以来,体系化治理和供应链治理,以及后期进入的减量化治理,由于失去了能够内化交易成本的中间对接层次,将交易成本降低的途径指向规模化。这样,其实从新中国成立以来的农业治理方式,从历史变迁的角度看,推动了职业农民和新型职业农民的产生,而职业农民可以说是新型职业农民产生阶段中的中间现象。

4.5.1　交易成本:系统化治理的共同指向

在农业治理的发展中,无论是体系化治理、供应链治理还是减量化治理,降低交易成本成为其共同目的之一,并普遍地选择了分类的方式达到目的。分类类似于农业区划,按照生产经营主体或者产品的既定标准进行分类,有助于对经营主体的有序、重点管理。分类是供应链治理、体系化治理的重要依据。分类治理主要通过规范和标准化体现。而规范和标准化的主体主要是规模经营主体,这首先体现了对小农的排斥。从以下三个方面进行理解:

第一,小农相较规模经营主体,监控成本更高,无论从农药的购买、使用,政府很难做到对小农的监控,分类等级就很难制定。但规模经营主体因为面临市场的不同,其监控更加容易。这无疑加大了质监部门对小农的排斥。

第二,规模经营主体在分类治理中体现了带头示范作用。农业龙头企业发展的初始阶段,以达到市级标准为统计原则,在合作社发展初始阶段,以规范性专业合作社为统计原则。级别的存在为政府政策扶持提供了合法性和合理性的依据。各种经营主体有大有小,经营的产业有差异,那么必须有一个大家都公认的评判标准。示范体现了组织方面的规范化。新世纪以来,几乎每年南市政府都会对示范主体进行认定和审核。这样进一步强化了分类治理对规模经营主体的青睐。

第三,从根本上来说,规范机制本身就排斥小农,从来没有哪个仅仅从事家庭经营的小农能够进入规范体系。如果从治理交易成本的角度看,标准化解决的是通过单次的投入减少之后多次的对接成本。标准化用制度的形式固定,而制度本身就有减少交易成本的作用。规模主体参与的标准化建设,无疑是对小农的二次排斥,首先在标准化的构建体系中也体现了对小农的排斥;其次,在标准化的认证方面已经排斥了小农。小农只有依托农业龙头企业或者农民专业合作社或者自己成为规模化主体才能取得有关标准化的认证。

国家治理具体到某个部门,其治理方向总是具有更大的明确性和指向性。就商业部门和质监部门而言,前者希望通过农民数量的减少方便管理,后者希望通过标准化的建设提高农户进入的门槛,两者都指向了对散户的排斥,以降低治理的交易成本。

改革开放时期,供应链治理和体系化治理的综合将以重点户和专业户为主体的职业农民纳入主要的治理范围,以降低交易成本。在"索取"型的国家—农民关系时期,职业农民的发展既能达到保证农产品供应,又能降低交易成本,因此更受两种治理方式的青睐。税费改革以来,供应链治理和体系化治理其实是交织在一起,共同发生作用。资源有限性和决策者的有限理性促使农业部门和地方政府继续进行体系化治理,以理顺不同地区、不同产业和不同供应主体之间的关系,降低治理的交易成本,无疑规模化的主体是减少体系化治理交易成本的理想选择。供应链的脆弱性和人的有限理性促使供应链治理主体倾向选择规模化的农产品供应者,反映和形塑供应链各个环节中所涉及的主体间资源的分配模式和主体的关系结构。身处供应链环节中的主体同时又是被置于体系化治理体系中的主体,反之,亦如此。因此,作为供应端的主体往往具有双重身份,同时被两种治理所牵制。且主体在两种治理体系中的地位具有极强的一致性,在体系化治理中处于弱势地位的主体,往往在供应链治理环节中也处于不利地位。体系化治理主要体现了"块"的治理,供应链治理主要体现的是"条"的治理。为降低交易成本,两种治理不约而同地偏好于规模化的主体,推动了新型职业农民的产生。在第 5 章南市养猪产业的例子中,可以看到这两种治理模式交织在一起,强化了主体的经营地位,其运行贯穿了这个产业的发展史。

后税费改革时期减量化治理的进入及其实施,也依赖于分类,只不过这种分类与体系化、供应链有一定的差异。需要理解的是各类产业的污染方式不同,环保部门对种植业的污染量减少希冀采用规模化经营主体替代分散而细小的经营主体的方式以方便管理。对于养殖业,环保部门为了短时间内能够达到污染总量减少的目标,采用划分限养区、禁养区作为分类管理的依据,但并不掩饰对规模化的青睐。值得一提的是,减量化的治理还在技术上促进了新型职业农民的产生,因为第一,农业经营主体为了能够继续生存和发展,不得不主动学习和引进新技术以减少污染物的排放;第二,农业部门从农业基础设施、现代农技培训等角度倾向发展污染量少的现代农业。

总的来说,各种治理方式都有降低治理交易成本的需求,这就共同导向了经营主体规模化。

4.5.2　规模化倾向:运动式治理与四种治理

运动式治理是指拥有政治权力的主体采用政治动员从上而下的调动各个阶级、利益的积极性进行的为维护某种秩序或达到某种目所采取的治理方式。包括全国性运动或某个地区范围内的运动。从一方面来说运动式治理似乎增加了治理的交易成本,因为他的动员过程需要各种形式的配合;但从另一方面来说,运动式治理具有政治性,是一个降低讨价还价过程的治理,相应地降低了交易成本。运动式治理是治理目标实施的重要手段,也是其他治理术实施的路径选择。

运动式治理不是一定是疾风骤雨式快速席卷的过程,也有可能是比较温和的经历时间比较长的。运动式治理的合法性和有效性主要取决于政府权力的有效性和合法性。党和政府依靠农民取得政权,在根本利益上是代表了广大人民的,人民翻身做了主人,摆脱了地主的残酷剥削与压迫,人民政治地位的提升使政权具有相当程度的合法性。同时治理的开展如 1927 年的土地革命首先从革命老区开始,革命区的成功成为其他地区的示范,提高了政权的有效性。早在新中国成立之前长期的革命过程中,党积累了大量的政治动员的方法和党的核心人物的克里斯玛式特征,大大提高了政治动员的有效性,而政治动员是运动式治理的重要特征。这里不得不说当时对违背政策的惩罚性后果都会归结于政治的层面,这种后果的严重性显然是一般百姓所极力回避的。同时运动式治理还具有强大的社会动员性,各种宣传、革命式口号都使运动式治理效果大大提升。往往领导人的一句话,能够迅速地以运动式治理的方式投入实践。如1975年,毛主席在提到"养猪业必须有一个大的发展"之后,全国掀起了养猪的热潮。另一方面看,新中国成立后为了能够快速改变中国落后的现状,政府希望将各项政策和制度迅速在全国范围内实施,运动式治理成了其选择。但运动式治理本身对速度并不一味地偏好,而是倾向其贯彻的彻底性、统一性。需要说明的是,并非仅在集体化时期,才实行运动式治理,而是各个时期都可能采用这种治理方式,只不过在集体化时期更加突出,采用更加频繁,因此成为这个时期治理的主要特征。

目前的中国也并非不存在运动式治理。运动式治理带有强烈的宣传动员,从各级政府到村集体都有政治动员、社会动员、各类奖励激励等措施强化治理的效果和政策的贯彻力度。运动式治理多体现在国家对负面因素的治理,如环境治理。国家治理体系的"五位一体"迫使各级政府将生态列入治理范围,改革开放后,经济的快速发展使环境消耗与破坏处于一种隐形的地位。但环境的日益恶化使政府意识到其重要性。

我国国家治理术从宏观的角度讲从传统社会到现代社会,经历了一元化到多元化、从统治到治理、从传统到现代、从主要依靠使用军队与刑法的统治到依靠制度与政策的治理进程。各个阶段考虑的治理的目的和当时的国情也是不同的,总的演变方向是多元化、系统化和现代化。农业部门和基层组织实施体系化治理和一体化治理和体系化治理,对于规模化发展做的是加法,也就是希望养殖户由小变大,以大带小,并不排斥小养殖户的存在。这两种治理方式强调的是农户在横向的组织化,一体化治理在集体化时期被采纳,大大降低了国家对接小农的交易成本。体系化治理的引入使国家对接农户的数量减少,从而降低交易成本,要么农户自身规模变得很大,要么与其他农户组织起来形成外部规模化,否则就会被排斥。

环保和土地管理部门则是做"减法",采用的是减量化治理,希望通过减少小规模户来减少经营行为的外部性。在后税费改革之后,减量化治理体现得越来越明显,主要表现在农业面源污染治理方面,希望总量能够减少。那么为了监督成本和处理成本的减少,环保部门和土地管理部门都是希望能够减少农户的数量,减少的标准主要指向了规模化。

商业和标准部门则采用供应链治理,主要专注于规模养殖户开展工作,不太关注小规模户,但也无力限制小规模户的存在。商业部门的农业产业化措施体现了对规模经营主体的偏好,标准部门标准的设定和规范的分类也体现了对规模化的偏好。地方政府会综合考虑各个部门的治理导向,并将其纳入到自己的治理体系进行系统化治理。

在农业治理中涉及的"块"主要是地方政府和基层(政权)组织;能够直接影响到农业规模化发展的"条"主要有五个:农业部门、商业部门(包括供销社系统)、质量监督部门、环保部门和土地管理部门。这里的两"块"五"条"采取的治理术(福柯)可以归类为四种:地方政府实施的系统整合,农业部门和基层组织的体系化治理,商业和质监部门的供应链治理,环保和土地部门的减量化治理。每一种治理术在发展规模化经营的问题上都有自己的动力机制。同时这种规模化自然地导向了对小农的排斥,但又不能过分地排斥,毕竟我国的基本农业经营制度是家庭承包经营责任制,这意味着,需要在两者之间寻找平衡点,而承担规模化的主要经营主体,国家将其指向了新型职业农民。

可见交易成本是各种治理术的共同指向,有时多种治理交织在一起,共同发生作用,如在供应链治理和体系化治理的基础是分类治理,都指向了降低交易成本。四种治理有时依靠运动式治理实现。可以说,一方面,这种耦合以更快的速度推动了新型职业农民的兴起,因为既然大农的发展不那么顺畅,其结果也不尽如人意;另一方面,小农自然的被各种治理方式所排斥,那么对于经营规模并没有大出国家掌控,也没有小到增加国家治理交易成本的新型职业农民就顺理成章成为各个部门所重视的经营主体。

小　结

集体化时期简单而粗暴的一体化治理方式以"人民公社"的形式对农民实施直接管理,试图以此降低治理的交易成本。治理目标的单一化与高度集权的全能政府成为一体化治理实施的基础。这种治理方式,推动了"集体农民"的生成,农民在"集体"面前,自主程度较低。

除了集体化时期,国家将每个小农纳入治理视野之外,交易成本的独立承担使得有限理性的各个部门必须有选择的进行治理。体系化治理构成职业农民和新型职业农民兴起的横向方面的推动力,治理目标的多元化与工业化等成为体系化治理的实施基础。体系化治理主要通过"块"的形式和对内部规模化的鼓励实现降低治理交易成本的目标。供应链治理是职业农民和新型职业农民兴起的纵向推动力量。供销体制通过小农排斥降低其交易成本。这样改革时期的两种方式的介入，成为政府部门降低交易成本的理性选择，有选择的治理推动了职业农民的兴起。减量化治理顾及治理的结果在量上的体现。生态治理是国家治理的现代化取向，实现生态治理的主要治理方式是减量化治理。减量化治理的技术和门槛都体现了对小农的排斥。这样，在税费改革时期以来，农业治理牵涉了更多的部门。不同层级和不同部门，尽管具体目标有所不同，但治理方式却天然的倾向于降低治理交易成本，最终通过治理对象的数量和规模体现出来。

多种治理均指向了交易成本的降低，后者成为农业治理的共同指向和实现机制，体系化治理和供应链治理这两种在改革时期就介入而且现在仍在发挥作用的治理方式，都用分类体现其治理的重点，以期降低治理的交易成本。而规模成为分类的重要依据，在这种导向下推动了职业农民和新型职业农民的兴起。运动式治理与一体化治理、体系化治理、供应链治理和减量化治理的耦合，将后四种治理方式所导向的规模化经营形式以更短的时间实现，体现了国家对规模化的渐变式速度的不满。当然，在集体化时期，运动式治理更多的具有政治动员性。在后税费改革时期，特别是减量化治理以高调的姿态进入时，运动式治理既有政治动员性又有社会动员性，最终以更快的速度实现了供应链治理、体系化治理和减量化治理的目标，体现了几者之间的耦合性，更快的助推了新型职业农民的兴起。

第 5 章
治理交易成本与农业经营组织形式的演变

　　作为农业经营组织形式中的主体,新型职业农民的兴起的后果之一就是带动和影响了农业经营组织形式。在漫长的制度变迁中,治理的目标和治理的手段都不同程度上影响了农民的发展,从而影响农业经营组织的形式。在传统社会时期,国家治理目的是稳定政权,将农业经营组织形式导向以小农经济为主的农业发展。新中国成立后,我国政府强化了集体的概念,强行将农民编制进人民公社,这种治理导向了农业经营的双重规模化。改革开放后,个体家庭的经营自主权得到保护,但由于人口众多,小而散的土地经营不能发挥规模效益,在 20 世纪末 21 世纪初土地流转逐渐流行,导向规模经营。可见,治理与新型职业农民的兴起之间体现了国家与农民的关系演变。在种植业,改革开放之后种田能手的规模化经营到现在机械现代化带来的愈加的规模化,各种治理方式也导向规模经营,如对种粮大户的密集性的政策性补贴,也显示了新型职业农民与农业经营组织形式的演变。但之所以选择下面要讲述的养猪业,是因为南市的养猪业经历了一个从萌芽到发展再到壮大乃至衰落的一个完整地产业兴衰发展历程,相比其他产业更加能够完整地看出治理交易成本的新型职业农民兴起的影响。基于此,治理交易成本与新型职业农民兴起的研究,导向了农业经营组织形式的演变。

5.1 产业调整:国家治理格局下的农业发展路径

5.1.1 发展定位:国家治理格局下的产业倚重

国家治理体系中的农业区划可以直接地反映出政府对所属区域的功能期待。南市位于杭嘉湖平原核心地带,处于长三角地区的中心区域,土地工业开发的潜在价值在全省可能仅次于省会地区。但浙江省用这块黄金宝地来发展粮食,由此孕育出了南市发达的养猪业。在黄金宝地上发展粮食的根本原因在于:在全省的治理格局中,南市没有成为工业化发展的最重点区域,这也就决定了南市经济的发展定位。南市地处人口稠密的长三角城市群的腹地,该市的人均占有耕地面积在全省却是最高的。以 1999 年为例,南市人均占有耕地面积尚有 0.06 公顷,而浙江全省平均只有 0.04 公顷①。这样,南市与浙江省内其他地区相比较,其比较优势是粮食等农业领域,在国家十分强调各省域粮食力求自给的制度下,这块全省最大平原地区的粮食产业也就被上级政府所看重。农业区划体现了南市的功能定位。计划经济时期,没有明确的区划概念,因为存在更加灵活有效的计划分配机制。浙江省在畜牧业专业规划里,将全省划分为四个畜牧业区,南市被定位为"猪、禽、奶牛、湖(绵)羊、兔区"②。

养猪业的发展依赖于又反哺于粮食产业的发展,化肥没有普及的时期,养猪业可以为粮食生产提供必需而且紧缺的肥料③。南市的五县二区中有六个区县是国家商品粮基地县,南市的耕地面积占全省的 10.8%(2008 年数据),粮食产量占比和生猪出产量占比与此相当。但由于南市人均占有耕地比较多,相应的粮食商品率和猪的商品率在全省排在前列。如图 5.1,由于国家收购任务的存在,各级政府十分重视南市的生猪生产,各种管理和服务十分密集。国家任务的

---

① 参见浙江省统计局、国家统计局浙江调查总队:《2000 浙江统计年鉴》,中国统计出版社,2000 年版。

② 参见浙江省农业志编纂委员会:《浙江省农业志》,中华书局 2004 年版,第 284 页。

③ 1958 年《中共南县抓住时机大力发展畜牧生产的指示》中,提到"畜牧生产不仅在整个农业经济中占有重要地位,既能增积大量肥料,又可增加农民收入……"1975 年,中发〔1975〕20 号文件《中共中央关于大力发展养猪业的通知》也提到"一头猪就是一个小型有机化肥工厂,养猪是关系肥料、肉食和出口换取外汇的大问题"。

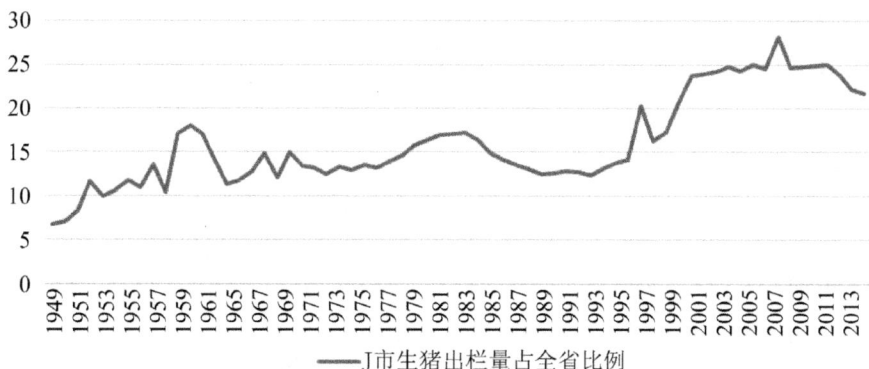

——J市生猪出栏量占全省比例

图 5.1　南市 1949—2013 年生猪出栏量占全省比例

资料来源：数据引自《浙江 60 年统计资料汇编》《浙江省农业》和历年《南市统计年鉴》，部分新中国成立初期的数据出自南市档案局资料。

密集导致了紧密的国家—农户关系，农户家庭经营的自主性受到羁绊，国家用强力、利益和说服等方式来实现这种引导。

5.1.2　加入博弈：政府的介入与小农的自主性

南市传统上主打的副业是种桑养蚕，而不是养猪。《南市畜禽蜂业志》记录了当地流传的一句谚语是："养猪不如种粮，种粮不如栽桑。"但国家集体化的发展改变了这种经营习惯，使当地农业发展被纳入全省一盘棋的格局中，农民必须服从全省产业分工体系，而不只是就近的市场体系中考虑家庭经营。

从下图可以看到，创收能力更强的养蚕业和生猪养殖业之间的增长趋势有一个相互交替的过程。

可见，新中国成立初期，养蚕业发展更快，而养猪业发展相对平稳，这是本地家庭经营自发发展的常态。但在集体化时期，养猪业的发展势头更猛，这可以说是政府调控的结果。到了改革开放以后，政府对农户经营行为的控制力度减弱。1987 年，善县农民养猪每个工的净收入只有 1.64 元，而种水稻每个工净收入 2.5元，养蚕更是高达 6.5 元[①]。这样农民再次回到自己的经营传统，发展了更多的创收能力更高的蚕茧。

---

① 范汉雄：《当前生猪生产几个问题的调查》，《浙江畜牧兽医》1987 年第 3 期，第 8-10 页。

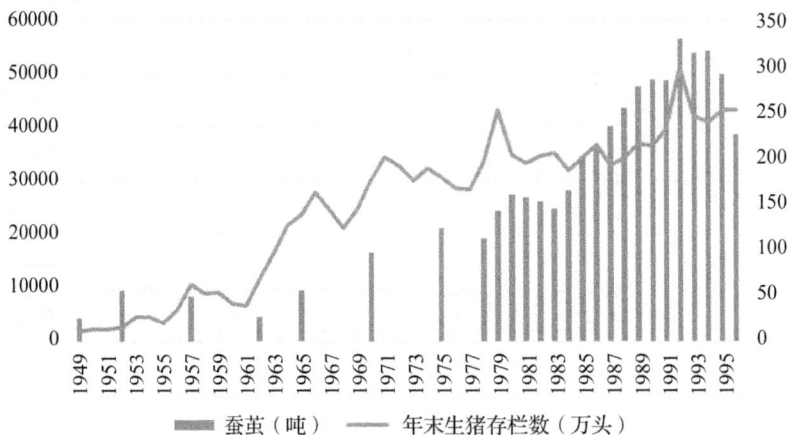

图 5.2　南市蚕茧和生猪存栏量的发展

资料来源：数据引自《浙江 60 年统计资料汇编》《浙江省农业志》和历年南市《统计年鉴》，部分新中国成立初期的数据出自 J 市档案局资料。

　　1984 年人民公社被乡镇政府取代，浙江省当年出现了猪肉短缺（何荣飞、黄家晖、郭浴阳，1985）[1]，为此，浙江省开始探索在市场化条件下的体系化治理，主要手段是划定商品猪基地县市。差别在于，在计划经济时期对重点县市和单位的管理有更多的行政命令的色彩，而在市场经济条件下有更多的经济刺激。市场经济条件下，这种"重点抓抓重点"的体系化治理，保障了对重点部门的供应，但未能扭转生产低迷的基本态势。到 1988 年初，养猪户比 1981—1985 年期间的平均数减少 2.9 万多户[2]。进入 20 世纪 90 年代后期，农民养猪积极性高涨，养猪业出现了大繁荣。然而，进入新世纪以来，政府对农户养猪的态度逐渐发展了根本的改变，从鼓励养猪到限制养猪，南市养猪业高速发展的态势被抑制。

　　政府的管控与农民的自主性之间始终是一对尖锐的矛盾。在新中国成立初期，农民的家庭经营服从于区域规划，农民剩下的自主性只能体现在对集体的消极怠工或者对自留地的过密化经营[3]。在市场化条件下，市场规律成为决定性

---

　　[1]　何荣飞、黄家晖、郭浴阳：《论生猪生产方式和购销方式的改革》，《农业经济问题》1985 年第 5 期，第 24-27 页。

　　[2]　朱文祥、沈月斌、朱紫来：《南市区商品猪基地建设情况调查》，《商业经济与管理》1988 年第 3 期，第 13-16 页。

　　[3]　张乐天：《告别理想：人民公社制度研究》，上海东方出版中心 1998 年版，第 511-513 页。

力量,养殖户的自主性起码有两次被彰显的机会:一是承包到户之初,政府希望农户养猪,而农户不愿意养猪;二是 2004 年税费改革以后,南市政府希望农户减少养猪而农户努力多养猪。但是,尽管市场规律强大,如若养殖户过度地扩张自主性,超越了自然环境所能承载的限度,也就招致了全社会的反对,迫使政府采取一刀切的措施,加以全面清理。在这场政府与小农群体的博弈史上,小农成了最后的输家。

5.2　双重规模化:一体化治理下农民发展的产业实践

把分散的农户通过合作化运动编织进农民集体,对其产品实施统派购,是一种农户之上的外部规模化;在集体内部再发展规模化的养殖场,这又构成了内部规模化,所以可以说集体化时期具备双重的规模化经营性质。如果有计划要实施,通过集体;如果要保证供应,通过集体,总的来说,只要抓住集体这个单位,就使国家治理变得更为"简单"而"便宜"。

5.2.1　外部规模化:集体化的实践逻辑

运用何种治理途径能够减少生猪货源的流失,同时又降低收购成本,是人民公社时期纵向一体化组织的基本问题。农户被编织进农民集体经济组织成为社员户之后,集体本身就成为一个相对于农户的外部规模化经营的组织。集体作为一个整体化的组织能够直接与国营商业或供销合作社对接,实现流通的一体化,降低了城市消费者与乡村生产者之间的交易成本,同时也降低了国家治理的交易成本。作为二类物资,猪肉具有比粮食这种一类物资更为自由的购销体系,但是集体化的发展将这种所谓的自由隐没,因此,在生猪产业的发展中,也仍然体现了农民行动的统一性,或者说体现了国家治理对农民的一体化管理。在高级社建立以后,1957 年实行统一收购,禁止私人运销,以堵截货源,农民的自主程度很小。从事收购工作的主体在集体化以前主要是供销合作社,自 1957 年以后基本由国营的食品公司设站组直接收购。农民的个体身份几乎被"集体"所带来的集体统一性所取代。

5.2.2　内部规模化:公养制度的反复性

在猪的养殖环节,始终存在着公养与私养的关系问题。由于存在各种公养的养殖场,并且要建立公养与私养之间的协作,因此,在公社内部也存在如何公养—私养为主—再次提倡全部公养—公私养结合曲折变化的过程,图5.3展示了1957—1990年期间公养比例的变化。表5.1列示了这段时期的养猪政策,可见政策强力引导了生猪养殖方式包括公养的组织形式的变化。

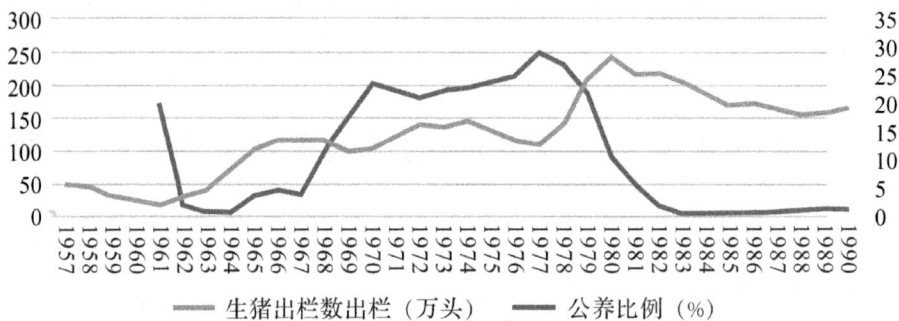

图5.3 集体化和转轨时期南市生猪出栏数量和公社内部公养猪所占比例(1957—1990)
资料来源:数据引自南市档案馆相关文件和《南市统计年鉴》。

从表5.1可以看到,公养与私养交替发展,但更强调了发展公养。发展公养在人民公社体制内部有着强劲的冲动,在内部体现了集体行动的统一性。1950年代初期对生猪实行"私有、私养、公助(社养公母猪、户养肉猪、确定饲料票由农业部门发放)"的方针,并采取分配饲料粮、预付收购定金、提高收购价格等扶持措施,生产发展很快。但在"大跃进"运动中,大力发展公养养殖场是南市"大跃进"运动的重要内容,提出要"开展公社养、队队养、户户养、机关团体养、工厂企业养、学校部队养、城镇居民养的全民办畜牧运动"[1],虽然文件提到了户户养,但在操作中出现了拆掉私有猪羊棚的行为,推进全面公养,形成一股风潮。1959年人民日报发表《加速发展畜牧业》的社论,之后连续发表15篇有关于养猪的社论,浙江日报也连续发表6篇社论指导养猪业的生产,为这股风潮鼓劲。1959年南县全县办猪羊场1700个[2],导致户养猪数量剧减。同时,集中公养的效果

---

[1] 参见《中共南县抓住时机大力发展畜牧生产的指示》,1958年,南市档案馆。
[2] 参见《南地委关于鼓励社员私人养猪养羊的几点意见》,1960年,南市档案馆。

也不好,①说明农民集体行动的失败性。

表 5.1　1949—1977 年生猪养殖业的政府主要发文

发文部门	主要文件	简要内容
中央政府	1955 年《关于增产生猪的指示》	增产生猪的基本办法是普遍发动群众养猪,号召合作社社员带头养猪。提倡"私有、私养、公助"
	1956 年《关于发展养猪生产的决定》《关于发展养猪的指示》《关于认真增加自留地发展养猪的通知》	
	1961 年《人民公社工作条例草案》(简称六十条)	重新执行养猪经济措施
	1975《关于发展养猪的通知》	积极发展集体养猪,鼓励社员养猪
	1979 年《关于加强农业发展若干问题的决定》	农林牧副渔同时并举
地方政府	1955 年《关于实行生猪派养派购的指示》	鼓励增值和保护养猪
	1956 年《关于做好生猪产销工作的指示》	"私有、私养、公助"
	1957 年《关于进一步发展养猪生产的指示》	鼓励合作社、农户养猪,"一人一猪、一亩一猪"奖励办法"发展养猪业要有一套"
	1969 年《全省畜牧生产工作会议会议纪要》	
	1970 年《全省养猪工作座谈会的报告》	
	1958 年《中共南市县委抓住时机大力发展畜牧生产的指示》《中共南市县委关于进一步发展畜牧生产并加强生猪收购工作的指示》	大力增养猪羊,开展群众性的增养母猪繁殖小猪行动,建立饲料基地,重视防疫
	1960 年《南市地委关于鼓励社员私人养猪养羊的几点意见》	
	1962《关于全县商品饲料分配供应办法的几点意见》	规定饲料来源、城乡分配比例,分配方案

资料来源:南市档案馆

---

①　参见《一个平调起家的畜牧场—新塍公社中心畜牧场中心情况调查》,南地委 1961 年 51 号,南市档案馆。其中记载南地委《关于南县南公社永联生产队家畜家禽生产的调查报告》中记载:1958 年户均养猪羊 17.11 头的永联生产队集中公养后 1960 年 7 月仅存 3717 头,减少 52%……六个月死亡猪羊六千余头……主要原因将两条腿变为"公养"一条腿走路。

1960 年,对于"大跃进"运动的反思公开化,南地委于 1960 年 10 月发出《南地委关于鼓励社员私人养猪养羊的几点意见》,鼓励私养。中央政府于 1961 年 3 月发布了《人民公社工作条例草案》(简称六十条),提出以自愿和公私两利的原则,采取适当方式,鼓励社员家庭副业的生产。1962 年 2 月中央下发了《关于改变农村人民公社基本核算单位问题的指示》,之后继续明确了"三级所有、队为基础"的体制,以生产小队为基本核算单位。南县停办公社三级牧场,基本解散所有牧场,贯彻"公私并举,私养为主"的方针。集体养猪比重由 1961 年 3 月的 63.2% 由此下降到当年年底的 4.7%。

经过这场阵痛,南地区的养猪业在私养为主的制度下缓慢恢复。1962 年全县养猪户有 74460 户,占总农户的 78%。养殖技术不断改进,采用"猪栏硬棚化、饮水自流化、喂食车子化、加工饲料机械化"以节约劳动力。国营食品公司也采取奖售收购政策,鼓励农户生产。到 1966 年全地区的生猪出栏量上升到 116.57 万头。但"文革"打断了这个上升势头,对公养的再次强调打击了社员户的养殖积极性。1970 年,全国上下推行"以粮为纲,全面发展"的粮畜关系,种植业与畜牧业并重。并且划分了集体和个人的主要养殖方向:"集体养母猪,社员养肉猪",形成一种公养带动私养的新模式。经过"文革"初期的徘徊之后,浙江省以省委的名义发出《关于大力发展养猪业的通知》,要求各地坚决贯彻"以养猪为中心,全面发展畜牧业",同时重申畜禽以"户养为主",取消限制社员饲养畜禽的种种禁令。

可见在整个集体化时期,家庭个体化养殖与集体公养是交织在一起的,到底偏向于何种方式,不是农户说了算,也不是集体说了算,而是置于集体之上的国家在背后导演。集体仅仅是国家对接农民所安置的中间组织,这个组织的设置让"导演"能够轻松地让"农户"或是"集体"按照剧本进行表演。换句话说,计划经济时期,所有人的行动均需要置于国家治理体系之下,需要服从国家的命令。口号式宣传、领导人语录、运动式治理的特征在这个时期体现得比较明显,国家治理取得前所未有的合法性,以致政令通行,否则不管是个人还是集体都要承担政治层面的责任。当然至于效果,要另当别论。那么在国家治理下的农民的发展,更多的是听从指挥命令,自主程度处于一种较低的程度,农民之间合作与否,合作的方式都要听从于国家的安排。这种安排,从国家治理的角度大大降低了治理的交易成本,国家与数量如此众多的小农对接,通过政治途径达到经济治理的目的,达到了治理的便利性和治理的便宜性。

5.3　新型职业农民与农业产业化:供应链治理与体系化治理的逻辑选择

供应链治理和体系化治理属于两个方向上的治理,前者贯穿了上下纵向的条线部门,后者关系到主体的横向的重点式分类治理。两者的目的不同,但却有共同的出发点——降低治理的交易成本。前者解决的是连通内外的纵向一体化问题,后者解决的是协调左右的横向一体化问题。纵向一体化的发展体现的是商业部门的供应链治理的意图,是"条"降低治理交易成本的好办法,而横向一体化体现的是地方权力机构从降低"块"的治理交易成本出发自然而然的冲动。双重规模化的实施可以说从横向和纵向方面降低了交易成本。

5.3.1　小农发展无序:国家治理介入的环境基础

农业治理的核心困难是难于对接千家万户,可南市恰恰是一个发展农业家庭经营得天独厚的地方,这大大增加了国家与农民的对接成本。但农业家庭经营本身也在发生着深刻的转型,渐渐衍生出很多弊端,改变了它在治理上的属性。这就是南市紧密型国家-农户关系的另外一个根源。

(1)小农的快速发展:家庭经营的发达

家庭经营的发达主要体现在其平均的规模化率较低,南市养猪业的整体规模化率长期低于全省平均水平。2007 年南市的规模化率 65%(年出栏 50 头以上的养殖户出栏数占总出栏数之比)低于全省平均水平约 8%[①],2011 年南市的规模化率提高到 78%,但同年浙江省的平均水平是 82%。2015 年全国范围内出栏数超过 500 头以上的养殖户出栏数占比达到 44%,同年南市达到了 51%,而上一年只有 30%。这种规模化率相比总体养殖规模的滞后,反映的是南市的小规模家庭经营制度的生命力。

这里的家庭经营模式能够如此发达,有这样几个原因:第一,市场优势明显。南市处于长三角城市群的腹地,也就是说处于全国最大的消费市场的中心。优越的区位确保了市场交易成本的最低化,各种信息通畅,各类中介发达,劳动力供给充分。个体不需要有多大规模,也无须借助于合作与市场对接,就能很好地

---

① 参见《南市畜禽养殖业污染整治实施方案 2008—2010》,2008 年 9 月 1 日。

生存。第二,农民兼业便利。小规模的家庭养殖都是兼业经营的,首先是非农兼业便利,地区工业也很发达,利于本地非农就业,可以照顾到养猪;其次,打工、养猪、种地几乎互不影响,同时存在,使一般家庭有工、农、牧三种收入来源,使南市的农民人均纯收入多年来高于农业发展受到更严密限制的上海地区。第三,发达的养殖社会化服务体系。南市作为浙江省和长三角的养猪重地,多年来政府苦心经营社会化服务体系,效果明显。养殖户一个电话就能搞定从苗猪繁育到肉猪销售等所有的环节。苗猪供应、防疫检疫、饲料配送、兽药供应、收购营销、屠宰加工等,都有完善的社会化服务体系支撑,这为养猪户搭建了一个非常容易依靠的行业后盾。事实上,这里已经形成了一个产业集聚程度很高的"农业产业区"①。同时,南市发达的劳动力市场成为家庭经营发达的助推器,家庭养殖到一定规模时必需辅助劳动力,在南市的各养猪大镇会看到这样一种现象,在黄昏时很多人站在大桥头,等待别人请去帮工。家庭养猪业的发达与规模养猪业的发展并存,规模在改革之初并未成为治理的分类依据。

(2)过度发展与失序:家庭经营的治理属性凸显

在优越的市场区位条件下,借助于发达的社会化服务体系,南市的家庭经营制度不断演化,并在四个方向上出现了变异,从而使得这种古老的经营制度逐渐地成为一个需要被治理的问题。

第一,突破了粮食产量对生猪饲养量的限制。南市的养猪业在1990年代末期脱离了粮猪经济,开始全面地商品化养殖。第二,南市的养猪业在新世纪也摆脱了自繁自养的模式,打破了母猪和育肥猪之间稳定的比例关系,苗猪主产区大量从外地调猪过路饲养。随着长三角地区猪肉消费量的大增,南市农民利用优越的区位,大力发展生猪养殖,减少了母猪数量,摆脱了自繁自养的模式。第三,随着养殖量的大增,农牧结合的模式部分瓦解,猪粪的污染问题越来越严重。第四,南市养猪业逐渐脱离了社区规范的内在约束。在这次全面清理行动中,民政部门号召将生猪养殖纳入村规民约中②,提倡村规民约做到规范生猪养殖的"八要八禁"。而有些内容确实是村级组织应该发挥作用的地方,比如村民要积极举报"过路猪"、病死猪乱跑乱弃和流入市场、生猪逃检、外来养殖等突出问题。但是,这些问题没有很好解决,本身就表现了社区自治能力的严重退化。

---

① 郑风田、程郁:《从农业产业化到农业产业区——竞争型农业产业化发展的可行性分析》,《管理世界》2005年第7期,第64-73页。

② 参见《关于将生猪养殖纳入村规民约的通知》(嘉政民基〔2013〕92号)。

南市养猪业全面突破了以上四个约束,自我约束能力严重退化,国家治理必须介入。国家治理的介入和强化引发了治理交易成本等相关成本的问题,继而又引发了国家为降低这些成本采取的措施。国家治理的出发点越来越不只是帮助农民发展养殖,转而较看重管理的方便性,治理的任务越重,管理的方便就越重要,体现了治理交易成本的重要性,而同时,养猪业自身的发展规律就越难得到兼顾。

5.3.2 治理交易成本:小农户经营合理性消失

1978 年以后,人民公社体制遭到根本的挑战,而这恰恰也是南市养猪业历史上空前繁盛的时期。生猪出栏量连续快速增长,1979 年的全年养殖量达到461.11 万头,这个纪录要一直等到近 20 年后的 1998 年才被打破。各种管理服务体系空前完善,技术水平最为尖端的良种繁育体系接近完善,本地黑猪的选种工作不断推进,南市成为浙江商品苗猪的主产区。1981 年成立了县一级的畜牧兽医联站,意味着防疫体系的进一步完善和升级,饲料生产体系的技术水平也不断提高,规模化养猪水平不断提高。《南市畜禽蜂业志》记载,1978 年,南县建有十个供港生猪基地,1979 年南市本级集体养猪场有 3645 个,集体养猪 12.27 万头,占市本级养殖总量的 20.37%。这确实是一种统分结合、双层经营的生猪生产经营和管理服务体系,是经历了反复的政治运动和经营管理探索之后才取得的成果。

在这样的大好形势下,全面推行大包干制度的政治压力为生猪产业的前景带来了不确定性。对于南市和浙江省来说,发展各种生产责任制成为坚持集体经营的基本手段。1983 年,农村开始全面推行家庭联产承包责任制,农户成为农业生产经营的基本单位。集体畜牧场多数解体,农户家庭养殖成为主导模式。包产到户启动了农村的重新市场化,既瓦解了农业集体经济组织,也瓦解了计划经济体制,原来人民公社体制下的内部规模化和外部规模化组织一并弱化。这意味着曾经通过双重规模化得到降低的治理交易成本重新浮现。1985 年时南市有乡村户数 64.79 万户,养猪农户占比很高,比如平市,该县 95% 的农户都养猪[1];养猪户比例虽然是逐渐下降的,但 1988 年南市畜牧部门估计全市仍有70% 以上的农户中养猪(范汉雄,1989)[2],那么至少有 45 万养猪户。如何才能

---

[1] 参见平市人民政府《发展规模养猪,推进养猪产业化》,1996 年。
[2] 范汉雄:《户养猪问题再认识》,《浙江畜牧兽医》1989 年第 3 期,第 35-36 页。

管理和服务好这么多的农户成为大问题。

治理的交易成本凸显,迫使需要理解政府在市场化条件下降低治理交易成本的迫切性。为什么在市场化的条件下,政府对于农民的经营行为依然不能放手?因为政府和农户的基本目标存在差异,政府需要增产,农户需要增收,而增产不一定增收。农民经营规模具有很大的灵活性,从仅仅数头到几千头,从仅有的口粮田到数百亩都成为可能。因为一旦农民可以自主经营,他们就要追求收入的最大化,可能将投入放到比较效益高的非粮或非农领域。所以,全国的粮食产量在承包到户之初有过几年的快速增长,但自 1984 年以后陷入连续四年的低谷,引发全面反思。浙江的情况更加严重,实际上,1984 年可能是浙江省粮食产量的空前绝后的最高峰,从此以后,粮食产量一路走低,再也没有恢复。与粮食产量高度相关的生猪生产提前进入低潮,自 1980 年达到历史高峰之后,长期萎靡不振。浙江省自 1985 年以后历史性地从粮食净调出省变成了净调入省;同时,生猪的调出在 1980 年的 258 万头下降到 1984 年的 57 万头[1],到 1992 年甚至从省外调入 60 多万头(柴马标,1994)[2]。浙江省作为全国的商品粮和商品猪的重要主产区,既要保证本身供应,又对全国的市场平衡负有重大责任,因此,如何发展生产和保障供给始终是头等大事,不因体制改变而改变。因此,即使在市场化条件下,政府依然不能放任农民自由经营,必须加以引导,国家治理的重要性仍然比较明显。

5.3.3　商品猪基地:职业农民发展的推动因素

承包到户之前,国家通过建立人民公社保证农产品供应。承包到户之后,生猪供应一度出现紧张局势。为了完成国家的任务,保障城市供应,重建治理体系是商业部门和农业管理部门最基本的治理策略。国家选择划定重点区域作为基地,选择重点养殖户进行重点管理和服务,以此保证供应。这成为新型职业农民兴起的第一个阶段,职业农民发展的促动因素。

1962 年,南市为了供港活猪量的保证就确定市区、宁县、南区为供港活猪基地。但大量的商品猪基地的建设是在 20 世纪 80 年代,农业部和财政部于 1983—1989 年建立了 150 多个商品猪基地县,在浙江省选择了 13 个县。作为

---

[1] 中国农业全书编辑委员会,中国农业全书浙江卷编辑委员会:《中国农业全书(浙江卷)》,中国农业出版社 1997 年版。

[2] 柴马标:《生猪经营要走向市场经济》,《商业经济与管理》1994 年第 2 期,第 7-11 页。

主产区的浙江省稍后启动了同类措施。浙江省从 1985 年 4 月起取消生猪派购，当年就出现了猪肉供应紧张。1987 年 9 月，浙江省以省人民政府的名义发布了《关于建立省商品猪基地的通知》(浙政发〔1987〕83 号)，阐述了建立商品猪基地的重要性。南市作为主产区，自然很有积极性，因为南市也遇到了供应紧张的问题："从八五年下半年开始，食品经管部门已经连续两个多月购不抵销，南市本级吃冻肉达 81 天之久，这是南市自解放以来不曾有过的。"①。南市市政府于 1987 年 10 月颁发《关于建立商品猪基地的通知》(南政发〔1987〕90 号)，决定以乡为基地，以专业户和重点户为主体建立基地，从郊区的 31 个乡镇中选择了 13 个乡镇作为第一批基地，为便于管理，强调集中连片。专业户和重点户是职业农民的重要来源，商品猪基地的建设大大推动了职业农民的发展。

商品猪基地建设中的国家治理表现出了非常细致而具体的特点。在第一波的建设中，省级政府为养猪户供应的平价饲料和尿素，具体规定到每投售一头猪给多少，并直接给到专业户和重点户。此外，对资金困难的养猪大户，由农业银行贷款，利率优惠。这种具有针对性的治理更能在短时间内取得比较好的效果，1986 年当年就发展了 374 户专业户和重点户，1987 年发展到 582 户，1988 年更是发展到 1959 户②。当时大户的标准为年提供商品猪 15 头以上。同时，对专业户和重点户也制定了扶持政策，给予补助饲料、收购保护价、税收优惠、贷款、上门收购、防疫灭病、提供建猪舍的材料等相应的基地优惠政策和服务配套措施③。1992 年省里取消下达基地猪收购、销售和调拨的计划之后，南市继续出台各种扶持政策，新修的南市畜牧志里记载了当时的扶持力度④。

1995 年全国猪肉价格大涨，政府为保障城市供应，再次运用体系化治理手段，开始第二波商品猪基地建设。1996 年，浙江省要求"加强商品猪基地建设。要总结经验，不断完善，建设好省、市、县三级商品猪基地，增强调控市场能

---

① 参见南市商业局《关于商品猪基地建设情况的报告》，1988 年 2 月 23 日，南市档案馆。
② 参见《南市商业局关于商品猪基地建设情况的报告》，1988 年 2 月 23 日，南市档案馆。
③ 参见南政发〔1987〕90 号《关于建立商品猪基地的通知》，南市档案馆。
④ 1992 年起，全市推进生猪品种改良，推广饲养"长嘉"二元母猪。各地出台政策支持品种改良，如盐县、平市等地对饲养"长嘉"二元母猪每头给予 50～100 元不等的补贴，给予规模养猪户实行贷款支持及土地使用倾斜的政策；并针对活畜禽及其产品的高速公路运输，省政府采取绿色通道政策；规模养殖户一批次出售生猪 50 头以上，检疫费收 70%。1995 年，对 500～1000 头规模场（户），可由当地信用社短期贷款；1000 头至上万头中、大型养猪场，实行贷款支持及土地征用倾斜政策，同时工商资本也逐渐加入进来，促进了规模养殖发展。

力"①。1996年全省基地猪总量要求达到100万头,其中省级商品猪基地25万头,市、县基地猪75万头。这仅仅占到1995年全省生猪出栏量的8%,因此这个政策是否也具有保障重点对象供应的目的。在这第二波商品猪基地建设中,省级商品猪基地继续由省财政安排每头20元的补贴。这笔资金,要求各有关部门做到及时如数兑付给养猪场(户),不得截留或移作他用。同时,农业银行安排每头100元生产性贷款。市县政府对于基地猪还另有扶持。

商品猪基地建设必需发展规模化养殖户,推动了农民职业化的进程。商品猪基地建设本质上是一种国营商业部门执行的产销一体化体系,对于商业部门来说是一个比较新的挑战。在人民公社体制下,产销脱节严重,在市场化的条件下,商业部门被迫亲自来组织生产,那么,作为不能依托人民公社消化交易成本的组织,它只能有选择地"看到"一小部分农户,将其纳入供应主体,这一小部分必定是有规模的大户。其实这种选择性不妨从政府的有限理性进行理解,有限理性使得政府只能对接部分对大局有影响或者比较重要的部分或个体进行治理,至于其他部分或个体,不是重点,对政府来说并不重要。这种选择性,也成为推动农民职业化的一个重要的因缘。

而且这种定向扶持的做法也是当前的农业产业化经营政策扶持体系的前身,甚至可以追溯到人民公社时期的奖售收购,只不过在这个阶段扶持力度比较小,扶持对象范围比较窄,所以还没能明显影响市场结构。而且,在市场需求总体有限的情况下,仅仅在市场行情紧张的时候扶持专业大户发展生产,行情低迷的时候,又减少了扶持,专业大户依然不能抵抗风险,生存能力弱。但是,这种扶持产生了一种对于散户利益的漠视。范汉雄观察发现政策对中小规模的专业户扶持不多,呼吁政策也要普及到这些中小规模的养殖户上。但显然这种呼吁对于国家治理的便利性而言是背道而驰的。

5.3.4 农业产业化:新型职业农民的治理促动

改革开放后,农民生产的积极性大大提高,但单个小农对接市场的矛盾比较突出。农业与非农产业相比,效益较低,农民务农积极性不高,农民增收缓慢。山东潍坊市率先实行了农业产业化,其战略思想是以主导产业为基础、实行区域布局、依靠龙头企业带动农户发展、推动规模经营。1994年山东省一号文件提倡全省推广潍坊农业产业化经验。1995年3月《农民日报》发表《产业化是农产

---

① 参见浙江省政府《浙江省人民政府关于做好1996年生猪产销工作的通知》,1996年4月。

改革和发展的方向》,提出"产业化是农村改革自家庭联产承包制以来又一次飞跃"肯定了农业产业化的作用。20 世纪 90 年代后期,农业产业化迅速在全国推行。1996 年,市委、市政府出台了第一个有关农业产业化的指导性文件。1997 年,召开第一次农业产业化经营工作会议,提出要培养粮油、蚕桑等 10 条龙型产业链,要实施"规模经济、科技兴农、外向推动、创名牌"的战略。1997 年,市委办、市府办转发《关于扶持农业龙头企业发展的若干意见》。南市推行的力度很大,每年都召开一次农业产业化经营会议,利用典型经验推动农业结构调整。这种政策体系下的扶持与原有的基地县制度下的扶持有着重要的差异。基地县制度下的扶持政策可以理解为是国营商业公司发展的纵向一体化策略,具有准计划色彩,而农业产业化经营政策则具有更加鲜明的市场化色彩,它鼓励多种经营主体发展产销一体化经营。农业产业化是从供应链角度考虑的农产品供应的各个环节的连接。

　　国家寄希望于农业龙头企业能够起到带动农户的作用,在当时农产品供应并不足量的前提下,农业产业化发挥了巨大的作用。但这个带动农户的作用也是建立在国家对农业龙头企业各种扶持的既有政策之下。1997 年,全市发展粮田 2 公顷以上的种粮大户 3426 户,经营面积 1.28 万公顷,饲养百头以上的养猪大户 626 户,年出栏生猪 33.51 万头,这些专业大户,专业水平较高。全市农业龙头企业超过 150 家,龙头企业带动了一批养殖户和种植户。农业结构向基地化转变,农业产业化经营从单纯农产品生产向产加销结合转变。2002 年底,南市共有龙头企业 220 个,农村专业合作组织 219 个,农业园区 234 个,基本形成农业产业化布局。最后针对农民,减轻农民负担,开始推行农村税费改革,农业税占农民纯收入的比例逐渐减小。从 1997 年的 1.97% 下降到 2002 年的 1.2%。由于长期以来城乡差距的存在,这段时期政府重点引导试点小城镇的空间规划设计和产业结构调整、农业的规模化和产业化发展,在于减轻农民负担,提高农民的生活水平,但并没有全面上升到城乡一体化的程度。但在一定的程度上促进了农民的规模化经营。

　　如果说在基地县制度下国家的扶持政策对于市场结构尤其是对于经营的规模化的影响还不是很大的话,那么,在农业产业化经营政策体系下的扶持效果就不能这么低估了。因为,这个体系下的扶持力度很大,类别很多,面很广,并且已经严重地影响了散户的生存环境。这种影响的可能机制有三种:第一种机制是全面的产销一体化对小农户的排挤。在市场化的背景下,农业产业化经营政策强调产销一体化,流通部门和生产组织直接对接,人民公社改成了乡镇人民政府,基层政权组织也就部分退出了对于治理交易成本的分担。这部分交易成本必需新的产销一体化组织及其相关上层建筑来承担,但这是不可能的,否则就不会出现当初的人民公社体制。既然不能退回人民公社体制,一时又建立不了新型的农民合作组织,那就需要减少交易对象,以降低交易成本。随着产销一体化从点到面,对小农户的排挤效应越来越强。第二种机制是政府对大户的扶持降低了全行业的利润率。在与大户的竞争中,散户之所以能够生存,是因为他们不计算自己的劳动力成本,以及不需要支付土地租金。得到扶持的大户或者企业,可以降价销售,降低了整个行业的利润率。这就会导致两个效果。其一,散户的利润率下降,以至于他获得的利润低于他的劳动力价格,那么,养猪就不如打工经商。其二,由于利润率降低,要获得与自己的劳动力价格和投资利息匹配的利润所需的养殖规模不断增加,导致养猪业的进入门槛提高。1990年南市的规模户标准是年提供15头商品猪,1993年标准提高到出栏30头,再提高到50头以上,今天很多场合的标准提高到存栏200头或者500头。第三种机制是向散户转嫁市场风险。体系化的治理必然意味着风险从体系中心结构向体系边缘结构的转移。只是以前扶持面小,而且生产过剩就减少扶持,使得扶持对象与普通农户都受损,生产就会下降。现在扶持面积大,扶持手段多,在生产过剩的时候,大企业甚至可以利用扶持,提高产能,等待行情好转大赚一笔。无论行情好坏,大户的产能都不下降,那么散户也就没有喘息的机会。

同时,农业产业化的政策倾斜,成为新型职业农民兴起的推动因素。覆盖在密集的政策补贴下的规模化的农民发展,具有了与改革之初重点户和专业户不同的特点。重点户和专业户其发展主要靠自身农业技术的专业性,而在农业产业化的背景下,政府对规模的偏好愈加明显,政策密集的倾向于规模化的经营主体,使农民的职业性转化到"新型职业性"的特点。就产业的发展来说,占用国家诸多扶持资源的农业产业化是否取得了应有的效果值得质疑。农业龙头企业主虽然不在新型职业农民的外延之列,但其发展必须依托规模化的生产主体,如专业合作社、家庭农场、专业大户等。因为农业龙头企业本身不管其愿意带动与否,也希望降低其自身的治理交易成本,自然也就倾向了规模化的少数的经营主体。

因此就带动的作用而言,又体现了对小户的排挤。"农业产业化龙头企业必须带动农户,这是其背负的经济与社会责任。"①农业龙头企业"带动"农户的形

---

① 熊万胜,石梅静:《企业"带动"农户的可能与限度》,《开放时代》,2011年第4期,第85-101页。

式有"龙头企业＋农户"、"龙头企业＋合作组织＋农户"和"基地＋农户"等,但无论哪种形式,农业企业与农户合作的原因在于自身在市场中也处于弱势地位,因此"市场竞争激烈到一定的程度之后,龙头企业带动农户的承诺难以实现",企业对于农户的"带动"最终是无法完满的。国家治理在推动农业产业化方面是否过多的考量了治理的交易成本问题,但如果降低治理交易成本的代价是更多散户的不公平,那么这种政策的有效性就会引起质疑。

5.3.5　屠宰制度和标准化:两种治理实践路径

(1)屠宰制度:供应链治理的实践路径之一

商业部门对于养殖户是做"除法"的,也就是剔除的意思,在它的工作对象中散户是被除外的。商业部门的工作体现了城乡关系中具有紧张性的一面,这种特性不因为计划经济和市场经济的差别有本质的不同。在计划经济背景下或者改革之初,商业部门关心的其实不是农村,其核心任务是保障城市重点部门的供应,一旦猪肉价格上涨,就启动对大户的扶持政策,让期冀小赚一笔的散户希望落空。在市场化条件下,除了发展商品猪基地,还要提及商业部门对于定点屠宰制度的建立和发展。1987 年国务院办公厅提出了对生猪"定点屠宰,集中检验,统一纳税,分散经营"的 16 字管理办法。既要降低索取交易成本,也要降低治理交易成本,但不再是采取组织群众的方式,也不是考虑方便群众,而是主要考虑方便管理。从方便管理的角度,商业部门倾向于减少屠宰点。随着市场经济的发展,部门利益与资本利益混合在一起,形成新的要求不仅要方便管理,还要方便肉食品加工企业的经营。

南市的生猪合法屠宰点在建立定点屠宰制度之初有 48 家,2002 减少到 12家。2003 年南市经贸委制定的《市本级生猪定点屠宰行业发展规划》要求进一步减少到 8 家。在规划文本的概念云雾中,有一句话很关键:"新的屠宰厂(场)设置要实行屠宰厂(场)与品牌供应商合一的生产经营管理模式"。也就是说,这不仅仅是一个为养殖户与猪肉销售者提供加工服务的场所或者便于国家监管生猪质量的观察点,还是一个经营肉制品的企业,成为一种上层资本的供应链整合手段。在规划中提倡产销合一,但是从事后来看,这种供应链整合在事实上并没有努力组织生产者,而是依靠建立自己的区域垄断地位,规避了养殖环节的风险。尽管依靠定点屠宰制度的半行政化垄断企业并没有履行自己的产销合一的诺言,但它必定会更加愿意和规模化养殖户订立加工合同。2012 年南市提出的目标是"基本建成以规模化养殖为基础、产权为纽带,畜禽养殖、饲料生产、屠宰加工、流通配送等不同主体利益紧密联结的新型畜牧产业化组织体系。"[①]这就意味着小规模的散户很难进入这个新式的体系,推动了规模化主体的发展。

(2)标准化:供应链治理的规模化倾向途径

国家治理的供应链治理方式,倾向规模化的另一个途径是实施标准化。标准化表象是通过质量体现,但质量的等级却将小农排除在外。首先,小农根本无法进入标准化的鉴定程序,因为无论是其生产的各个环节,质监部门无法实施监控,所以从开始就被排除在外。其次,对于小农生产的产品,其质量的监控也具有较大的难度,无法直接与超市对接的小农,进入低端市场的质量的监控密度远远小于规模经营主体。因此对于质监部门来说,由于无法承担与所有小农的对接成本,也只能将治理范围缩小至规模化的经营主体。这里治理交易成本的降低,更多地体现了农产品安全的保障,规模化的经营主体更易进入治理视野。

相对于商业部门对养殖户的"除法",质监部门对于养殖户是做"乘法"的,它希望农产品质量优良,进行标准化生产。浙江省农业和质监部门的干部将浙江省农业标准化的发展分为三个阶段(陈红金、何乐琴、汪刚,2007)[②]:第一个阶段是 20 世纪 70 年代末期的起步阶段,服务于统购统销制度下统一农产品质量;第二个阶段是 20 世纪 70 年代末期到 90 年代中期,在体制转型过程中专注于促进农业增产,标准化与农技推广工作结合起来,所谓新标准也是新技术;第三个阶段是 20 世纪 90 年代中期以来,是一个把国际标准向国内传播以及把消费者的要求向生产者传递的过程。这个转变的社会学意义在于,原有标准化是一个流通部门和人民公社体制通过行政化控制质量的过程,是一个内部的过程,现在转变成一个由专业的政府部门实施公共服务和公共管理的过程。那么标准化过程中的治理交易成本原来是通过流通部门和人民公社体制来支付的,现在要在养殖户和质量技术监督部门的对接中来完成。在不能得到基层政权组织有力的协助下,为降低交易成本,质量技术监督部门只能希望养殖户自行组织起来提高外部规模化,或者扩大经营实现内部规模化。

在不断深化的标准化建设中,形成了一个悖论性的效果:世代相传的生产方式在现代社会被定义成不规范的方式。在后来建立的养猪业准入制度中,一个

---

① 参见《南市人民政府关于加快新型畜牧产业体系建设促进现代都市型生态畜牧业发展的意见》(嘉政发〔2012〕74 号)。

② 陈红金、何乐琴、汪刚:《浙江农业标准化:现状、问题与对策》,《中国标准化》2007 年第 7 期,第 15-18 页。

重要的依据就是标准化建设以及相关制度建设中建立的规范,合乎规范并且持有证件才能从业。把养殖行为标准化,需要有资金投入、文化水平等条件,结果,标准化建设成为一种排斥小农经营的制度化过程。

国家治理具体到某个部门,其治理方向总是具有更大的明确性和指向性。就商业部门和质监部门而言,前者希望通过屠宰点的减少方便管理,后者希望通过标准化的建设提高农户进入的门槛,两者都指向了对散户的排斥,以降低治理的交易成本。

5.4　小农排斥与规模化倾向的减量化治理

5.4.1　"减法"逻辑下小农户经营的消失

环保部门对于养殖户是做"减法"的,希望污染总排放越少越好,无论这个排放的主体是大户还是小户。养殖业的规模与污染排放之间的关系不是线性的,在一定的规模之内,可能实现较好的农牧结合,超过了合理的规模范围,就可能带来污染治理的问题。问题是,污染治理技术本身具有规模偏好,环保技术的有效利用往往都需要污染排放有一定的规模,才能有效运行并降低运行成本。所以,随着环保科技的发展,大户的污染治理问题越来越容易解决,而散户污染治理的相对成本越来越高,反过来,使得传统的小农经营制度的合理性逐渐成为问题。换句话说,制造污染少而且历史更加悠久的单个组织经营制度反而失去了合理性。

(1)环境压力在新世纪以来的陡增

在农耕文明时代,猪被看成是一个微型的肥料工厂,与种粮以及人类生活结合起来形成完美的生态循环系统。南市流行的谚语说:"养猪不赚钱,回头看看田",意思是养猪本身可能不赚钱,但至少产生了肥料。所以,长期以来,人们都不太注意养猪业对于生态环境产生的压力。但是,随着长三角地区人口流入规模的剧增,南市养殖规模在 1990 年代末期迅速增加,猪粪也就暴露出它作为肥料与污染物的双面性。

根据姚文婕的计算生猪养殖猪粪当量环境负荷量适宜值与警戒值分别为每公顷耕地面积 12t 猪粪当量和 18t 猪粪当量。那么,南市全市在 2001 年已经超过了适宜值,而养猪总量更大的市辖区在 1999 年就超过了适宜值,并在 2002 年超过了警戒值①。

　　猪粪的污染问题之所以严重，除了因为总量的巨大，即使能够把猪粪均匀地施用到全市的 300 万亩耕地上，也会带来明显的污染问题；还因为猪粪的分布和施用过程中的结构问题。南市养猪业的一个特点是区域之间不平衡，市辖区的养猪规模尤其大，污染尤为严重。经过一年多的全面清理之后，市辖区之一南区 2014 年底的总出栏量依然有 101 万头，在全市的 7 个区县中排第一，占全市总出栏量的 27%。

　　（2）小规模养殖户的制度劣势

　　在这次的全面清理行动中，市委、市政府和有关部门明确地将环境问题的根源之一归因到散户过多，比如在死猪事件之后第一时间发布的《中共南市委办公室南市人民政府办公室关于进一步做好生猪养殖科学管理的通知》②和 4 月 2 日发布的纲领性的文件《中共南市委　南市人民政府关于扎实推进生猪养殖业转型发展的意见》③，这两个文件不约而同地把矛头指向了散户。

　　然而，散户未处理污染物的排放率未必就高于规模化养殖户。根据吉小燕、刘立军和刘亚洲在南市的调查，得出的结论是"随着养殖规模的扩大，干粪便处理比例和尿液、沼液等液态废料处理比例会下降④"。值得注意的是这个调查是在实施全面清理行动的第二年进行的。

　　撇开规模与污染物处理率的争论，还当看到散户在污染问题上的一个特殊软肋。散户处理猪粪和猪尿的处理程度并不低，但是死猪的处理难度大。相对于在政府大力支持下能够低成本兴建无害化处理设备的大户，散户必须借助于政府设立的无害化处理设备。为降低成本，政府仅仅在养殖密集村提供了公共无害化处理池。散户对于死猪处理的积极性不高，一是不方便，并不是每个村都建有无害化处理池，甚至在本村，有的养猪户也离得远。那么对有些甚至大部分散户来说要自己将死猪运至指定地点显然也是不方便的。二是雇人需花费成

---

　　① 姚文捷：《生猪养殖产业集聚演化的环境效应研究——以南市辖区为例》，《地理科学》2015 年第 9 期，第 1140-1147 页。

　　② 文中提到："由于我市生猪散户较多，管理难度大，局部高密度养殖给环境承载带来了压力，尤其是少数养殖户法律意识和环保意识淡薄，乱抛乱弃死猪现象时有发生，不仅对周边生态环境造成严重危害，也对社会的和谐稳定和城市形象带来负面影响。"

　　③ 文中提到："于目前的生猪养殖总量过大、散户过多、局部密度过高，已明显超出了环境承载能力，对我市生态环境造成了严重影响。"

　　④ 吉小燕、刘立军、刘亚洲：《生猪规模养殖户污染处理行为研究——以浙江省南市为例》，《农林经济管理学报》2015 年第 6 期，第 630-635 页。

本,一头母猪三四百斤,肉猪也起码上百斤,即使送到附近的收集点垃圾站也得找三四个人帮忙,积极性当然不高。

从根本上来说,散户在国家治理体系中客观上存在着制度劣势,因为它的可治理性低,或者说国家在治理散户时要承担更高的治理交易成本。一方面要减少污染排放,另一方面又要保障养猪业的适度发展,在这两个约束条件下,本应该有更丰富的政策选项,但是政府又是急于求成的,一个很自然的结果是把发展生产的任务交给规模化养殖户,通过压缩散户来压缩污染排放。这种推论,几乎是不同层次政府部门的一个共识。所以,各项治理措施和优惠措施,都强调针对规模化养殖户,从 1995 年发布的《中华人民共和国固体废物污染环境防治法》;1984 年发布、1996 年、2008 年修订的《中华人民共和国水防治法》;1996 年发布、2008 年、2013 年修订的《浙江省水污染防治条例》;2002 年发布的《浙江省水资源管理条例》、《中华人民共和国环境影响评价法》;2013 年发布的《畜禽规模养殖污染防治条例》等环保方面的法律和条例,其建设项目的规定和污染处置的执法对象基本集中在 50 头以上的规模户,这使规模化养殖户的可治理性不断提高,在标准化和规范化水平上远远超出散户。

(3)逐渐加强的治理力度

在新中国成立后至 20 世纪末,因为猪粪自有去处,国家很少注意到养殖污染。21 世纪初,除了注重屠宰和兽医防疫体系的建立,开始关注生态环境的治理。2001 到 2012 年,南市对于生猪养殖污染的治理力度是逐渐加大的,可以通过三条线理解。一是污染治理技术和设备不断完善,2001 年组织开展以"栅格式"沉淀处理为主要措施的畜禽排泄物治理工作。全市开展"猪—沼—作物"农业生态技术工程试点 241 处。2009 年推广"无害化处理池"。2013 年建立统一的病死动物无害化处理中心。这种措施是一种温和的治理,试图通过专业技术的加强达到目的,而不是减量。二是试图通过养殖小区的建立降低散户的治理难度。2003 年建立 10 个规模养殖小区,试图将散户集中减少污染治理难度。2005 年建立牧业小区 27 个。2006 年全市畜牧生态养殖小区累计 36 个,其中养猪小区 20 个。这种措施也没有决然的排斥散户,而是以降低治理的交易成本为目的将其集中起来。三是治理的强制性加强。在 2003 年通过的治理原则是实行"预防为主、防治结合、清洁生产、综合利用优先"的温和原则,提出划分畜禽禁养区、限养区和非禁养区三类地区,其中禁养区只是在市本级的两个区中设定。2005 年,严格禁养区管理措施,关闭禁养区规模养殖场 33 个,削减限养区散户36%。在 2011 年通过的《畜禽养殖污染防治管理办法》中提出,畜禽养殖污染防治实行"区域控制、总量控制、防治结合、综合利用"的原则,更加强调总量控制。而且只划定了禁养区和限养区,在所有区县都划出禁养区,除禁养区之外都是限养区,不再设立非禁养区。从这三条线治理的发展来说并非仅仅针对散户,而是针对污染总量的治理。但基于交易成本的减少和方便性,环保部门多少总是倾向于规模化养殖,毕竟治理散户的难度和监控成本较高。

5.4.2 "违建"标准之下差异化治理逻辑

(1)位置、规模与违建:消灭小农的理由合理化

在什么样的猪舍应该被拆掉的问题上,存在两种基本分类体系的竞争,一种是区域分类,一种是规模分类。从运动式治理的逻辑出发,首选按照区域分类,便于识别,对同一个区域内的养殖户不分大小一视同仁;但在规模化发展的渐进模式中,首选的标准是规模,以及与规模相联系的养殖行为规范化程度。由此存在两种标准之间的竞争。而在操作过程中,至少在宣传上常用的一个术语是"违建",提出"有违必拆、上不封顶"①。实际上,严格按照区域来实施,要将禁养区内的规模化养殖场也拆掉并搬迁,在短期内有它不切实际的地方,同样,严格按照规模和规范化程度来实施,散户群众不答应。"违建"这个明显有争议的词恰好为这次的行动创造了一个模糊的语义空间,同时也使得规模化的标准在这个词语中得到了维持,因为规模越大越不容易是"违建"。

南市实行养猪业的区域控制,区分禁养区和限养区②,这是不区分规模的。对于限养区内的养殖行为,该规定尚没有明确提到拆除,强调要规模化养殖户规范化,搞好污染处理。尤其值得注意的是,对于后来作为主要术语的"违建",规定也是语焉不详,只是提到要"进行查处"。

实际上,当对十万小农展开拆除其生产资料的行动时,关于规模的问题具有敏感性,比如被南市的全面清理行动引为合法性依据的 2013 年 5 月 29 日发出的《浙江省人民代表大会常务委员会关于加强畜禽养殖污染防治促进畜牧业转

---

① 参见《南市人民政府办公室关于进一步深化生猪养殖业减量提质工作的通知》(嘉政办发〔2014〕34 号),2014 年 4 月。

② 参见 2011 年南市人民政府发布的《南市畜禽养殖污染防治管理办法》第十一条明确规定:"禁养区内禁止一切畜禽养殖,对已建成的畜禽养殖场(户),所在地县(市、区)人民政府应当限期搬迁或关闭,因搬迁或关闭造成经济损失的,由所在地县(市、区)人民政府给予适当补偿。"

型升级的决定》(浙人大常〔2013〕5号)①很谨慎地没有提到规模大小的问题,更没有提到"违建"。小农家庭养猪业的规模本身可以有从很小到很大的一个跨度。在这样的情况下,如何治理成为政府必须考虑的问题。分类治理成为南市的重要方式,南市政府办发出的《关于进一步促进生猪养殖业持续健康发展的指导意见》(嘉政办发〔2013〕147号)提出要突出重点,探索实行分类管理②。分类治理体现了重点,类似于后面提到的体系化治理。其中的后三类都可以纳入家庭经营的范畴。第二类和第三类养殖数量较大,尤其家庭养殖场的存栏量甚至可以逼近3000头,这在改革之初是难以想象的。按照规模来区分有它必然的合理性,毕竟这么多年来都是按照规模来进行管理和扶持的,规模化养殖的合理性不可能突然变得不重要。它以另外一种术语得到了复活,这就是"违建"。

这个词是浙江省政府2013年2月提出的"三改一拆"三年行动的关键术语。"三改一拆"的重点在城镇,但是南市将它的重点放到农村,形成了南市的"工作特色"③。当这个词放到农村猪舍上时,引起了农民的质疑:既然当初建的时候并没有说需要审批,为什么今天就变成了违章建筑?何况有些猪舍还是当年政府搞商品猪基地建设时用政府的钱建起来的。

违章建筑的严格定义是因为用地不规范,而不是在地上的养殖行为不规范。但是汉语的灵活性似乎模糊了其中的界限。比如在2013年4月9日南市市委、市政府发布的落实省里"三改一拆"的文件中,提出的是:"以'三改一拆'为契机,全面清理整治造成严重农业面源污染、禁限养区内的农村养殖棚舍,率先清理禁限养区内基本农田、外来户养殖、泔水养殖以及治污设施不达标的养殖棚舍,狠抓农业面源污染治理,严禁养殖场污染物直接排放,促进农村养殖业转型发展。"这里的表述似乎是强调某些农户的养殖行为不规范,所以应该被拆除,而不是用地不规范。到了最基层的乡镇在执行中,采取的是一种综合式的理解,既包括了

---

① 文件提到:"在禁养区内不得新建或者扩建畜禽养殖场,对现有畜禽养殖场、养殖户应当采取有效措施,依法限期关闭或者搬迁,引导其转产转业,实现禁养目标。在限养区内,应当严格限制畜禽养殖总量,使之符合环境保护的要求。鼓励养殖户到生态养殖小区内从事畜禽养殖业,支持规模养殖场提升健康环保养殖水平。"

② 分类标准是:第一类是集约化养殖场(畜牧小区),采用自繁自养方式,生猪存栏3000头以上,母猪存栏300头以上,面积2公顷以上;第二类是家庭农场型养殖场,采用自繁自养或单纯饲养育肥猪方式,生猪存栏500～2999头;第三类是小型养殖场,采用自繁自养或单纯饲养育肥猪方式,生猪存栏50～499头;第四类是生猪散养户,生猪存栏50头以下。

③ 参见中共南市委《南市人民政府关于印发南市"三改一拆"三年行动计划的通知》,2013年6月。

用地的违章,也包括了养殖行为的不规范,比如平市一个镇的规定①。

(2)准入制度:小农的制度性排斥

2013 年 6 月发布的《南市人民政府关于贯彻落实浙江省人民代表大会常务委员会加强畜禽养殖污染防治促进畜牧业转型升级决定的实施意见》(南政发〔2013〕56 号)提出要"明确规模养殖规模"和"严格养殖准入条件"。

由于政府能够宽容的是规模化养殖场,所以,到底什么是"规模养殖"就是利益攸关的问题。文件提出"根据省政府授权,我市确定畜禽规模养殖标准为:生猪存栏 50 头(含)以上"。这里明确写出"根据省政府授权",也许是因为农业部的标准是出栏量 50 头(含)以上,而浙江执行的是标准更高的"存栏 50 头(含)以上"。其中的差别很明显,因为存栏 50 头的猪场实际出栏量可以远超此数。而且,用存栏替代出栏便于监督。

养殖准入条件主要根据规模和规范化程度来定。对于所有规模化养殖场,无论大小都必须"必须符合规划和生态养殖规范要求并报批环境影响报告表。不符合上述规定的养殖场(小区)一律不得养殖,违者严肃处理。"对于散户则另有安排,"对未达到规模养殖标准的养殖污染治理,由各县(市、区)制订具体的管理细则进行监管,管理细则报市政府备案。"

在限养区,必然还是会存在不少并不是"违建"的养殖户,比如在宅基地范围内在自己的偏屋里的养殖。对于这样的养殖户,既然不能拆除,也没有理由不让他们养。平市的一个做法是,农户必须持《生猪养殖证》养殖,但每户养殖户只能养殖 1 头母猪,肉猪年出栏量控制在 10 头以内②。实际上,这个看似奇特的规定是有它的事实依据的,从 2005 年到 2015 年的 11 年的数据来看,出栏量小于50 头的农户平均出栏量只有 9.4 头,明显偏离中位数,这与其他规模档次的农户养殖行为很不同。说明这个规模内的养殖户绝大多数是一种老年农业或业余农业,本来就缺少扩大规模的动力。在这个规模内,一大部分猪粪可以在自家的承包地上消纳,保持一种比较生态的养殖模式。但是,农户行为是具有高度灵活性的,只要有足够的猪舍,散户向规模化养殖的发展可以在一夜之间完成。

---

① 参见浙江平市林棣镇《关于开展 2014 年度清理违章猪舍百日会战行动的通知》(林委办〔2014〕29 号):从现在起到 6 月底,按照"应拆尽拆"的要求,继续加大违章猪舍清理力度,实现禁养区内违章猪舍全面拆除、限养区内违章猪舍基本拆除的目标任务。清理对象及范围:(一)禁养区范围内的;(二)占用基本农田的;(三)市级河道两侧 200 米、镇级河道两侧 50 米范围内,市级道路两侧 100 米、镇级道路两侧 50米范围内的;(四)污染严重影响环境或群众举报投诉后查看实的;(五)卫片执法拍到的;(六)其他未经批准违章违建养殖的。上述范围内的违章猪必须坚决予以拆除。

② 参见《生猪养殖减量提质的有益探索》,浙江在线南市频道 2013 年 11 月 21 日。

土地管理部门是最晚的进入者,实际上也是真正的终结者,它所做的不是加减乘除这样的简单运算,它的行动方式具有釜底抽薪的性质。

养猪业有一个特点,它必须在室内完成,也就涉及生产设施建设及其对土地的占用,这种占用往往是通过将农用地变成建设用地来实现的。这就构成了一个城乡建设用地使用权的竞争。同时,养猪业的污染物排放需要耕地来消纳,这个标准一般是一头猪一亩地①。按照这个标准,养殖密度最高的市辖区的耕地数量不足,而市辖区城市建设对土地的需求又是最大的。

在城镇化的过程中,对于集体土地的开发权有一个从农民集体向城市政府转移的过程。我国《土地管理法》1986 年实施,1988 年、1998 年和 2004 年三次修订,其中 1998 年的修订对于乡村经济的发展具有决定性的意义,在这次修订中将农村集体所有土地的管理权从最高级别的农民集体的权力机构——乡级人民政府上收到县级政府的土地管理部门,奠定了集体土地由国土部门管理的基本格局。这就限制了乡村组织开发集体土地的权力,使得全县的土地利用都统一到县级的土地利用规划上来,并且受到上级土地管理部门越来越严密的监控。进入 21 世纪,由于卫星技术的运用,集体土地用途管制权在事实上进一步上收到了省级以上。

土地管理权的上收导致了一个严重的后果,那就是农民在田地里搭建的养猪棚大量地从合法变成了非法,因为大量的占地在历次规划中都没有变更其农用地甚至基本农田的性质。2013 年的全面清理是以拆除"违建"的名义进行的,这让农民想不通,1987 年省里要求发展商品猪基地的时候,是政府出钱帮助他们搭建的猪棚,为什么现在就成了"违建",由此引发了大量的抗议。对于猪棚的"被违建",地方政府是很清楚的,所以,一直以来都对这些"被违建"乃至后来形成的部分真违建保持一种高度包容的姿态。

但全面清理行动之后,某些温和的政策变得难以兑现。比如对于死猪的处理,新的文件放弃了社区内无害化处理的方式,改为建设工业化病死动物无害化处理中心统一收集集中处理,将无害化处理池占地复垦②。

总的来说,政府治理对于规模化经营的推动是多部门合力完成的,各个部门降低本系统治理交易成本的策略都指向了规模化经营。但是,各个部门的目标

---

① 参见《南市人民政府关于加快新型畜牧产业体系建设促进现代都市型生态畜牧业发展的意见》(嘉政发〔2012〕74 号)提到:"各级政府要细化完善禁养区、限养区规划,按照县域范围内每个生猪单位配套不少于一亩耕地的标准控制畜禽存栏总量,落实减量提质目标任务。"

② 参见《南市人民政府关于扎实推进生猪养殖业转型发展的意见》(南委发〔2013〕17 号)。

和实现机制不尽相同,相互之间有所掣肘。由于部门目标之间的冲突性,加上官僚体制本身具有的协调难题,实际上很难实现高效的农业治理。官僚体制的这种低效性,客观上构成了对于小农经济模式的一种保护,然而,这是一种十分脆弱的保护。

5.4.3 渐进规模化:对小农的温柔挤出

在对待养猪业的问题上,南市政府的具体行为模式却发生了突变:从渐进式的规模推进导向激进式的规模推进。一种可能的原因是政府决策模式的边界条件发生了重大的改变。这种边界条件主要有两类:一个在国家治理体系之外,如人与自然关系中的环境压力的增加;另一个出自国家治理体系内部,比如家庭经营养殖制度在国家治理体系中的地位,以及国家高层治理思路对于生态环境问题的重视。治理交易成本是在国家与农户之间建立联接时发生的,地方政府在这个联接体系中处于中间层次,考察国家治理体系中的上下两端,也是在厘定南市地方政府计算治理交易成本最重要的边界条件。探讨边界条件发生的变化,有助于理解地方政府对养猪业污染问题的态度为什么会发生突变。

在此次清理之前,南市政府与浙江乃至全国各地政府一样采取一种有节制的方式推动规模化经营。

(1)渐进模式的主要特征

这种渐进模式的主要特征有三点:政府扶大扶强未"削"弱,以及政府农业治理的复杂性,社会化管理与服务体系的有效性。

第一,政府扶大扶强未"削"弱。通常说政府的农业产业化经营是"扶大扶强不扶弱"的,但是,需要注意的是,通常情况下,国家的农业产业化经营政策仅仅是扶大扶强,对于小而弱的小农经营形式采取默认的态度。至少没有明确的做法去弱化或减少它,也就是没有削"弱"。小农经营受到的压力主要出自两大规律,其一是农民进城务工引发家乡的土地流转和规模化经营,其二是规模化经营对小农户的竞争压力不断增强。长期发展下去,农业的某种规模化经营形式也能逐渐地取代小农经营成为主流,但这很可能是一个相对温和的过程。实际上,南市1988年时还有至少45万养猪户,2005年只剩下21.3万户,这其实已经是一个并不缓慢的变迁。

不削"弱"的内涵有两个方面,其一,政府对于大而强与小而弱的态度分化有一个演变的过程。如果放在全国来说,迄今也不能说已经对于小农经济形成了旗帜鲜明的主流主张。与不同阶段的产销一体化政策并列的是通过基层政府来帮助小农户发展生产的政策。比如从 1989 年开始的农业综合开发工程,在一开始的运作中主要是借助基层组织来推动,以农民集体为主要的扶持对象,主要用于改善农业生产基本条件。但自 1998 年以后转向了与农业产业化经营政策的协同,把农业综合生产能力的提高和农业产业化经营的发展结合起来,这就进一步强化了农业产业化经营的方向①。在发达地区,地方政府和基层组织对于小农的社会化服务还是有一定力度的。南市在养猪业中就发展出了以镇村基层组织的丰富的社会化服务体系。比如种猪和苗猪的繁育体系、防疫体系、农资供应体系、污染治理体系等。

第二,政府农业治理的复杂性。政府对于规模化经营的推动是通过多个部门来完成的,每个部门都有自己的考量,体现在不同的治理目标。农业治理至少涉及五个部门,其中农业部门与商业部门是规模化经营最传统的推动者,在改革以后增加了环保部门和质监部门,继而在城镇化的进程中土地管理部门逐渐露出了冰山的一角。在渐进模式下,这些部门之间的协同性保持着复杂官僚体制通常具有的低水平状态,其治理目标呈现出多元性并相互制衡。

农业部门对于养殖户是做加法的,也就是希望农户规模由小变大,希望在规模化发展的过程中使坚持生产经营者能够获得更高的收入。为农民增收在任何时候都具有最高程度的政治正确性,正是这个价值观为严重污染条件下的养猪业和小规模养殖赢得了生存空间。环保部门是做减法的,希望污染总排放越少越好,无论这个排放的主体是大户还是小户。只有当散户的污染治理难度相比规模化养殖户更大的时候,才会把矛头对向散户。质监部门是做乘法的,它希望农产品质量优良,进行标准化生产。商业部门是做除法的,在它的工作对象中散户是被除外的,它考虑的首要问题是怎么降低购销和屠宰网络运行的成本。质监部门和商业部门一样都不考虑散户的利益,但不可能主动削减散户。土地部门的态度要更加坚决和明确,因为养殖户占用了基本农田以及建设用地指标,推动土地的集约化利用事关地方发展的全局。

各个条线的目标都指向了对于规模化经营的鼓励,但也有差别,比如农民增收是农业部门的核心价值,这是不可挑战的。即使目标相通,部门的协调也是难题,即使一时协调成功了,能否建立长效机制也是难题。对于地方政府来说,需要整合的诉求不仅仅来自条线,还包括区域之间。一旦确定要针对的对象是散

---

① 　熊万胜:《体系:对我国粮食市场秩序的结构性解释》,中国政法大学出版社 2013 年版,第 127 页。

户,区域之间一致行动就尤为重要,不可能只清除某个村、某个乡的,甚至不能只清理某个区县的,而是必须全市一致行动,否则,基层或地方政府控制局面的能力不够。要下定这样的决心,必须等待问题严重到一定的程度,且从局部扩展到全局的时候才更容易得到被治理者的理解。何况,如此大规模的行动,耗费巨资,对社会稳定产生重大影响,地方政府并不能自作主张,必须得到省级甚至国家层面的认可,结果,也只有当问题严重到无以复加的境地时,才能采取行动。而这个行动的模式只能是"一刀切"。

第三,农业社会化管理与服务体系的有效性。农业社会化管理与服务体系是农业推广的重要组成部分,为农户提供了产前、产中和产后的一系列服务和管理工作。从治理的角度看,也是一种形式的外部规模化。农业社会化管理与服务体系越完善,就会让处于生产端的农户更方便,同时降低了农业风险,让生产变得更加容易和安全。社会化服务体系的逐渐完善,意味着国家寄希望通过与农民的合作,引导农民的生产发展,这种合作对规模的偏好较低,并没有将小农排除在外,甚至其提供的方便性鼓励了散户的进入。南市养猪业社会化服务体系发展得非常迅速,除了已经超过环境承载容量的养猪量的过大带来的生态污染似乎为其带来了污点,其他方面近乎完善。而即使是在治理污染方面,南市作为地市级政府也几乎是走在全国前列的。截止到 2012 年,南市养猪业已经建有比较完善的服务体系和完整的产业链,养殖户可以非常便捷地进行从苗猪繁育到肉猪销售等所有的环节,这也是南市生猪养殖量持续高位运行的重要原因之一。这种为农户带来"温暖和支撑"的体系尽力维持了以家庭经营为主的经营方式,为养猪户搭建了一个非常容易依靠的后盾。加上农户生产的积极性,南市养猪业的发展达到了有史以来的行业巅峰。

即便如此,社会化管理与服务的有效性仍然值得质疑。第一,对成本投入的有效性的质疑。据 2013 年 4 月 8 日的《南市日报》记载投入巨大①。问题是这种巨大的成本投入是否有效,即使有效但在猪肉产品普遍过剩的前提下又是否值得?如若将社会化管理与服务推向市场化,是否会大大降低政府投入成本和服务质量。第二,对增加治理交易成本的质疑。其对农户的非选择性,实际上鼓励了散户的存在和不断的进入,提高了国家对农民的治理的交易成本。这种温和的治理提倡的是软性化的管理与服务,并不具备执法权,无法监控小农的行

---

① 以 2012 年能繁母猪补贴为例,仅这项补贴 2717.2 万元;母猪保险 686.52 万元;母猪授精补贴 768.75万元;疫病防控 2451.67 万元;无害化处理池 1312 万元;畜产品的安全监管等费用等,投入非常大。

为,无形中增加了治理的交易成本。

与之相对的是市场化和法制化。市场化鼓励竞争,如若将社会化管理和服务推向市场,势必能使农民得到质高价优的社会化服务,又降低了政府的投入。另一方面,市场化的推行势必让规模户享受规模经济的好处,而散户要承担相对更高的成本。同时,法制化不同于社会化管理和服务的软性化,是一种硬性化的管理,将每个农户置于其监控之下,尤其对环境污染来说,显然是更行之有效的降低交易成本的治理方式。

(2)渐进模式的绩效

政府推动养殖业规模化发展的渐进模式被激进模式取代,是否因为渐进模式的失效? 这可以从三个方面来看,第一,规模化率的发展;第二,养殖户和散户的减少;第三污染物的控制。其中第三点在前面讨论减量化治理时已经涉及,这里主要讨论前两点。

首先,可以肯定政府的推动对于规模化发展存在一定的促进作用,自市场化改革以来,这个作用的发挥有三个阶段。

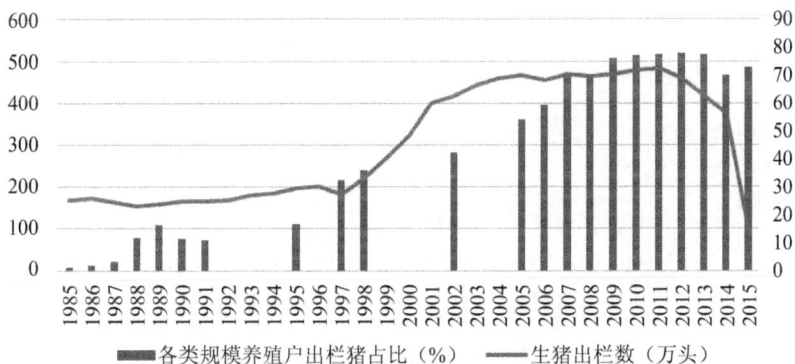

图5.4　南市历年(1985—2015)各类规模养殖户出栏占比(%)和生猪出栏数(万头)

资料来源:1985—1990 年的数据出自南市档案馆文件,1991 年、1993 年、1995 年的数据出自范汉雄的文章《论稳定生猪生产的两个重要问题》和《生猪生产十年走势粗析》,2002 的数据出自《南市新修畜牧志》,2005 年以后的数据出自南市畜牧局。

第一个阶段,在 1997 年以前,南市的规模化养殖比例有两个特点,其一是上升总体比较缓慢;其二是生产低迷的时候规模化比例高,反之就下降。比如1989 年前后是南市生猪生产的低谷,规模化比例高,专业户的出栏量也创新高。

这应该是体现了政府扶持的力度,在恶劣的市场环境中,如果没有政府的扶持,专业户也会降低商品化率恢复养猪的副业性质。1993 年省市县商品猪基地优惠政策被取消,很多专业户减产,甚至拆掉猪棚[①]。

第二个阶段,1997—2008 年,出现了生猪出栏量和规模化率同步增长的态势,这应该说明市场的力量占了优势。通常的解释是市场化导致了专业化,专业化推动了规模化,笔者增加的解释是产销一体化对散户的排挤,而产销一体化的发展背后存在政府的推动。

第三个阶段是 2008 年以后,再次出现了规模化率的变化与生猪出栏量变化相背离的情况,这再次显露出了政府调控的力量。政府一手消减散户,降低了生猪出栏量;一手发展大户,提高了规模化率。

向第三个阶段的转换是特别值得分析的。这个阶段发生了政府对于养猪业的全面清理,可以认为,前两个阶段是一种渐进性的模式,而后一阶段是一种激进的模式。

其次,渐进模式在减少养殖户和散户的数量上也有一定的成效。

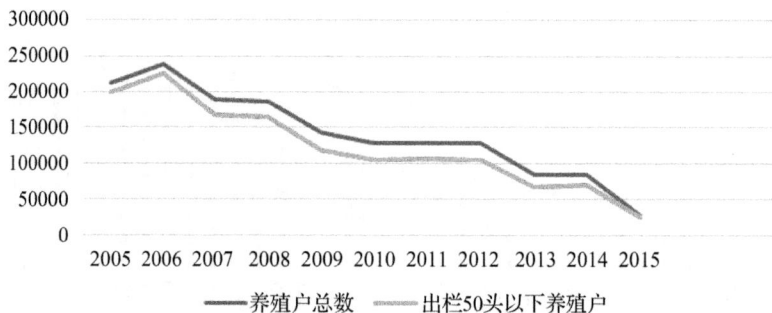

图 5.5 南市历年(2005—2015)养殖户总数与散户数量

资料来源:数据由南市畜牧局提供。

根据前面的分析,养殖户的减少和散户的退出,主要的因素是劳动力的转移,以及政府对规模化养殖的扶持降低了散户的市场竞争力。可以认为政府的渐进化规模化发展模式对于散户的减少是起到一定作用的,如果继续这个势头,散户将会进一步减少。但在这次的全面清理行动中,市委、市政府的文件明确将环境问题归因到散户过多上来,表明了政府对渐进模式的速度不满意。

---

① 柴马标:《生猪经营要走向市场经济》,《商业经济与管理》1994 年第 2 期,第 7-11 页。

（3）渐进模式的代价

政府不能保持对渐进模式的耐心，也有它十分不得已而为之的因素，而越早转型越有利。

首先，散户养殖伴随的无序搭建带来多重弊端，对城市发展的阻碍越来越大。2013 年 4 月 9 日南市市委、市政府联合发布《"三改一拆"三年行动计划的通知》，其中强调畜禽养殖棚舍会影响人居环境、影响城市功能品位、影响土地资源的利用效率和损害社会公平。另外，违章搭建客观上是一种非法占有土地升值好处的行为，这是一个社会财富和发展机会的分配问题，自行搭建意味着无序分配，确实影响社会公平。

其次，在渐进模式中，地方政府需要承担的财政压力越来越大，长痛不如短痛。2013 年 4 月，在全面清理行动启动之初，市委、市政府给全市百姓算了两笔账①：不仅在政府的总算盘上，农民养猪在经济上是明显不划算的，而且，对于污染处理的财政投入是一个无底洞，亟须改变发展模式。就处理病死猪的无害化处理池来说，每个处理池的建设成本至少 6 万元，且容量有限，需要不断增加。无论从财政还是土地供应上看都是不可持续的。

5.4.4　激进式减量：综合治理下的抉择

从 2013 年 3 月 5 日以后的二十天中持续发酵的黄浦江死猪事件所具有的新闻效应，让人们更多地看到了突发事件对南市养猪业政策大调整带来的影响，很少有人注意到，在此之前的 2 月 21 日，浙江省政府就发出了一个《浙江省人民政府关于在全省开展"三改一拆"三年行动的通知》（浙政发〔2013〕12 号），其中决定自 2013 年至 2015 年在全省深入开展"三改一拆"②三年行动。在很大的程度上，南市对农村猪舍的全面清理是对省政府文件的执行。当各地市县还在消化吸收省政府的文件的过程中，发生了黄浦江死猪事件，使得南市在受到巨大的舆论压力的同时，也受到巨大的来自上级政府的压力。南市在 2013 年 4 月 2 日，

---

①　参见《生猪养殖减量提质构建绿色生态田园》，南市在线，2014 年 1 月 15 日："首先，以郊区的新丰镇为例，2012 年全镇农民养猪收入在 6000 万元左右，各级财政投入仅治污费一项就达 3880 万元；2013 年农民养猪收入预计在 5000 万元左右，各级财政投入已达 12346 万元。其次，污染源普查数据表明，南市畜禽养殖业排放的 COD 和氨氮量分别占全市污染物排放量的 40.9% 和 30.6%，在养殖重点地区，以畜禽养殖业污染为主的农村，农业污染已成为水环境污染的重要因素，给南市水环境带来沉重的负担。一笔经济账，一笔环境账，让广大群众清醒地认识到，生猪养殖转型升级已经成为南市迫在眉睫的一场'战役'"。

②　"三改一拆"即旧住宅区、旧厂区、城中村改造和拆除违法建筑。

市委、市政府联合下发了《关于扎实推进生猪养殖业转型发展的意见》,4月9日市委、市政府再次联合下发了《"三改一拆"三年行动计划的通知》。5月29日,浙江省人大常委会适时地做出《浙江省人民代表大会常务委员会关于加强畜禽养殖污染防治促进畜牧业转型升级的决定》(浙人大常〔2013〕5号),这在给南市施加了压力的同时,也为南市的行动提供了合法性。南市在20天以内就制定了一个对省人大决定的实施意见,放大了省人大的授权效应,使拆违显得更加有理有据。

这个行政流程提醒我们,在降低治理交易成本的综合化模式中,地方政府采取的系统整合机制,需要处理好的最重要的关系,其实是上级的要求与本地实际之间的关系。南市对于养猪业污染问题的高度重视,首先是出于本地养猪业规模迅速扩大,污染治理见效缓慢的事实,其次,也是对省级以及中央对于生态文明建设重视的一个积极的回应。

(1)来自高层的观念变革

浙江省的生态文明建设走在全国的前列,其口号是"绿水青山就是金山银山"。2003年浙江省提出一个"811工程",从2004年到2007年,全省开展以八大水系和11个省级环境保护重点监管区为重点的环境污染整治行动(简称"811环境整治行动")。2004年10月,浙江省政府将畜禽排泄物治理纳入"811"环境污染整治工程,由此拉开了一场畜禽养殖污染治理的攻坚战。后来的进展证明,这是一个系列三年行动计划的开始,此后每一个三年行动计划完成后,都会启动另外一个升级版的三年行动计划。省里每提出一个三年行动计划,南市就提出一个相应的三年行动计划。①

三年一次的大行动,每一次都具有运动式治理②的色彩,当多个这样的运动

---

① 2004年,在省里提出"811"工程之后,南市制定了自己的811行动方案,提出各县(市、区)政府要根据各地实际,划定"禁养区"、"限养区",限期搬迁或关闭"禁养区"内的养殖场,控制和削减"限养区"的养殖总量。并开展畜禽养殖污染防治示范工程建设,提高畜禽排放物处理率和综合利用率。开展生猪集中饲养、集中治污试点工作,并在成功基础上进行全面推广。这已经是这次全面清理行动的雏形。

2008年2月,省里发出《浙江省人民政府关于印发"811"环境保护新三年行动实施方案的通知》(浙政发〔2008〕7号),8月,南市发出《畜禽养殖业污染整治实施方案(2008—2010年)》,当时提出的与本书有关的问题是"生猪养殖区域布局不平衡,个别镇(街道)畜禽养殖量超过环境容纳量",提出首先要处理好常年存栏100头以上的规模养猪户的污染,然后努力处理好年存栏50头以上的规模养殖户的污染。并要求提高规模化养殖率。

2011年4月,浙江省委办公厅浙江省人民政府办公厅印发《"811"生态文明建设推进行动方案》,9月南市发布了《畜禽养殖污染防治管理办法》。2013年2月21日《浙江省人民政府关于在全省开展"三改一拆"三年行动的通知》,4月,南市拿出了自己的执行方案,效果远超预想,一年把三年的任务超额完成了。

② 周雪光:《运动式治理机制-中国国家治理的制度逻辑再思考》,《开放时代》2012年第9期,第105-125页。

连接起来后,形成了一种新的运动形式,它的主要功能不是政治变革,而是引导科层体制的运转,达成治理目标,可以说,这是一种治理性的运动。2013 年 12 月的浙江省经济工作会议上,进一步做出了"五水共治"[①]重大决策,并明确提出,要以治水为突破口推进转型升级,把水的问题提高到全省发展战略的高度。"治污水"作为重点突破的首要任务,则主要先从"清三河、两覆盖、两转型"[②]做起。由此,全省开始了对小规模畜禽业养殖场的全面压缩。正是南市大面积拆除猪舍的成功给各地创造了一个成功的样本,至少让各地政府决策者看到了群众对于这种端饭碗行动的接受程度。

在三年一次的大号召下,环境问题高度地政治化了,从科学技术上的合理性上升为政治上的正确性标准。由此,它才能对抗既有的另一个具有同等重量级的政治正确的标准,即农民增收问题,要求农民增收问题的解决另寻出路。同时,各个市县被周期性地鞭策着,而地方之间的锦标赛竞争机制,更加强化了地方为行动加码的动力。这个过程说明官僚体制虽然存在惰性,但是也有产生积极性的内生能力。养殖业发展的传统渐进模式固然受到官僚体制惰性习气的维护,却最终被官僚体制自身的另外一面所攻破。从观念变革的角度来理解这场畜牧业革命,这场革命就不可能只是发生在南市。实际上,观念变革引发的畜牧业革命具有全省性质,只是南市反应得比较快。

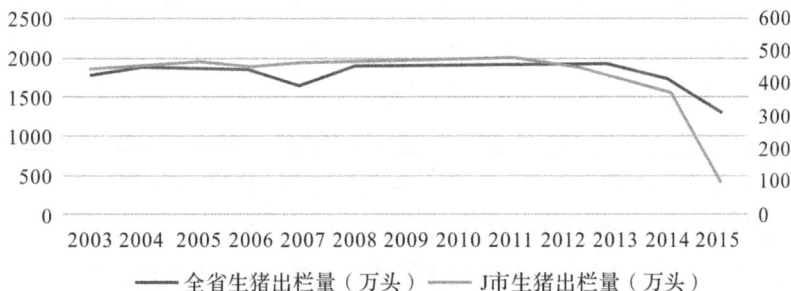

图 5.6　南市和浙江省历年(2003—2015)生猪出栏量

资料来源:2003—2013 年数据来自《南市统计年鉴(2014)》和《浙江省统计年鉴 (2014)》,2014 年、2015 年数据分别来自南市和浙江省 2014 年、2015 年统计公报。

①　"五水"即:治污水、防洪水、排涝水、保供水、抓节水。
②　"清三河"就是重点整治黑河、臭河、垃圾河;"两覆盖"就是力争到 2016 年、最迟到 2017 年实现城镇截污纳管和农村污水处理、生活垃圾集中处理基本覆盖;"两转型"就是抓工业转型和农业转型。

（2）科层动员与社会动员的共振

需要注意的是，规模化发展从渐进模式向激进模式的跃迁，具有治理性运动的色彩，但它不仅仅是发生在政府系统内部，而是既发生在政府系统内部，也发生在社会领域，或者说是科层动员与社会动员的复合①。科层动员打破了渐进模式，但是使得激进模式表现得如此激进的原因也必须从社会过程中去寻找。

2013年6月，市委、市政府在《关于贯彻落实浙江省人民代表大会常务委员会加强畜禽养殖污染防治促进畜牧业转型升级决定的实施意见》中提出的目标是到2015年底共拆违370万平方米，但是在2013年当年全市共拆除违建猪舍面积581.15万平方米，一年超额完成了三年的任务。原计划全市涉及退养转产转业农户总数29685户，但是到2013年底已经减少42716户，到2015年底更是减少了100059户，数倍于原有的目标！不仅拆猪舍取得了令人吃惊的成功，实际上整个的"三改一拆"都取得了同样的成功。截至2013年12月2日，全市已累计实施"三改一拆"2694万平方米，其中"三改"1681万平方米，拆除各类违法建筑1013万平方米，2015年省、市确定的年度目标以及省下达的三年700万平方米的拆违任务已全部超额完成。

这次社会动员，各种可能用到的动员手段都用上了，比如高压宣传、物质补偿、就业安置、党员干部带头、体制内人员保证制、先拆有奖、对不合作者不发给检疫证明、征收排污费并提高标准，等等。另外，所有的运动都有它自身的规律，一股风潮起来，反抗者望风披靡。农户之间也相互攀比，在2015年10月的调研中，我们了解到的情况是：当干部已经感到疲惫的时候，被拆掉的群众却不允许他们懈怠，要求"既然拆就都要拆"，不能因为别人办了什么证，就可以不拆。

在这个复杂的治理过程中，存在至少六个难以把握的关键点：第一，国家治理影响农业经营组织形式的过程本质上是一种对于微观经营主体的干预，这在政府与市场的关系上是最有挑战性的层面。其中行政权力的合理界限很难把握，政府的治理逻辑很容易背离市场经济自身的规律。这种干预从本质上引导了农业经营主体的发展方向。第二，多条线多层次的条块关系本身的复杂性使得治理结果的不确定性增加了。这个系统的行为模式从敷衍了事到大干快上，其中很难存在更为优化的中间状态。第三，通常我们说高层的"经"很好，但可能被低层级执行者念歪。省级政府发动的治理性运动应该是理性的，但执行过程会使得理性目标难以实现，尤其当科层动员进入到社会动员层面后，会引发更多

---

① 叶敏：《政策执行：权力运作与社会过程》，广西师范大学出版社2015年版。

的非理性。在某种程度上,南市清理行动出乎意料的大成功,也是一种失控状态。第四,也是最为根本的一点是,当国家治理可以对农民的经营组织形式产生深刻影响的时候,政府必须有能力知道怎样的农业经营组织形式模式或体系是值得追求的,需要有一个评判工作成效的标准,而这恰恰是很难确定的。既然国家治理充满了对规模化的倾向,同时贯穿了对小农的排斥,那么是否国家委以重任的新型职业农民,其生产经营规模越大越好呢? 第五,新型职业农民的兴起历程是在国家治理的推进中完成,其兴起过程也是农业经营组织发生变化的历程。如果说新型职业农民兴起具有阶段性,农业经营组织形式的演变是否也是具有同步的阶段性特征呢?

经过这场运动,南市实现了养猪业经营制度的一种革命,它并没有摒弃家庭经营制度,而是从一种以散户为基础的大小搭配的体系化发展模式发展到以家庭农场为基础的新型体系化发展模式,或者概要地说,猪要从"家猪"时代进入到"场猪"时代。而家庭农场式的经营形式也许就是新型职业农民比较主要的经营形式。这种新的模式还没有完全形成,但它的轮廓已经很清楚,即"形成家庭农场、集约式工厂化养猪场、散户抱团发展、外建养殖基地四种模式并存的局面"。这几种形态中,除了少量存在的散户,国家明显将养猪业发展的重任指向新型职业农民。

表 5.2　南市能繁母猪和生猪出栏(2014—2020)　　　　　单位:万头

	2014	2015	2016	2017	2018	2019	2020
能繁母猪	5.44	2.67	1.55	1.39	1.41	1.11	2.19
生猪出栏	285.3	77.56	40.28	28.7	33.06	31.9	23.67

数据来源:《南市统计年鉴(2021)》

《南市农业农村现代化"十四五"规划》(南发改〔2021〕239 号)中,提到 2020年南市猪肉自给率仅为 19%,2025 年的目标为 50%,完成 3 个年出栏 10 万头以上标杆性现代化猪场和 6 个年出栏 1 万头以上标准化猪场建设,实现生猪存栏 42 万头。那么,如果按照人口基数不变,生猪出栏至少要达到 62.29 万头,42万头的养殖目标是否显得过于谨慎。值得注意的是这个指标是作为约束性指标存在的,也就是说是政府必须实现的指标。起码值得欣慰的是,政府不会因为其指标的属性而再次走的过头。

小 结

在国家治理格局下,小农与大农的发展并非均衡,而是小农的重要性日渐降低,而相应的规模经营的地位逐渐上升,在治理整体格局下,小农最后的结局只有退出。外部规模化是一体化治理时期的集体化实践,内部规模化体现在公养制度的反复介入。供应链治理和体系化治理的交织表现了对新型职业农民的促动和规模化的青睐。小农发展的无序性成为治理介入的环境基础;治理交易成本的重新浮现为小农的生存持续带来挑战;商品猪基地建设促进了职业农民的发展;农业产业化促进了新型职业农民发展;屠宰制度和标准化成为这两种治理对小农排斥的路径选择。减量化治理同样体现了对小农的排斥,从而影响了农业经营组织形式的演变。"违建"成为小农与规模户的差异化治理策略。两者的地位演变在综合治理下越来越明朗。渐进式的规模化对小农的温柔排斥没能达到国家治理的预期,于是激进式减量成为综合治理下的抉择策略。新型职业农民成为国家治理导向下的农民发展方向,其理想的经营形式首先既不能过小,从农产品供应角度增加治理的交易成本,也不能过大,从谈判的难度方面增加治理的交易成本。

第6章　适度规模:国家治理逻辑下现代农业的发展路径

现代农业的发展路径历来有大农小农之争,但一方面由于我国属于人多地少的情况,长期小农经济的发展背景,其存在一定的惯性。同时,由于大农的资本化性质,尤其是我国的农业产业化过快受到了不少质疑。另一方面小农经济暴露出的农产品供应和安全的问题、农村劳动力问题,以及我国的农业基本经营制度也使我们既不能一味追求大农,但也不能继续小农经济的低效率,而是力图需求一种新的发展路径。新型职业农民的发展受制于生产资料的有限性,尤其是其生产经营赖以存在的土地,其经营组织形式往往建立在规模确定的基础之上,那么,新型职业农民其生产经营规模如何确定? 这种规模的推动主体除了国家之外,是否应该考虑农民自身和农业本身的因素呢? 另外政策文本和诸多学术研究将理想的规模定义为"适度规模",本章力求从社会学的角度阐释适度规模。

6.1　现代农业发展路径与多种治理逻辑

适度规模虽然在学术界并不是一个新鲜的话题,实际上,从黄宗智《中国的隐性农业革命》开始就是学术界讨论的热点之一,同时也是从中央到地方提倡的经营形式的方向。如果我们把新型职业农民看做将来农业主要的经营主体,就必须考虑其理想的农业经营组织形式。如果过大,成为农业产业化推崇的发展方向,已被实践中的资本化性质质疑其效果,且过大规模的经营主体在与国家对接的过程中具有的谈判地位过高;如果过小,势必退回到自由化的小农经营时代。适度规模的推动必定不是某类主体的单一意愿或者单一推动就能实现,而且"适度"的标准对不同的主体来说也必定是差异化的。不同主体,对应了不同的目标函数,会导致不同的最优结果。对于"适度规模"概念或者说尺度界定的除了政府,我们还要考虑从农民的角度出发,何为"适度规模",甚至要回归到本初:纯粹的农业技术经济的角度对"适度规模"的界定。就适度规模的形成,推动的主体起码有国家、集体、农民和土地生产力本身。对于土地生产力而言,其对规模的偏好秉承农业技术经济的角度,是一种农业的适度规模。这种适度规模是客观的,但现实是,我们不仅仅要考虑到技术经济的因素,还要考虑其形成过程必定掺杂了更多社会甚至政治的因素。例如对于政府、集体、农民来说,他们都有自己的逻辑。但这些因素往往是难以量化的参数,也就很难得出一个适度规模的精确的模型。[①] 本章力图从多维度阐释适度规模经营的形成。国家、集体、农民对于规模的推动体现了国家与农民关系。对于国家对适度规模的影响,从治理的交易成本出发,政府是希望能够实现规模经营的。[②] 本章将进一步剖析政府内部的各个层级对规模的推动机制。村集体也有动力推动规模经营,但其推动的机理又与政府不同。从农民的发展来说,其适度规模比较灵活,要么小于,要么远远超过家庭承包责任田的范围,这种以家庭总收入为考量角度的适度规模,显然是比较灵活的。这样,不同的逻辑推动形成四种适度规模:农业的、农民的、村集体的和政府角度的适度规模。那么其中,有没有单一的理想类型。如果没有,又如何建构其大致的界限。下文以理论探讨为主,以作者在浙江省南市的实地调查为辅,尝试从社会学的角度分析适度规模的四种形式,及其形成的动力机制。

6.1.1 规模经济:农业角度下的适度规模经营

理论上,农业角度的适度规模是一种遵循客观规律的适度规模,符合规模经济。在现实中,农业企业的规模更加接近农业角度的适度规模,但农业企业的实际发展却糅合了过多人为的因素,从而偏离了适度规模的范围。

---

① Ira R. Cooke, Elizabeth H. A. Mattison, et al. *Empirical Test of an Agricultural Landscape Model: The Importance of Farmer Preference for Risk Aversion and Crop Complexity*, SAGE Open, April-June 2013, P 1 – 16

② 程秋萍、熊万胜:《治理交易成本与农业经营组织形式演变》,《社会学研究》2016 年第 6 期,第 143-168 页。

(1)规模经济:形成逻辑

农业作为一个产业,其发展是有自身的逻辑,是从技术经济的客观角度进行考虑的,其按照土地的最佳投入产出效益所确定,是一种比较纯粹的适度规模。

前述的边际效用理论已经说明了何种程度才算是规模经济,即达到规模经济的点其实就是农业的适度规模。同时,农业的适度规模讲求各种农业生产要素的最佳结合,沈达尊(1989)认为"规模经济的实质是在农业生产中由于增加投入生产资源,并能经济且合理地利用有限的生产资源所增加的经济效益"[1]。因此在实践中,因为地域自然条件差异、生产对象生产条件差异和其本身特点,农业的适度规模其实是有差异的。钱贵霞和李宁辉(2005)认为户均最优经营规模为67.8亩[2]。唐和平认为茶场的适度经营规模就是茶叶种植的成本曲线和收益曲线的交叉部分所对应的种植规模,即1200~1800亩[3]。

(2)农业企业:农业角度适度规模的现实存在

农业的适度规模更加注重客观性,不管学者用怎样的模型,怎样的计量方法,也不管政府和农民有何种想法,它有自己的客观规律性。现实中很难存在这种纯粹的、完全按照客观标准计算的适度规模。按照马克思恩格斯的观点,或许可以说农业企业的规模更加接近农业的适度规模,因为农业企业从劳动生产率的角度相比小规模具有比较优势。但在现实发展中,农业企业的发展掺杂了过多权力的因素,而逐渐演变为政府的适度规模。农业企业意欲持续扩大自己的土地规模,有的农企认为只要能拿到地就继续拿,部分农企的规模已经扩展到跨省经营,那么其是否真的能够合理地利用土地资源呢?这种观念建立在国家对规模经营的政策补贴之上。农业企业主甚至非常明确地表示,如果没有农业补贴,不会涉足农业领域。这种经营方式是否已经远远超过了适度的规模成为变相攫取国家资源的方式?国家补贴农业企业的目的在于其带动农户的作用,现在却成为企业利润的重要来源。其带动性受到质疑,那么补贴的合理性,农业企业的合理性都成了问题。这样,在发展中,农业企业的发展实际上在偏离农业的适度规模。同时,极大化地农业企业的发展,是否具有引发社会政治的风险值得思考。从谈判地位考虑,规模越大,与村集体、政府谈判中地位就会越高,当规模

① 沈达尊:《试论农业规模经济的技术经济意义》,《农业技术经济》1989年第2期,第6-9页。
② 钱贵霞、李宁辉:《不同粮食生产经营规模农户效益分析》,《农业技术经济》2005年第4期,第60-63页。
③ 唐和平、刘富知、黄意欢等:《湖南省茶园适度规模经营的研究》,《湖南农业大学学报:社会科学版》2000年第2期,第31-33页。

变的极大,就会引发一定的政治风险。

6.1.2　灵活准则:农民角度下的适度规模经营

农民的适度规模是一种从农民角度考量的,以家庭为单位进行考虑的适度规模,即按照家庭的收入最大化所确定的土地规模。

(1)横向与纵向层面的灵活性

农民适度规模的灵活性可以从两个方向理解。首先,从横向比较来说,农民适度规模的跨度较大,差异性成为灵活性的表现之一。舒尔茨认为农民其实和企业一样具有理性,会衡量投入和产出,因此农民的适度规模相对来讲是比较灵活的适度规模,会受到外界各种因素的干扰,如机会成本、投入和产出比例、辛劳程度、闲暇时间等。对于农场规模恰亚诺夫澄清了诸多对其的误解,认为其研究的农场不仅仅是小农场,也有中等规模和大规模的农场,并非小农场才是最恰当的经营形式,而是各种规模的农场都会存在。由于目前规模农场所占比例很低,大概在 3.6% 以下,因此,我国仍是以小农经济为主,既有传统的“过密化”小农,也有资本和劳动都呈现密集化的新型小农。影响农民耕种土地面积和耕种形式的因素主要有家庭收入结构、家庭规模和家庭成员构成、家庭需求等。后两者又主要通过家庭收入结构体现,而家庭规模在我国实行 20 世纪 80 年代初实行计划生育后,农村家庭规模具有较大的同质性,因此本书主要分析由于家庭收入结构而导致的“适度规模”的差异。家庭收入结构又取决于农民非农化的程度,纯农户需要的土地规模的扩大与非农化对农民土地规模的缩小同时并存。这样,在社会发展和转型的大背景下,农民的适度规模往往跨度很大,要么很小,小到只有一点口粮田,要么很大,尽一个家庭所能扩大生产规模。这两种在现实中都存在,特别是在经济发达地区,专业大户一般具有较大的规模,而兼业农户的规模较小。

其次,从纵向的农民家庭发展进程理解,其适度规模也具有较大的变化。中国传统社会时期是以小农经济为主的社会,新中国成立后农户生产经营经历了合作化—人民公社的长时间的低迷,20 世纪 80 年代家庭联产承包责任制使家庭经营爆发了其巨大的活力。市场经济体制下,家庭经营形式显现出了一定的弊端。起码表现在两个方面:首先,土地资源的有限制约了农户家庭经营规模的扩大,1997 年,我国 90% 以上的农户农地经营规模在 1 公顷以下,且土地的细碎化程度严重,很难形成规模经济。家庭经营制度在一定程度上已经阻碍了农业生产力的发展(孔祥智,2013)。[①] 其次,工业化、城镇化的发展,大大提高了农民的非农化程度,比较效益低的农业对部分农民来说失去了吸引力。农民职业的可选择性加速了农民适度规模的差异化。从历史进程导致的家庭发展变迁,造成了农民适度规模在不同时间上具有一定的差异性。

(2)基于家庭收入结构的决策模型

这里主要从家庭收入结构的影响分析农民适度规模的形成,并构建了农民适度规模的决策模型。

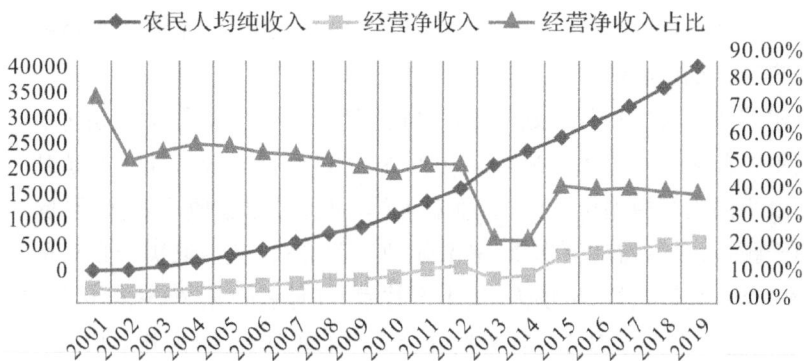

图 6.1 南市家庭经营净收入与农村居民人均纯收入(2001—2019)

资料来源:《南市统计年鉴 2020》

家庭收入结构是农民适度规模的决定性因素。发达地区家庭经营收入仍然占据重要地位,如图所示,20 世纪以来,2013 年之前,南市农民家庭经营收入一直高居家庭纯收入的 30% 以上,说明家庭经营仍然具有很大活力,仍是非农收入的有力补充。发达地区的农村由于从事非农产业的机会较大,农民就近工作,可以兼顾工作与农业经营,农民耕种的土地规模较小。这样的农村家庭基本有三部分收入来源:企业收入、农业收入和家庭副业收入。企业收入和家庭副业收入,但在能兼顾的前提下,也不会放弃来自农业的收入。

个案 35:GMH,村委员

> 在笔者调查的南市鹿村,村委员高某自己有 0.23 公顷,种黄桃,2014 年的效益比较好,每亩收入 2 万元,扣除每亩地 2500 元左右的成本,耕地总

[①] 孔祥智、刘同山:《论我国农村基本经营制度:历史、挑战与选择》,《政治经济学评论》2013 年第 10 期,第 78-133 页。

收益超过 6 万元。同时自己和儿子都有上班收入,家庭年总收入在 14 万～
15 万元左右。耕地收益虽然不是家庭总收入的最主要部分,但仍旧占到了
40%左右的比例。有了土地较高的经营收入,兼业农民多数不愿意流转土
地,种经济作物的收入可以大大的改善家庭生活。①

兼业农民家庭收入来源的多渠道性,使其没有意愿扩大自己的土地规模,要
么在责任田范围内种植经济作物,要么仅仅留下半亩左右口粮田"随便种"。
对于纯农户来说,其经营范围又远远大于责任田的规模。家庭收入结构直接决
定了农户经营规模的倾向性。

舒尔茨认为农民的行为是不乏理性的,假如把资本家看作"经济人",小农比
起他们不差分毫。农民为了追求经济利益,可以胜任传统农业的改造任务。在
图 6.2 农户的决策模型中,其作为收益主体,目标是家庭收入最大化,除非权力
的强力干预,农户种植何种作物、采取何种经营形式,基本取决于自己的资本实
力、家庭结构、政策扶持、市场因素、生产技术、其他就业渠道、风险因素、闲暇时
间等,极少或者不会考虑自身行为给社会带来的负外部性,由此形成两种极端分
化的经营形式。

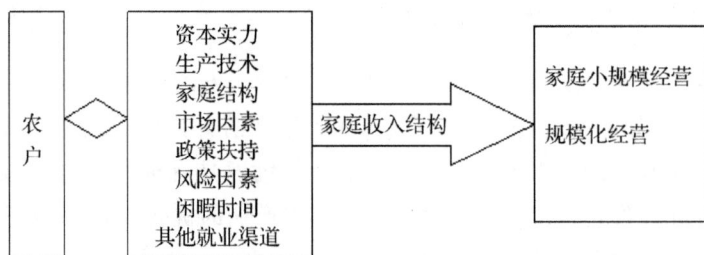

图 6.2　基于家庭收入最大化基础上的农户决策行为

(3)差异化的理想类型

在农民适度规模的灵活性方面,已经分析了外界环境和家庭自身因素对适
度规模的影响。这里着重分析非农化对农民适度规模形成的影响。在新时期
下,农民的家庭结构和成员性质已非改革开放之前那么单一。改革开放之后,越
来越多的农民从事着第二职业甚至第三职业,土地收入不一定是唯一或者主要

① 2014 年 7 月 23 日善县姚镇邮政所实地访谈。访谈对象:GMH,村委员。

的家庭收入来源。非农化的程度成为影响农民适度规模的重要因素。有学者对此进行了研究,朱明芬(2004)①的调查显示,农户家庭劳动力的非农就业率在1981 年是 25.4%,1990 年升至 39.7%,2000 年达到 60%,2003 年为 66.9%。二、三产业的发展是推动农民非农就业的主要因素之一,这样就通过提高田间劳动的机会成本减少农户的农业劳动投入(钟甫宁、纪月清,2009;许庆、章元,2005)②③,同时由于非农产出与农业产出的权衡,农民会根据闲暇时间确定自己能够经营的土地规模。

　　熊万胜根据特定模型的推测,得出农民比较理想的适度规模。农民家庭实际耕种的土地规模最接近于不兼业也不雇工达到农民人均纯收入的两倍所需的最小耕地数。但不能忽视的一个问题是人们的感受包括社会公平感(亚当斯,1965)。即人们在比较收入时,不仅与自己类似情况的人比较,同时还要与从事非农职业的农民相比较。2013 年农民外出务工年收入达到农民的人均纯收入的 3.5 倍。农民要想务农取得与务工同样的收入水平,得耕种 3.53 公顷土地。如果按照农民实际能够耕种的最大田地面积 7.87 公顷,农民的收入会更高。同时,熊万胜还计算了在不同的"理想兼业率"下农民的适度规模,理想兼业率越小,表示农民寻找兼业的难度较大,那么农民的适度规模就越大。理想兼业率越大,表示农民寻找兼业的难度较小,农民的适度规模就越小。可见,农民的适度规模是比较灵活的,其理想类型基于非农化程度、兼业程度等因素。

　　现实中,专业大户、家庭农场主、兼业农户都是农民适度规模的主体,专业大户、家庭农场追求规模经济,倾向于较大规模;兼业农户由于兼业的程度不同倾向于规模较小甚至不经营土地。但这种灵活的适度规模在国家治理的大框架下未必能够持续。因为规模极小的土地经营,不能发挥土地生产力,造成土地资源浪费;规模极大的土地经营影响农民之间的公平感,也会带来一定的社会政治风险。

　　①　朱明芬:《农户家庭劳动力非农就业史的调查分析—以浙江为例》,《中国农村经济》2004 年第 10期,第 69-75 页。

　　②　钟甫宁、纪月清:《土地产权、非农就业机会与农户农业生产投资》,《经济研究》2009 年第 12 期,第 43-51 页。

　　③　许庆、章元:《土地调整、地权稳定性与农民长期投资激励》,《经济研究》2005 年第 6 期,第 59-69页。

6.1.3 规模偏好:村集体角度的适度规模经营

(1)村集体的功能定位

对于农村集体来说,首先要发展集体经济,促进农民增收。而农村集体经济承担着政治、经济和社会功能:维护农村地区的社会稳定,农民增收,提供公共产品等(丰风、廖小东,2010)[①],村级集体经济在保障农村基层组织正常运转、提供农村公共设施和公共服务等方面承担着重要的责任(马超峰、薛美琴,2015)[②]。其次,要维持村庄秩序。村集体既不希望琐碎的与每家每户商讨各种土地事宜,又不希望土地过于集中,这样对自身的谈判能力和村庄秩序会造成威胁。再次,提供村庄公共产品,土地的集中,有利于公共产品的投入集中化,并能提高其利用效率。

(2)村级治理成本的推动

这里得从村级治理主体多元化和村干部方便治理的角度进行理解。

首先,从村级治理主体的多元化的角度理解。20世纪50年代,我国根据马克思主义的合作制改造小农经济的理论结合国情,把分散的小农经济逐步改造成社会主义集体经济,从最初的初级合作社再到高级合作社,将农业的计划经济与集体化结合起来成为融政治、经济与社会组织管理为一体的最基层的权力机构。国家通过纵向的层级设计控制乡村社会。生产队为基本核算单位,社员的大型牲畜、农具、耕地、自留地等一切与农业生产相关的生产资料转归集体经营。但其"一大二公""三级管理,队为基础"的管理模式违背了集体经济组织的性质,侵害了农民和集体的利益,包括普遍实现合作化后,合作社的瞒产私分现象严重(熊万胜,2010)[③],降低了个人和集体组织的生产积极性。

改革开放之后,集体经济走向统分结合、双层经营的家庭联产承包责任制的形式。原来的"生产大队"转变成为"村","生产小队"成为"组",但其"原先的管理和组织职能因为生产经营形式的调整而逐渐流失"[④]。家庭联产承包责任制实行的是农户小、碎、散的经营方式,政府在众多农户面前,管理难度大,交易成

---

① 丰风、廖小东:《农村集体经济的功能研究》,《求索》2010年第3期,第46-47页。

② 马超峰、薛美琴:《村集体经济再认识与集体经济再造——来自浙江省126个集体经济薄弱村的调查》,《经济与管理》2015年第6期,第90-95页。

③ 熊万胜:《关于小农组织化道路选择的百年纷争》,《文史博览》2010年第10期,第44-54页。

④ 韩小凤:《从一元到多元:建国以来我国村级治理模式的变迁研究》,《中国行政管理》2014年第3期。

本高。20世纪80年代初,村民委员会形成,并被以宪法的形式被确立了其法律地位,村委会不再是政权组织的下属机构,而是一种自治组织。农村经济合作组织发展起来,其发挥的作用不断增强;乡镇政府由"管制型政府"转变为"服务型政府";前两者与村级组织成为村级治理的多元主体,提供公共产品和服务,农村开始由政府主导的一元治理变为由市场主导的多元治理。村级治理主体的多元化,已然增加了治理的交易成本。从交易成本的角度,村集体更加倾向于减少治理对象,从而倾向于规模化的主体。这成为村集体推动土地流转的动力之一。

其次,从村干部方便治理的角度理解。

笔者调查南市HG村时,村主任感慨过去分散经营时村干部的压力和工作量非常大。第一,即使是在村民田里架设一根电线杆也要与村民交涉很久,讨价还价让村干部很头痛。第二,相邻两块土地之间因为离得太近,一块田灌水时多多少少会流到相邻土地,造成两家农户之间的矛盾纠纷。但大包户对建设公共基础设施占用土地等工作很是配合,也没有了上述说的第二个问题。21世纪初全国推行"三个集中"促成规模化的土地流转,成块成片的占用土地,可以成点成线。成点可以建信号塔,一个几十万,可以当做村集体收入。又比如线,电缆线、空中的高压线,都会涉及占地问题。发达地区由于现代化、信息化的建设,需要的线越来越多。但分散经营给村干部带来了大量的工作难度,所以村集体是有怨言的。集体希望地权掌握在自己手里,土地流转必须经由村集体的程序肯定了其地位。也希望能成片的流转,大规模的生产大大减少了村干部的工作量,因为控制少数人和控制多数人不同,降低治理的交易成本。因此村干部是比较有动力去推动土地流转的。

(3)村集体经济发展的转向

村集体经济发展的历程体现了集体收入的来源渠道和方式。从党的十五大报告到十八大报告均提出,要支持鼓励、发展壮大集体经济。从历史看,集体经济的发展经历了从初级社到高级社再到人民公社时期的如火如荼和家庭联产承包责任制时期的低迷(陈军亚,2015)[1]。20世纪末到现在,农村发展起各种类型的合作经济组织,如专业协会、农民专业合作社、农地股份合作社等。村集体经济有各种形态,包括:传统的农业集体经济、工业集体经济、金融集体经济和产权集体经济。村基层组织通过各种手段发展村集体经济带动集体收入。

---

[1]　陈军亚:《产权改革:集体经济有效实现形式的内生动力》,《华中师范大学学报(人文社会科学版)》2015年第1期,第9-14页。

20世纪80年代初,我国农民在人民公社时期办社队副业的基础和经验上,办起乡镇集体企业并迅猛发展,1996年达到鼎盛时期,但此后发展急转直下。1995年冬到1998年底,全国上下基本完成了以产权制度改革为中心的乡镇集体企业"改制"。对传统集体经济的改造由于取消了村干部对乡镇企业的控制权,削弱了农村干部的工作积极性,留存的集体经济限于厂房租赁费。在我国农村金融发展进程中,资金互助功能采取了三种发展方式:关系金融、集体金融和合作金融。关系金融的核心原则是互惠;集体金融的核心原则是平均;合作金融的原则是契约。集体金融是指集体经济组织内置性的金融服务①。关系金融始终存在于非正规金融活动中。能够长期稳定承担金融功能的形式是合作金融。新中国成立后,贫穷的社员可以通过集体得到资金和实物的帮助,但集体金融发展到一定的阶段,表现出强烈的对外扩张性,被国家取缔。总的来说,传统的农业集体经济、工业集体经济、金融集体经济遭遇失败。同时,取消农业税后,农村基层组织失去了"原本因收取税费而可以借用乡镇政权的某些能力的政治资源"和"原有的通过收取提留而积累的经济资源",同时上级转移支付很难达到村级②。农村集体只好在土地等要素的农村集体产权方面做文章。

在21世纪初各个地方轰轰烈烈开展的集体产权制度改革,在某种程度上促进了土地的放心、有序流转,促进规模经营主体的发展。

(4)村庄分利秩序的推动

分利秩序中的"分利"源于奥尔森的分利集团理论,是指在社会的总利益中为本集团争取更多更大利益份额而采取集体行动的利益集团,其目标是重新分配财富,而不是增加总的产出③。李祖佩(2013)将基于项目工程发包、承包和建设以及由资源输入引起的村庄内部资源的升值,乡村治理秩序围绕利益分配形成的基层政治社会样态称为"分利秩序"④。分利秩序的"去目标化"使得在具体项目运作中,村庄内的强势利益群体为满足自利性需求,项目资源被大量挪作他用,项目实践出现了与目标的严重背离。项目效果打了折扣,项目进村没有取得预设的社会效益,如此,项目成为"分利项目",成为本该集中于项目本身的"利"

---

① 熊万胜:《农民合作的新前景》,中国政法大学出版社2013年版,第82页。

② 刘燕舞:《当前农村基层组织的四种现象》,《中共宁波市委党校学报》2010年第1期,第31-35页。

③ 随付国:《奥尔森分利集团理论评述》,《东南大学学报(哲学社会科学版)》2006年第6期,第117-118页。

④ 李祖佩:《项目进村与乡村治理重构——一项基于村庄本位的考察》,《中国农村观察》2013年第4期,第2-13页。

的重新分配。分利秩序导致村干部或村集体为了获得更多利益去推动规模化的发展。但项目制的设计初衷,是支持规模化的,并不是由于分利秩序的存在才导致项目推动规模化。所以只能说因为分利秩序的存在,村干部由于得到了某些不能明说的好处,乐得去给某些人争取项目,有意愿推动规模化的实施,这是从干部利益的角度理解的。

(5)村集体角度的适度规模的决策模型

村集体的功能和目标定位倾向于规模化经营;而村级治理主体的多元化从治理交易成本的角度也倾向于规模化经营;传统的农业集体经济、工业集体经济、金融集体经济的失败促使村集体通过其他途径争取资源,成片的土地流转成为路径之一。同时,分利秩序的存在,使村干部有积极性去推动规模化的实施。条条线索使村集体很有积极性推动规模主体的发展,土地成为村集体收入的主要来源。

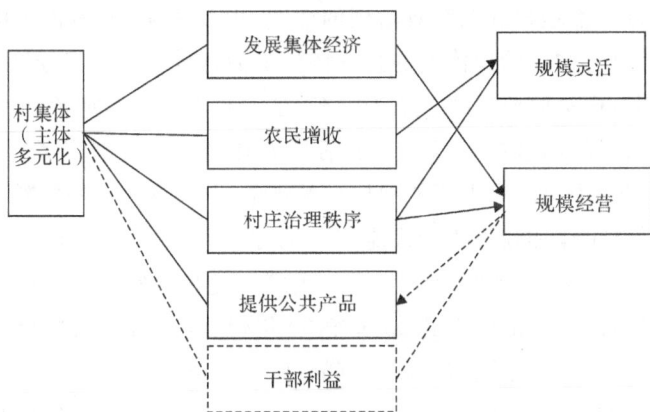

图 6.3　适度规模:村集体的决策模型

因此在村集体层面,如图 6.3 所示,生产经营组织形式是有一定的偏好的,从农民增收、村庄秩序的角度,何种经营形式不那么重要,或者由不得村集体选择;从发展集体经济和提供公共产品、提高干部收益的角度,农户最好进行成片流转,当然,在明面上,村集体的目标并不能直接指向不能明说的村干部的收益。但总体来说,村集体对规模化的经营所持的态度明显是积极的,其理想的适度规模是倾向规模化,但村集体对规模的度是没有标准的,很容易使规模变得极大。

6.1.4　层级化与差异化：政府偏好的适度规模

政府在考虑适度规模问题时，是宏观上的考量，要顾及多方面因素。政府是有多重目标的，有着政治稳定、社会治理和工作业绩的追求。同时，在政府层面，各级政府均有自己的目标设定，这些目标达到的过程中，隐含了对农民土地规模的限定。各级政府目标的差异性决定了其对规模化推动积极性的差异性。

（1）中央政府的态度模糊

首先，中央政府的纠结。中央在经历了以卡理斯玛权威为实的治理逻辑后，随着民众作为其卡理斯玛权威的追随者身份的弱化，官僚体制却不断地扩张，国家治理的合法性基础受到质疑[①]，可以从央地关系体现。

中央权威与地方权力间关系是国家治理的主要线[②]。两者之间的紧张和不兼容集中体现在权威体制与有效治理之间的内在矛盾，中央权威的集中程度越高，就越削弱地方治理权降低有效治理的能力，但反过来，有效治理的增强往往会威胁权威体制。中国治理体制的基本特征是治官权和治民权分设，是"上下分治的治理体制"，中央政府主要执掌治官权，是大政方针的制定者，地方政府可以因地制宜实行治民权，这样可以相对灵活的处理当地的民众事务[③]。面对中国巨大的地方差异，中央政府不可能把权力都集中上层，在上面只能给出纲领性的政策。对于具体工作和政策执行只能交由地方政府，具体的办法和措施要依据地方的实际情况而定，这实际上给予地方政府一定权力空间。我国的央地关系经历了改革开放之前全能中央到 20 世纪 80 年代开始财权下放、90 年代中期分税制改革之后对地方实施"软预算"约束的过程[④]。吴毅从"赋权—限权"的角度阐释中央、地方与农民的需求错位：中央既不断强化农地承包经营权，又用农地的集体所有制限定农民的权力边界；既向地方赋权，又控制后者借地谋利[⑤]。因此，相对于地方政府明确的目标，中央反而是纠结的。

其次，治理目标的多元化。党的十六大以前中央努力搞活经济，十六大提出

---

①　周雪光：《国家治理逻辑与中国官僚体制：一个韦伯理论视角》，《开放时代》2013 年第 3 期，第 5-28 页

②　周雪光：《权威体制与有效治理：当代中国国家治理的制度逻辑》，《开放时代》，2011 年第 10 期，第 67-85 页。

③　曹正汉：《中国上下分治的治理体制及其稳定机制》，《社会学研究》2011 年第 1 期，第 1-40 页。

④　谢岳、党东升：《草根动员：国家治理模式的新探索》，《社会学研究》2015 年第 3 期，第 1-22 页。

⑤　吴毅、陈颀：《农地制度变革的路径、空间与界限——"赋权—限权"下行动互构的视面》，《社会学研究》2015 年第 5 期，第 36-62,243 页。

"三位一体"，党的十七大提出"四位一体"、党的十八大提出"五位一体"的国家建设总体框架。每个时期的目标和框架都会影响农业经营组织形式。十七大之前，鼓励横向的和纵向的合作化等外部规模化的经营形式，并没有对小农的经营形式进行强制性的干涉，而是寄希望于为农户提供完善的社会化服务体系化解各种矛盾。家庭经营形式非常具有生命力，效益很好，是农民的重要收入来源。党的十八大后，生态环境治理摆上日程，市场是不对污染负责的，政府利用行政手段对污染比较大的养殖业治理，不得不对其中的小农进行减量化治理，留下规模经营。这样，中央其实对规模化是一种模糊的态度，中央既支持土地流转，又要进行外部的监控。通过各种项目形式如粮食直补等对规模经营给予各种补贴，这种补贴成了一种调节经营组织形式的杠杆，促进规模化的形成。同时，既然申领了补贴，也就应该接受各种治理的约束。各地设置了比较完备的卫星控制系统，哪个地方的农地路面被硬化、有地上建筑，甚至随意焚烧秸秆都可以发出信号。因此，与控制散户相比，控制大规模的经营主是比较容易的。但从政治的角度又不能无限扩大规模，所以中央政府的态度是模糊的。

再次，政策文本的积极与保守。从政策文本看，一方面国家是积极的，一方面在具体操作层面，又留有较大的余地，具有保守性。

其一，政策对适度规模的积极倡导。作为中央政府，其对适度规模的提法是积极的，可以体现在历年的中央文件中。从 20 世纪 80 年代初，官方文件对适度规模的关注从未停止。1982 年中央一号文件提出"由于劳力强弱、技术高低不同，承包土地的数量也可以不同"，允许根据条件不同分配承包地，隐含了为了提高土地的产出而交给更懂技术的人耕种的意图，但比较模糊。1993 年之前没有明确的土地流转的概念，一般使用"土地集中"。如 1984 年中央 1 号文件提出"鼓励土地逐步向种田能手集中"，这成为有关土地适度规模经营政策的最初表述。意味着家庭承包的责任田对于种田能手来说规模过小，应该扩大规模，以提高土地的集约利用。1986 年，中央 1 号文件首次提出了适度规模的概念，1993年，党的十四届三中全会指出，在坚持集体土地所有制的前提下"允许土地使用权依法有偿转让"。可以说首次提出了土地使用权转让的说法，用其代替了长期使用的"土地集中"，更加注重了农民权利的保护。2002 年，党的十六大报告提出"有条件的地方可按照依法、自愿、有偿的原则进行土地承包经营权的转让，逐步发展规模经营"，这说明土地流转的原则性更加细化，并清楚的提到"规模经营"，同时土地流转还受《农村土地承包法》的保护，使土地流转得到最高程度的肯定。2005 年到 2015 年其中有 8 年的一号文件都明确提出"适度规模经营"鼓励多种形式经营的同时,逐渐提倡建立完善的流转平台和流转机制。如此,适度规模的提法已有三十多年,从开始面积的扩张,到流转的原则,再上升到法制化的层面进行管理,经历了漫长的过程。这种适度规模从农业的角度即技术经济的角度讲能够提高土地的产出效率,从政府的层面讲,由小农小而碎、碎而散的经营到成片的规模经营,降低了社会治理成本。

从文件的走向看,适度规模更加注重承包主权的合法性、土地流转的合法性、适度规模经营形式的多样性等。政府提倡适度规模的动机也越来越明确,从提高土地产出效率到农业发展方式转变的高度。从承认土地流转的合法性到主动建立土地流转服务平台、完善流转市场等信号国家流转土地,体现了中央发展适度规模的决心。这种适度规模有治理的意涵,就粮食安全、治理的交易成本角度都是倾向于大规模的。

其二,中央是留有余地的,具有保守性。从农民增收的角度,规模是灵活的。同时,国家必须考虑到宪法所规定的我国的农业基本经营制度是家庭联产承包责任制,它必定是小而分散的。因此中央在适度规模方面态度也不明确,既要顾及政府的目标又要考虑到农民的因素,其适度规模的理想类型最好能够结合多方面的目标。

例如2013年中央一号文件鼓励成立家庭农场,并给出了家庭农场的界定标准,家庭农场必须满足四个条件:第一,农业户籍;第二,适度规模;第三,以家庭成员为主,不以雇工为主;第四,主要收入来自农业。农业户籍很好考量,但现在提倡户籍改革后,怎样才算农业户籍又可以给地方解读的空间?季节性的雇工如何换算为雇工的数量呢?又如何界定雇工的数量和期限?什么是适度规模,国家也没有给出唯一的解释。对于中央政府而言,可以鼓励超大规模的土地流转,降低国家与农民之间的交易成本,也可以鼓励家庭经营这种灵活的经营方式,但对两者的鼓励程度的拿捏,中央本身也是留有余地的,具有保守性。

(2)地方政府的规模化青睐

第一,地方政府的目标设定。对于地方政府而言,存在多个目标,多重线索。在现有的制度安排中,地方政府是地方治理最重要的主体,包括省级政府、市级政府、县级政府和乡(镇)政府。省级政府与中央政府的权力距离最近,市级政府作为省县的联结点,更多承担的是命令传达,县级政府更多的是执行工作,乡镇政府是政策的具体执行者,与农民最为接近。地方政府的目标是要保证农产品的数量和农产品质量安全、环境安全以及社会治理和工作业绩等。

第二,地方政府适度规模的推动机制。

首先，政府业绩的考量。在计划经济时代，中央政府控制了主要的资源，地方政府像兄弟竞争一般为了当地利益会相互之间争夺资源。分税制改革后，地方政府之间的竞争立场发生了变化，更像两个独立的经济主体在竞争[①]。规模化的经营容易给地方政府带来工作的亮点。无论是上级检查工作还是做政府工作总结报告，土地流转率已经成为常规报告的内容之一，似乎土地流转率越高越代表工作做得好，这就会导致"适度规模"没有限度的发展。

显著的一点是地方政府出台激励政策鼓励农户流转，如整村流转给予一定程度的奖励。2015年4月南市XZ区，土地流转率超过了60%[②]，这作为当地日报新闻进行宣传，给其带来了工作亮点。

其次，农产品供应和安全的考量。在农产品中，粮食是最基本的农作物，但粮食几乎是最没有效益的。每个家庭户在承包田范围内种植粮食作物的积极性非常小。因此，如果依然采取传统小农生产方式，保证农产品足量供应的目标显然很难达到。同时，由于小农经济分散而细、小的特点，地方政府由于很难对小农的生产过程、生产结果进行监督。因此，地方政府是有规模化的动力的。

再次，社会治理的考量。规模化的经营有利于社会治理。毕竟控制多数人和控制少数人成本是不同的，小农经济在社会治理方面的难度大于规模经营。而就规模经营主体使用雇工而言，其实替代了政府的部分治理功能。

最后，生态环境治理的考量。随着政府目标的多元化，生态环境也成为各级政府必须考虑的目标之一。因为一是生态环境治理本身对规模有一定的偏好，散户的污染治理很难产生规模效应；成本较高；二是散户的监控成本很高。两者共同指向了生产经营的规模化。

从以上几点看，走规模化的道路是十分必要的，公共产品和服务的提供也体现了对规模的偏好，从而构成了地方政府搞"三个集中"的动力。土地集中了，小农少了，更加容易调控，比如指定农保田，保证耕地的同时，还保证了粮食的足量供应，同时减少了治理成本。从"三个集中"到"三化同步"都强调了土地的规模经营。但就农民增收的目标来说，对规模本身并不偏好，是一种比较灵活的适度规模。

---

① 周业安、赵晓男：《地方政府竞争模式研究——构建地方政府间良性竞争秩序的理论和政府分析》，《管理世界》2002年第12期，第52-61页。

② 参见丁珩：《秀区土地规模流转比例高》，《南市日报》2013年8月29日。"2011年以来，秀区6.67公顷以上连片流转土地占新增流转的84.05%，并完成9个村的整村流转，流转面积达到0.13万公顷，积极推动了秀区土地规模经营，从而提高了农村土地的效益。"

第三,地方政府适度规模的决策机制。

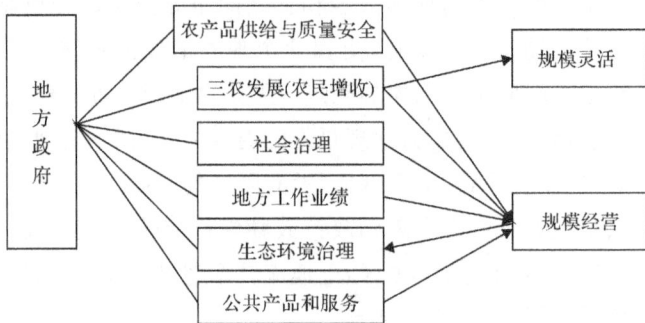

图 6.4　地方政府适度规模的决策模型

如图 6.4 所示,在地方政府的各个目标中,只有农民增收指向了比较灵活的规模,而农产品供给和质量安全、社会治理、地方工作业绩等无一例外地指向了规模化经营。这意味着地方政府的理想的适度规模更多地倾向了规模经营,态度明确而不是像中央政府的态度那么模糊。

因此对于中央政府来说,适度规模的最佳表现形式是"家庭农场",但解读的空间很大,具有态度的模糊性。对于地方政府来说,大的农业龙头企业、专业合作社的发展更能体现地方政府工作的业绩,因此可以说比中央政府导向的适度规模更大。

6.2　适度规模经营:多种治理逻辑下现代农业发展路径

作为主要的农业经营主体,其经营形式是国家和农民共同关注的。规模既不能过大,大到超出国家治理的控制范围,过度提高其讨价还价能力,增加治理的交易成本;也不能过小,任由农民过于灵活地确定合适的规模,通过增加经营主体提高治理的交易成本。现代农业发展路径应是综合了多种治理主体和农民本身逻辑的适度规模经营形式。

6.2.1　多种逻辑的综合考量

我国农业经营的基本制度是家庭承包责任制,在保证"家庭承包"的基础上,发展适度规模经营,应是一种能够结合上述四种适度规模优点的适度规模。严格来说,不考虑外界因素的单一的适度规模都是存在的,但并不意味着合理或者是理想的适度规模。每种主体都有"目标函数"的设定,导向所谓"最优结果"。

农业角度的适度规模,达到土地资源等生产资料与劳动力的最佳结合,使之产生最高的效率,这是一种纯粹的理想的适度规模。但现实中由于权力介入往往容易转化为政府的适度规模,其大规模的发展必须考虑社会政治风险的存在。农民角度的适度规模经营,是一种非常灵活的适度规模,有可能只有半亩地的口粮田,还有可能是百亩以上的种植规模。这对农民来说是适合的,但对国家来说未必"增产、增效",特别是小规模经营更多是一种对土地资源的低效率应用,是劳动密集型的适度规模,因此,其发展很难持续。村集体和政府都有动力促进规模化发展。对村集体来说,作为把控土地流转方向的最基本单位,往往倾向于规模化以降低与小农的谈判成本。对政府来说,自 20 世纪 80 年代以来就提出要发展适度规模,但对于适度规模的具体范围允许地方政府做出解读,这种适度规模因此得到了更多的政策资源,是一种政策密集型和资本密集型的适度规模。那么我们是否能够寻找一种符合四种逻辑张力的适度规模经营形式呢?

6.2.2　适度规模的理想界定

"适度规模"早在 20 世纪 80 年代的中央文件中就有所提及,直到现在,政府文件多次提及适度规模。文章在梳理文献脉络的基础上从社会学的角度对适度规模做了阐释,认为至少存在农民的适度规模、农业的适度规模和政府的适度规模三种类型。每种类型都有自己的考量角度,农民的适度规模依据家庭的世纪状况,是比较灵活的;农业的适度规模依据规模经济理论,相对而言是比较纯粹的;而政府的适度规模考量了更多的因素,是更加复杂的一种适度规模。那么是否存在一种能够兼顾三者的理想的适度规模,家庭农场是否就是合理的答案有待进一步的研究。

对于适度规模的把控至少存在两个问题难以把控:第一,每种适度规模都希望按照自己的逻辑发展,但都在弊端难以解决。农业的适度规模过于纯粹、农民适度规模过于灵活从而难以持续性、村集体和地方政府对大规模的过于着迷以及中央政府的模糊性同时并存。第二,即使各个主体的适度规模方向明确,在推动中其具体的度也很难把握。因为在推动中总是掺杂了多种因素,几亩与几千亩同时存在,也许已经偏离了"适度"的轨道。这四种逻辑形成的张力是否可以指向一种理想类型。

适度规模经营的标准未必能在事先被确立,它应该是实践的后果,这个实践包括了国家治理的实践,但最为基础的还应该是市场竞争。在南市,小农家庭经营在市场竞争中其实是可以生存的,但它在国家治理面前过不了关。超大型的国家从多层次多条线来助推农户扩大经营规模,却无力遏制区域总规模的畸形扩张。

问题是,"适度"按照其词义的解释为适当,可是适当本身就是模糊的,不像经济学那么精确。它包含最容易接受、恰当的意思,应该是一个"最优"的范围。上述四种逻辑形成的张力是否可以指向一种理想类型。这种理想类型既兼顾了农业的基本经营制度,又是在四种逻辑的适度规模下形成,指向家庭经营范围内的适度规模。这是我国现代农业发展的路径选择。在农民专业合作社、农业企业的发展受到质疑后,理想的适度规模是否应该抛却政策制定的求大求全的框架,而真正回归到以家庭劳动力为主的家庭经营范围内的规模经营。其结合了四种主体的逻辑,应该是最具有生命力的一种理想类型。第一,其经营规模控制在家庭经营范围内,符合了我国的基本的经营制度,可以让中央政府不再那么纠结;第二,规模经营又可发挥规模经济,使农民能够"增收",这是具有高度政治正确性的。同时集体能够降低治理成本,国家可以"增产、增效"。但如何确定和推动适度规模的理想类型,需要进一步的研究。

小　结

适度规模标准的来源多元化,理想的适度规模应该是多种逻辑的张力。农业角度的适度规模,符合规模经济的逻辑,是一种纯粹的理想的适度规模。但现实中由于权力介入往往容易转化为政府的适度规模,其大规模的发展必须考虑社会政治风险的存在。农民角度的适度规模,以家庭收入最大化为标准,是一种非常灵活的适度规模,但与国家的目标并不一致,其发展很难持续。对村集体来说,希望通过规模化经营以降低与小农的谈判成本。对政府来说,规模化的动力强劲,自20世纪80年代以来就提出要发展适度规模,得到了更多的政策资源,如果过度发展这种适度规模,势必造成土地资源过度集中于某些资本性质比较突出的地方。

后税费改革时期,对适度规模的推动更多了体现了政策密集和资本密集,越来越多的指向新型职业农民这种规模既不过大又能实现规模经济的经营主体。

也有越来越多的力量相信中国应该大力发展家庭农场，所谓的适度规模经营应
该就是家庭范围内的适度规模经营。但问题在于，家庭农场和雇佣农场之间的
界限很难确定。如果按有无雇佣来衡量，小规模种植业或养殖业也是需要雇短
工的。如果说家庭农场只能雇短工，那么雇佣多长时间是短工？这其实说不清
楚也无法核实。如果按照种植或养殖规模衡量，监督问题同样难以解决。例如
在当前的南市政策文件中，从出栏 1 头到出栏 3000 头都可以是家庭经营的，随
着技术水平的改进，上限还可以变化。既然我们笃定家庭农场应该发展，那么这
一系列的方面都是需要进一步探究的问题。

第 7 章
结 语

7.1 结论

在历史进程中,国家治理的逻辑非常强大,一直引导着农业生产的方式、方向,影响农民的选择。本书从新型职业农民的兴起历程,分析了新型职业农民兴起的制度背景,并探讨了新型职业农民兴起的动力机制,以及农业经营组织形式的演变。从中得到以下结论。

7.1.1 制度变迁从根本上促进了新型职业农民的兴起

(1)制度变迁是新型职业农民兴起的制度基础

土地制度的集中化演变,促使小农经济向规模经济转变,成为影响新型职业农民兴起的主要生产资料所有制基础。集体化时期的合作化,使个体农民的生产成果隐没在集体背后,农民生产积极性较低;改革开放时期家庭联产承包责任制的推行,使土地经营责任分散到单个的农民家庭,直接为提高个体生产的农民积极性,为新型职业农民的兴起奠定了一定的技术基础;改革开放后实行的土地集中,让部分懂技术的农民获得规模经济效益,而后税费改革时期进行的土地流转的推行,进一步使土地规模化成为常态,使新型职业农民的兴起具备了生产资料基础。新中国成立初期禁锢的户籍制度导致了城乡之间的割裂,改革开放后期对户籍制度开始的弱化逻辑使农民非农化发展迅速,后期城乡一体化的推行越加使得户籍形式化。如此,户籍制度的演变为新型职业农民的形成奠定了土地集中的基础。供销制度与产业制度的合谋指向了产业化和合作化。产业化为新型职业农民兴起确立了内部规模和纵向外部规模化的基础,合作化为新型职业农民提供了横向的外部规模化的基础。产业化和合作化是现代农业的发展逻辑,那么自然对建立在现代农业基础上的新型职业农民的兴起有着促动。对新型职业农民的直接的政策性推动表现在:培训促进了新型职业农民技术密集化的形成;宽松的借贷政策对新型职业农民资本密集化的促动;国家补贴的进入对新型职业农民政策密集化的促动。

(2)新型职业农民兴起体现了阶段性的特征

集体化时期,农民缺乏生产经营的自主性,国家试图以农民个性的消失,增强行动的统一性。农民被框定在"集体"中,在很长的一段时间降低了生产的热情,实际上也是身份农民的延续。改革开放后,农民有了身份农民向职业农民的转化。主要的原因在于产业之间的效益比较,非农化高度发展。两户(专业户和重点户)在经营发展中,逐渐成为职业农民的主要来源。面对市场经济的冲击和比较效益较低的农业,经济利益和专业技术是农民角色转化的动因。职业农民具有资本密集型和技术密集型的主要特征。后税费改革时期,国家与农民关系发生了转变,国家制定了比较密集的农业扶持政策,强调了规模化生产的导向。新型职业农民兴起,由于其定义的历史局限性,不同阶段对"新型职业农民"的解读具有差异性。当前的新型职业农民具有资本密集型、技术密集型、政策密集型等主要特点,而其新型主要体现在政策密集型。

这两个阶段的变迁并非一蹴而就,它体现了新型职业农民与职业农民、职业农民与传统农民的不完全分裂性。首先身份农民他们具有劳动密集型的特征。职业农民主要具有资本密集型和技术密集型,同时也多少含有劳动密集的特征。而新型职业农民主要具有政策密集型、技术密集型和资本密集型的特征。其次,新型职业农民并非具有完全的现代性,并非完全与传统割裂。他仍旧不可避免地受到村社、传统网络和文化的影响,新型只是相对而言。从严格意义上来说,在户籍制度并没有彻底改革、城乡一体化没有完成的前提下,所谓新型职业农民并不是纯粹意义上的。无论是由外来者还是传统农民转换而成的新型职业农民,并没有完全与传统农业决裂,从而摆脱传统小农的传统性,而是在迈向农业现代化的路上。就这个意义而言,大学生创业群体反而更具有现代性。部分新型职业农民仍然没有品牌意识,走的是低端市场。部分新型职业农民会利用自己的社会资源摆脱市场价格走精品路线,成为市场中的赢家。我国新型职业农民正在兴起阶段,是否会走西方职业农民的路线,不得而知。但应该说,改变,还在路上。

7.1.2 治理交易成本是新型职业农民兴起的根本动力

在制度分析的基础上,我们必须探析新型职业农民兴起的深层原因。各种制度的逻辑在治理方式的推动下指向了降低治理交易成本。交错综合的治理方式促进了新型职业农民的兴起。集体化时期简单而粗暴的一体化治理方式以"人民公社"的形式对农民实施直接管理,试图以此降低治理的交易成本。治理目标的单一化与高度集权的全能政府成为一体化治理实施的基础。体系化治理构成新型职业农民兴起的横向方面的推动力。治理目标的多元化与工业化成为体系化治理的实施基础。体系化治理主要通过"块"的形式和对内部规模化的鼓励实现降低治理交易成本的目标。供应链治理是新型职业农民兴起的纵向推动力量,供销体制通过小农排斥降低其交易成本;减量化治理是治理的结果在量上的体现;生态治理是国家治理的现代化取向,实现生态治理的主要治理方式是减量化治理,减量化治理的技术和门槛都体现了对小农的排斥。因此,本书认为治理交易成本是新型职业农民兴起的根本动力。

但即便作为一个"强"国家,也不是在毫无限制的条件下排斥小农,同时却推动规模化的发展,因为国家治理的逻辑必须框定在宪法既定的边界内。宪法规定我国的基本经营制度是以家庭承包经营为基础、统分结合的经营体制。说明宪法提倡的是家庭范围内的经营方式,那么如何既推动规模化的发展,又坚守宪法的底线,是国家治理应该平衡和考虑的重要问题。

7.1.3 新型职业农民的兴起重塑了农业经营组织形式

新型职业农民的兴起,代表农业主体的改变,作为农业经营组织形式的内容之一,局部的演变引起了全局的变化。可以说新型职业农民的兴起过程也是农业经营组织形式演变的历程。在国家治理格局下,小农与大农的发展并非均衡,而是小农的重要性日渐降低,而相应的规模经营的地位逐渐上升,在治理格局下,小农最后的结局是退出。外部规模化是一体化治理时期的集体化实践,内部规模化体现在公养制度的反复介入。供应链治理和体系化治理的交织表现了对新型职业农民的促动和规模化的青睐。小农发展的无序性成为治理介入的环境基础;治理交易成本的重新浮现为小农的生存持续带来挑战;商品猪基地建设促进了职业农民的发展;新型职业农民发展中的农业产业化加速了小农的退出;屠宰制度和标准化成为这两种治理对小农排斥的路径选择。减量化治理同样体现了对小农的排斥,从而影响了农业经营组织形式的演变。"违建"成为小农与规模户的差异化治理策略。两者的地位演变在综合治理下越来越明朗。渐进式的规模化对小农的温柔排斥没能达到国家治理的预期,于是激进式减量成为综合治理下的抉择策略。因此,本书认为新型职业农民的兴起历程也是农业经营组织形式的重塑历程。

7.1.4 家庭经营范围内的适度规模是农业发展的路径选择

农业发展道路历来有大农、小农之争,按照中国的国情,理想的农业发展路径是适度规模范围内的现代农业发展。作为将来农业的主要经营主体,农业发展路径决定了其理想的经营形式。农业、农民、村集体和政府都有自身的逻辑,指向大小各异的经营规模。这四种逻辑的结合,指向了一种理想类型,即家庭范围内的适度规模经营。这种理想类型比单一逻辑发展下的经营形式更加具有生命力。在农业的发展逻辑遭到扭曲、农民的发展逻辑太过随意、村集体过于考虑便利和某部分群体利益、政府逻辑过于纠结的前提下,这种理想类型似乎综合了各种逻辑,既符合我国基本经营制度,又能使农民增收,还能使集体降低治理交易成本,同时又使中央政府不过于纠结。从上面的角度来说,这种适度规模应该是未来新型职业农民的主要的农业经营形式,但追寻适度规模的理想类型,需要进一步的研究。

7.2 讨论:国家与农民的良性互动何以可能

新型职业农民的兴起体现了国家与农民之间的关系,本章试图讨论国家与农民关系的良性互动。

制度体现了国家意志,其是否能够体现农民的意愿,决定了制度的合理性和制度的生命力。从传统社会制度更多的体现国家的统治性,再到新时期,制度更多地体现了治理性。从时间的发展来看,制度变迁越来越多地体现了制度约束对象的主体性,体现了更多的民主性。国家与农民的关系从索取转向了"索取"与"服务"并重。这是否说明未来的制度会越加朝着这个方向发展呢?是否更加促进国家与农民的良性互动呢?是否体现政府的"善治"?

国家缺位抑或是国家在场,农民是合作还是抵抗,构成了国家与农民关系的多种状态①。新型职业农民既不是西方国家强调的大农模式,也不是传统治理下的小农,而是具有既定规模,从事现代农业具有先进经营管理技术的现代农民。

问题是国家治理层面,新型职业农民是一个似乎占据重要地位的群体。在推动新型职业农民的发展方面政府很有积极性。第一,政府在新世纪治理手段的多样性对新型职业农民兴起的推动。农业部门、商业部门、质监部门、环保部门等陆续进入,形成了对农业的综合化治理,具有以农业现代化为核心的目标体系。从各种治理部门对土地规模化的青睐,体现了对小农或大或小,或温和或坚决的排斥。第二,从具体的制度逻辑来看,条条指向了土地的规模化和农民的职业化。如农业产业化、农业综合开发等焦点集中于规模的土地经营。从政府的角度,的确降低了治理的交易成本,而且各级政府和村集体都有推动规模化经营的动力。这就使得行动具有上下的一致性,第三,对规模主体政策的密集和培训的分类分级制推动了新型职业农民的产生。政策以各种形式但主要以项目的形式惠及了规模经营主体,培训的分类机制也将小农排斥在外。

但更多的现实却表明,“新型职业农民”似乎限于文本上的兴起。自2012年中央一号文件指出大力培育“新型职业农民”以来,有关新型职业农民的报道非常频繁,百度搜索引擎出现329万条。似乎新型职业农民是首先体现在文本上的。凡是涉及种地,凡是涉及规模土地,都会将其与新型职业农民相联系。这使“新型职业农民”的概念过于泛化,媒体报道过于模糊了新型职业农民的边界。但从政府对其暧昧的包容来看,本身新型职业农民就具有一定的模糊性。同时认定方面体现了国家的犹疑以及国家治理的重要性。主要体现在以下几个方面:

第一,认定标准的缺位。2014年省里指定南市四个县市为新型职业农民的培训基地,共培训1000名,2015年的计划数量也是1000名。按照通常的逻辑,培训之后通过考核发放证书是顺理成章的事情。但如若以取得证书计算新型职业农民的数量,又过于教条,因为一些还没有得到证书的按照新型职业农民的定义已经达到了条件。而且南市目前并没有出台相关的对于新型职业农民的认定资格条件,科教处给出的解释是并非没有资格认定条件,而是完全在等待省里的动静,省里一出台,马上就会制定相应的认定程序。体现了政府治理中的科层体

---

① 王道勇:《国家与农民关系的现代性变迁——以失地农民为例》,中国人民大学出版社2008年版,第214-215页。

系本身的秩序。上级没有指示时,下级不能轻举妄动,显示了对上级的尊重和下级的顺从。从目前"新型职业农民网"公布的认定地区看,浙江仍然是缺位的,而相对的几个偏远地区如陕西等反而走在了前面。第二,配套扶持政策的悬空。农经局的领导多次表示,对于新型职业农民而言,其实重点就在于如何认定和如何按照这个认定条件给出合适的配套扶持政策。目前对农业的扶持政策均是按照规模经营主体的性质和产业特点给予相应扶持,那么新型职业农民认定之后,相关的配套政策是否应该按照新型职业农民的认定来进行分类扶持。既然省里的认定标准都没有出台,扶持政策更是悬空的待定。有意思的是对于新型职业农民的认识当属农业科教系统,而其他部门对此的认知更加模糊。从上至下的科层体系也可以看到端倪,出现频次最高的是新型职业农民的培训,即目前阶段新型职业农民重在培育,因此承担培育工作的科教系统成为对此认知最深的部门。第三,进入与退出机制仅仅处于试运行阶段按照逻辑步骤,进入与退出机制应该和认定相挂钩。如果认定新型职业农民和其他工作一样是一种职业,那么其职业的进入与退出机制就显得尤为重要。进入的条件决定了其是否有能力经营规模土地、服务经营主体。退出机制在生产经营类方面应体现前后经营主体的衔接方式。

新型职业农民是我国农业的"继承人",回应"谁来种地",在促进农业现代化的进程中将起到不可替代的主体作用,对我国农产品供应和安全、提高土地等农业资源的利用效率、完善社会治理等方面都有重大意义。但对新型职业农民在"种地"中遇到的主要问题:第一,农业经营风险。农业风险有自然风险和市场风险。自然风险很难规避,且一旦遇上就是毁灭性的。但保险需要颗粒无收才能补偿。水稻险需要农户出保险费 3 元每亩,颗粒无收才会补偿。同时,农产品因为市场原因,价格不稳定,经营主体就有较大的收入风险。第二,政策的覆盖程度取决于多种因素。即使新型职业农民比职业农民更能得到政策的惠及,但这也不是一碗水端平的。几乎所有的项目需要提出申请,然后由各级政府审核。这就引发了较大的不确定性。申请人的积极性、申请人公关的程度、国家治理的倾向性都会影响到项目申报的结果。第三,专业合作社的名实分离现象。在访谈的多个合作社中,除却 ZYF 的国家级专业合作社还能在面上经得起推敲外,其他的合作社几乎徒有虚名。多数以合作社的名义可以得到植保补贴,仅仅把合作社当做是一个平台。合作社成员联系不多,关系松散。有的专业合作社负责人认为就是自己乐意去农民家里做植保,也有可能出力不讨好,被嫌弃做得不好。第四,工商资本、大学生从事农业的质疑。工商资本进入农业的玩票性质、大学生农业技术和农业经营经验的缺乏都会使他们进入农业具有一定的风险，同时，也对农业资源的有效配置造成威胁。第五，无法忽视的雇工风险是每位农业经营主体都比较看重的问题。一是雇工的持续性，剩余劳动力从事非农的愿望和现实趋势明显，雇工后继性成为隐患。二是雇工的保险问题悬而未决。随着人口红利的渐渐消失，规模经营主体若需雇工必须付出多两到三倍的价格而且还要考虑雇不到的结果。年轻的劳动力再高的价格也不想从事农业，而现有的农业雇工基本是以60岁以上的劳动力为主体，甚至还有七八十岁的老年雇工。除却粮食可以实现完全的机械化，很少有蔬菜、水果能够实现机械化的操作，那么不能用机械代替的人工就成为新型职业农民必须考虑的问题。而目前对新型职业农民的培育，重心仍在生产经营类主体的培育。同时对于新型职业农民的培育、管理和退出等都需要有一套完善的体系与之相对应，以解决其"如何种地"的问题。这些都是理论界需要进一步探讨的问题。这些问题的解决也许需要国家的治理介入之外，还需要多元主体的介入。甚至可以说，所谓的新型职业农民的兴起也是国家作为导演实施主要操作的结果。

国家与农民的关系从集体化时期、改革开放时期的索取型到后税费改革时期的索取与给予并重，在两者关系的变化中，农民不同阶段的特点体现了两者之间的平衡。那么在当下，新型职业农民是否就是国家与农民之间良性互动的平衡点呢？

如何克服目前存在的问题，是有关部门亟待考虑和解决的问题。国家和农民之间应该以怎样的方式对接，有了基本的方向。国家期望在农业完成其基本功能的基础上，降低治理的交易成本，期待农业经营组织形式走向规模化，农民走向新型职业化。目前新型职业农民的发展并不理想，存在诸多问题，并没有达到理论界和国家寄予的期望目标，但新型职业农民的概念本身就有历史局限性。就目前国家与农民关系的平衡点来说，新型职业农民给出了答案。但在实际的推动中，新型职业农民定义本身也存在一定的质疑，同时也发生了变动，2020年开始，农经口径不再有新型职业农民的说法，转而采用高素质农民。按照农经干部的说法原因在于，新型职业农民本身具有超前性，不适合落后地区，但轰轰烈烈的新型职业农民培训又如何戛然而止呢？无非又是国家治理格局中农民作用的变化吧，因为高素质相比新型具有等级上的区别，相对新型与普通的相同层次的区别更适合在"高"的官方文件语言系统。

参考文献

一、著作类

[1]侯钧生:《西方社会学理论教程:第二版》,南开大学出版社 2006 年版。

[2]费孝通:《乡土中国》,人民出版社 2012 年版。

[3]薄一波:《若干重大决策与事件的回顾》,中央党校出版社 1991 年版。

[4]曹东勃:《职业农民的兴起:对长三角地区"农民农"现象的研究》,中国政法大学出版社 2013 年版。

[5]李强:《中国社会变迁 30 年》,社会科学文献出版社 2008 年版。

[6]李友梅:《中国社会生活的变迁》,中国大百科全书出版社 2008 版。

[7]林毅夫:《制度、技术与中国农业发展》,上海三联书店 1992 年版。

[8]曹锦清:《黄河边的中国》,上海文艺出版社 2013 年版。

[9]陈翰笙:《解放前的中国农村》第 3 辑,中国展望出版社 1989 年版。

[10]范如国:《制度演化及其复杂性》,科学出版社 2011 年版。

[11]顾益康、金佩华:《改革开放 35 年浙江农民发展报告》,中国农业出版社 2013 年版。

[12]何增科、周凡:《农业的政治经济分析》,重庆出版社 2008 年版。

[13]胡鞍钢:《中国国家治理现代化》,中国人民大学出版社 2014 年版。

[14]黄祖辉、陈龙:《新型农业经营主体与政策研究》,浙江大学出版社 2010 年版。

[15]南市志编纂委员会:《南市志》,中国书籍出版社 1997 年版。

[16]刘祖云:《社会转型解读》,武汉大学出版社 2005 年版。

[17]陆学艺:《"三农"绪论——当代中国农业、农村和农民问题研究》,重庆出版

社 2013 年版。

[18]毛泽东：《毛泽东选集》（第 3 卷），人民出版社 1991 年版。

[19]毛泽东：《毛泽东选集》（第 4 卷），人民出版社 1991 版。

[20]南市政协学习和文史资料委员会：《嘉兴文史汇编》，当代中国出版社 2011年版。

[21]秦晖、苏文：《田园诗与狂想曲》，中央编译出版社 1996 年版。

[22]盛洪：《为什么制度重要》，郑州大学出版社 2004 年版。

[23]宋国恺：《从身份农民到职业农民》，中国社会科学出版社 2010 年版。

[24]苏国勋、刘小枫：《社会理论的知识学建构》，华东师范大学出版社 2005年版。

[25]孙达人：《中国农民变迁论》，中央编译出版社 1996 年版。

[26]汪丁丁、韦森、姚洋著：《制度经济学三人谈》，北京大学出版社 2005 年版。

[27]王亚南：《中国官僚政治研究》，商务印书馆 2010 年版。

[28]卫龙宝：《农业发展中的政府干预》，中国农业出版社 2001 年版。

[29]温铁军：《"三农"问题与制度变迁》，中国经济出版社 2005 年版。

[30]吴存浩：《中国农业史》，警官教育出版社 1996 年版。

[31]武亮靓：《嘉兴改革开放 30 年》，浙江人民出版社 2008 年版。

[32]熊万胜：《农民合作的新前景》，中国政法大学出版社 2013 年版。

[33]熊万胜：《体系：对我国粮食市场秩序的结构性解释》，中国政法大学出版社 2013 年版。

[34]严新明：《生存与发展——中国农民发展的社会时空分析》，社会科学文献出版社 2005 年版。

[35]杨永福：《规则的分析与建构》，中山大学出版社 2004 年版。

[36]姚洋：《制度与效率：与诺斯对话》，四川人民出版社 2002 年版。

[37]叶敏：《政策执行：权力运作与社会过程》，广西师范大学出版社 2015 年版。

[38]应星：《农户、集体与国家——国家与农民关系的六十年变迁》，中国社会科学出版社 2016 年版。

[39]俞可平：《论国家治理现代化》，社会科学文献出版社 2014 年版。

[40]俞可平：《治理与善治》，社会科学文献出版社 2000 年版。

[41]张乐天：《告别理想：人民公社制度研究》，上海东方出版中心 1998 年版。

[42]张履鹏：《中国农田制度变迁与展望》，中国农业出版社 2009 版。

[43]张五常：《佃农理论》，易宪容译，商务印书馆 2000 年版。

[44]张五常:《经济解释》,商务印书馆2000年版。

[45]张晓山、李周:《中国农村改革30年研究》,经济管理出版社2008年版。

[46]赵冈、陈仲毅:《中国土地制度史》,新星出版社2006年版。

[47]赵红军:《小农经济、惯性治理与中国经济的长期变迁》,格致出版社2010年版。

[48]赵俪生,《中国土地制度史》,武汉大学出版社2013版。

[49]赵树凯:《农民的政治》,商务印书馆2011年版。

[50]浙江省农业志编纂委员会:《浙江省农业志》,中华书局2004年版。

[51]中共善县委党史研究室:《田家英善调查与人民公社〈六十条〉的制定》,东方出版社1997年版。

[52]中国农业全书总编辑委员会:中国农业全书浙江卷编辑委员会:《中国农业全书(浙江卷)》,中国农业出版社1997年版。

[53]中共中央文献研究室:《陈云传(下)》,中央文献出版社2005年版。

[54]周雪光:《组织社会学十讲》,社会科学文献出版社2003年版。

[55]周振鹤:《中国地方行政制度史》,上海人民出版社2005年版。

[56][德]恩格斯:《法德农民问题》//《马克思恩格斯全集(第22卷)》,人民出版社1965版。

[57][德]罗曼·赫尔佐克:《古代的国家——起源和统治形式》,赵蓉恒译,北京大学出版社1998年版。

[58][德]马克思:《资本论Ⅰ》,郭大力、王亚南(译),上海三联书店2011年版。

[59][俄]恰亚诺夫:《农民经济组织》,萧正洪译,中央编译出版社1996年版。

[60][法]埃米尔·涂尔干:《社会分工论》,渠东译,生活·读书·新知三联出版社2000年版。

[61][法]魁奈:《魁奈经济著作选集》,吴斐丹、张草纫译,商务印书馆1997年版。

[62][法]孟德拉斯:《农民的终结》,李培林译,社会科学文献出版社2005年版。

[63][美]D.赫尔德,J.罗西瑙等:《国将不国?》,俞可平译,江西人民出版社2004年版。

[64][美]埃里克·弗里博顿、[德]鲁道夫·芮切特:《新制度经济学:一个基于交易费用的分析框架》,姜建强、罗长远译,格致出版社2006年版。

[65][美]奥利弗·威廉姆森:《资本主义经济制度》,段毅才、王伟译,商务印书馆2004年版。

[66][美]盖伊·彼得斯:《政府未来的治理模式》,吴爱明、张成福校,中国人民大

学出版社 2014 年版。

[67][美]盖伊·彼得斯:《政治科学中的制度理论:"新制度主义"》,王向民、段红伟译,上海世纪出版集团,2011 年版。

[68][美]赫伯特·西蒙:《管理行为》,詹正茂译,机械工业出版社 2007 年版。

[69][美]黄宗智:《中国的隐性农业革命》,法律出版社 2010 版。

[70][美]杰克·奈特:《制度与社会冲突》,周伟林译,上海人民出版社 2009 年版。

[71][美]罗纳德·哈里·科斯:《论生产的制度结构》,盛洪、陈郁译,上海三联书店 1994 年版。

[72][美]罗纳德·哈里·科斯:《企业、市场与法律》,盛洪、陈郁译,上海三联书店 1990 年版。

[73][美]李·J.阿尔斯顿、斯瑞恩·艾格森、道格拉斯·诺斯:《制度变迁的经验研究》,杨培雷译,上海财经大学出版社 2014 年版。

[74][美]李侃如:《治理中国:从革命到改革》,胡国成、赵梅译,中国社会科学出版社 2010 年版。

[75][美]马克·格兰诺维特:《镶嵌:社会网与经济行动》,罗家德译,社会科学文献出版社,2007 年版。

[76][美]曼瑟尔·奥尔森:《集体行动的逻辑》,陈郁、郭宇峰、李崇新译,格致出版社 2010 年版。

[77][美]曼瑟尔·奥尔森:《权力与繁荣》,苏长河、嵇飞译,上海世纪出版集团,2005 年版。

[78][美]道格拉斯·诺斯:《交易费用政治学》,刘亚平编译,中国人民大学出版社 2013 年版。

[79][美]道格拉斯·诺斯:《制度、制度变迁与经济绩效》,杭行译,格致出版社 2009 年版。

[80][美]斯梅尔瑟、[瑞典]斯威德伯格:《经济社会学手册》,罗教讲、张永宏译,华夏出版社 2009 年版。

[81][美]奥利弗·威廉姆森:《资本主义经济制度》,商务印书馆 2003 年版。

[82][美]詹姆斯·C.斯科特:《国家的视角:那些试图改善人类状况的项目是如何失败的》,王晓毅译,社会科学文献出版社 2004 年版。

[83][日]关顾俊作:《日本的农地制度》,金洪云译,三联书店 2004 年版。

[84][英]安东尼·吉登斯:《民族、国家与暴力》,胡宗涛、赵力涛译,上海三联书

店 1998 年版。

[85][英]安东尼·吉登斯:《政治学、社会学与社会理论——经典理论与当代思潮的碰撞》,何雪松、赵方杜译,格致出版社 2015 年版。

[86][英]弗里德里希·冯·哈耶克:《自由秩序原理》,邓正来译,三联书店 1997 年版。

[87][英]赫伯特·斯宾塞:《社会静力学》,张雄武译,商务印书馆 1996 年版。

[88][英]霍布斯:《利维坦》,张妍、赵闻道译,湖南文艺出版社 2011 年版。

[89][英]安东尼·吉登斯:《社会的构成——结构化理论大纲》,李康等译,三联书店 1998 版。

[90][英]洛克:《政府论(下)》,叶启芳、瞿菊农译.商务印书馆 1996 年版。

[91][英]乔治·拉姆塞:《论财富的分配》,李任初译,商务印书馆 1984 年版。

[92][英]威廉·配第:《配第经济著作选集·政治算术》,陈东野译,商务印书馆 1983 年版。

[93][英]亚当·斯密:《国富论》,富强译,北京联合出版社 2014 年版。

二、论文类

[1]侯钧生:《关于西方社会学理论的发展脉络的研究》,《社会学研究》1999 年第 4 期。

[2]向德平、章娟:《吉登斯时空观的现代意义》,《哲学动态》2003 年第 8 期。

[3]桂勇:《政治现代化:国家力量的增长与强化》,《战略与管理》1997 年第 3 期。

[4]曹正汉:《中国上下分治的治理体制及其稳定机制》,《社会学研究》2011 年第 1 期。

[5]贺雪峰:《论利益密集型农村地区的治理——以河南周口市郊农村调研为讨论基础》,《政治学研究》,2011 年第 6 期。

[6]胡永佳:《新制度主义国家理论评述》,《政治学研究》1997 年第 4 期。

[7]艾云航:《实现农业集约化、现代化的必由之路》,《农业技术经济》1994 年第 8 期。

[8]包国宪:《治理、政府治理概念的演变与发展》,《兰州大学学报(社会科学版)》2009 年第 3 期。

[9]藏雷振:《治理类型的多样性演化与比较——求索国家治理逻辑》,《公共管理学报》2011 年第 4 期。

[10]冯仕政:《国家-市场与制度变迁——1981—2000 年南街村的集体化与政治

化》,《社会学研究》2007年第2期。

[11]曹东勃:《农业适度规模经营的理论渊源与政策变迁》,《农村经济》2014年第7期。

[12]渠敬东:《项目制:一种新的国家治理体制》,《中国社会科学》2012年第5期。

[13]胡小平:《粮食适度规模经营及其比较效益》,《中国社会科学》1994年第11期。

[14]黄晓春:《当代中国社会组织的制度环境与发展》,《中国社会科学》2015年第9期。

[15]徐勇:《Governance:治理的阐释》,《政治学研究》1997年第1期。

[16]薛澜、张帆、武沐瑶:《国家治理体系与治理能力研究:回顾与前瞻》,《公共管理学报》2015年第3期。

[17]周飞舟:《锦标赛体制》,《社会学研究》2009年第3期。

[18]周雪光:《国家治理逻辑与中国官僚体制:一个韦伯理论视角》,《开放时代》2013年第3期。

[19]周雪光:《权威体制与有效治理:当代中国国家治理的制度逻辑》,《开放时代》2011年第10期。

[20]周雪光:《项目制:一个"控制权"理论视角》,《开放时代》2015年第2期。

[21]程秋萍、熊万胜:《治理交易成本与农业经营组织形式演变》,《社会学研究》2016年第6期。

[22]程秋萍、纪晓岚:《基于结构-主体视角:新型职业农民的生成逻辑》,《开发研究》2016年第4期。

[23]柴马标:《生猪经营要走向市场经济》,《商业经济与管理》1994年第2期。

[24]陈阿江:《游牧的"小农化"及其环境后果》,《学海》2013年第1期。

[25]陈红金、何乐琴、汪刚:《浙江农业标准化:现状、问题与对策》,《中国标准化》2007年第7期。

[26]陈军亚:《产权改革:集体经济有效实现形式的内生动力》,《华中师范大学学报(人文社会科学版)》2015年第1期。

[27]陈林:《五个农业现代化基地县是怎样开展科学实验的》,《农业经济问题》1982年第3期。

[28]戴思锐:《制度创新与农业适度规模经营》,《农业技术经济》1995年第12期。

[29]范爱军:《谈我国农业适度规模经营的实施条件》,《经济问题》2005年第3期。

[30]范汉雄:《当前生猪生产几个问题的调查》,《浙江畜牧兽医》1987年第3期。

[31]范汉雄:《户养猪问题再认识》,《浙江畜牧兽医》1989年第3期。

[32]方行:《中国封建赋税与商品经济》,《中国社会经济史研究》2002年第1期。

[33]丰风、廖小东:《农村集体经济的功能研究》,《求索》2010年第3期。

[34]福生:《农村土地适度规模经营主体及实现形式研究》,《农村经济》2010年第12期。

[35]傅孟春:《土地向种田能手集中是发展粮食专业户的必由之路》,《农业经济》1984年第4期。

[36]郭智奇、齐国、杨慧、赵娉、白瑜:《培育新型职业农民问题的研究》,《中国职业技术教育》2012年第15期。

[37]郭智奇:《大力发展农民职业教育,培养高素质职业农民》,《中国农业教育》2011年第1期。

[38]何荣飞、黄家晖、郭浴阳:《论生猪生产方式和购销方式的改革》,《农业经济问题》1985年第5期。

[39]何显明:《政府转型与现代国家治理体系的建构——60年来政府体制演变的内在逻辑》,《浙江社会科学》2013年第6期。

[40]贺雪峰:《为谁的农业现代化》,《开放时代》2015年第5期。

[41]黄国桢:《"农业现代化"再界定》,《农业现代化研究》2001年第2期。

[42]黄佩民:《发展农村工业推进农业现代化》,《中国农学通报》1991年第8期。

[43]黄晓波:《浅议农业产业化与农业现代化》,《农业经济》1999年第4期。

[44]黄宗智:《"中国新时代小农经济"导言》,《开放时代》2012年第3期。

[45]黄宗智:《集权的简约治理——中国以准官员和纠纷解决为主的半正式基层行政》,《开放时代》2008年第2期。

[46]黄宗智:《我们的问题意识:对美国的中国研究的反思》,《开放时代》2016年第1期。

[47]吉小燕、刘立军、刘亚洲:《生猪规模养殖户污染处理行为研究——以浙江省南市为例》,《农林经济管理学报》2015年第6期。

[48]季辉:《江苏农业土地适度规模经营中客农现象探讨》,《中国农村经济》1995年第7期。

[49]蔡克芹:《当前农民培训的重点与实施》,《职业教育研究》1992年第3期。

[50]南市农村经济委员会，《粮食即将放开，种粮大户在想什么?》，《农村工作参考》1992 年第 13 期。

[51]江苏省农村发展研究中心课题组：《对苏南农业适度规模经营的研究》，《农业经济问题》1992 年第 3 期。

[52]蒋继奋：《苏南土地适度规模经营问题浅议》，《农业经济问题》1989 年第 7 期。

[53]康晓光、韩恒：《分类控制：当前中国大陆国家与社会关系研究》，《开放时代》2005 年第 6 期。

[54]柯象峯：《中国贫穷人 21 之估计》，《新社会科学》1931 年第 4 期。

[55]孔立：《有机农业适度规模经营研究——基于我国台湾地区数据的空间分析》，《农业技术经济》2014 年第 6 期。

[56]孔祥军：《"农为政本，食乃民天"——试分析宋代"重农"思想在国家层面的反映》，《南京农业大学学报（社会科学版）》2011 年第 4 期。

[57]孔祥智、刘同山：《论我国农村基本经营制度：历史、挑战与选择》，《政治经济学评论》2013 年第 10 期。

[58]李炳坤：《农业现代化建设中的资金问题》，《经济研究》1981 年第 12 期。

[59]李超，宋凤斌，李志民：《综合开发与农业现代化》，《吉林农业大学学报》1992 年第 12 期。

[60]李国祥 杨正周：《美国培养新型职业农民政策及启示》，《农业经济问题》2013 年第 5 期。

[61]李汉林：《中国单位现象与城市社区的整合机制》，《社会学研究》1993 年第 5 期。

[62]李建德：《论制度成本》，《南昌大学学报（人社版）》2000 年第 1 期。

[63]李茂岚：《由"小而全"到"小而专"，再到"专而联"，是农村商品经济发展的历史必然》，《经济问题》1982 年第 12 期。

[64]李世敏、耿鼎华：《"国家概念"在中国演变的历史轨迹》，《内蒙古农业大学（社会科学版）》2009 年第 3 期。

[65]李小樱：《农业现代化的体系问题初探》，《学术研究》1964 年第 1 期。

[66]李祖佩：《项目进村与乡村治理重构———一项基于村庄本位的考察》，《中国农村观察》2013 年第 4 期。

[67]梁謇：《论中国城乡二元体制的变迁》，《行政论坛》2011 年第 5 期。

[68]刘维清：《论中国式农业现代化的道路——立体综合农业》，《湖北农业科学》

1981 年第 12 期。

[69]刘欣:《我国改革开放前后工业化道路的选择》,《北方经贸》2008 年第
11 期。

[70]刘守英:《适度规模家庭农场将成为我国农业经营主要形式》,《中国合作经
济》2012 年第 12 期。

[71]刘守英:《宅基地使用权初始取得制度研究》,《中国土地科学》2007 年第
2 期。

[72]刘守英:《中国的农业转型与政策选择》,《行政管理改革》2013 年第 12 期。

[73]刘燕舞:《当前农村基层组织演变的四种现象》,《中共宁波市委党校学报》
2010 年第 1 期。

[74]刘洋:《统购统销——建国初期统制经济思想的体现》,《中共党史研究》2004
年第 6 期。

[75]陆文荣:《家庭农场:基于村庄内部的适度规模经营实践》,《中国农业大学学
报(社会科学版)》2014 年第 9 期。

[76]吕佳:《论我国农业适度规模经营的主要约束条件和实现途径》,《数量经济
技术经济研究》。

[77]马超峰、薛美琴:《村集体经济再认识与集体经济再造——来自浙江省 126
个集体经济薄弱村的调查》,《经济与管理》2015 年第 6 期。

[78]米松华、黄祖辉、朱奇彪:《新型职业农民:现状特征、成长路径与政策需
求——基于浙江、湖南、四川和安徽的调查》,《农村经济》2014 年第 8 期。

[79]莫伟民:《从国家到自然现实——福柯论治理理由的转型及其与马克思思想
的歧异》,《复旦学报(社会科学版)》2013 年第 1 期。

[80]倪慧、万宝方、龚春明:《新型职业农民培育国际经验及中国实践研究》,《世
界农业》2013 年第 3 期。

[81]彭俊祥、张雪年、杨书伦:《土地适度规模经营现状与对策探析》,《中国农村
经济》1988 年第 11 期。

[82]彭群:《国内外农业规模经济理论研究述评》,《中国农村观察》1999 年第
1 期。

[83]钱贵霞、李宁辉:《不同粮食生产经营规模农户效益分析》,《农业技术经济》
2005 第 4 期。

[84]饶旭鹏:《嵌入性视角中的国家与农户经济行为》,《广西社会科学》2013 年
第 8 期。

[85] 茹婧、杨发祥:《迈向空间正义的国家治理基于福柯治理理论的谱系学分析》,《政治学研究》2015年第5期。

[86] 沈达尊:《试论农业规模经济的技术经济意义》,《农业技术经济》1989年第2期。

[87] 沈红梅、霍有光、张国献:《新型职业农民培育机制研究——基于农业现代化视阈》,《现代经济探讨》2014年第1期。

[88] 盛建国:《中国古代户籍管理制度对商品经济的制约》,《政法论丛》1994年第2期。

[89] 史志宏:《中国传统社会的经济结构域农业发展》,《古今农业》1992年第3期。

[90] 宋育良:《论适度规模在农业集约化中的作用与效果》,《农业技术经济》1996年第2期。

[91] 随付国:《奥尔森分利集团理论评述》,《东南大学学报(哲学社会科学版)》2006年第6期。

[92] 孙颔:《农业适度规模经营和实行"以工补农"的探索》,《农业经济问题》1986年第3期。

[93] 孙新华:《农业规模经营主体的兴起与突破性农业转型——以皖南河镇为例》,《开放时代》2015年第5期。

[94] 孙自铎:《农业必须走适度规模经营之路》,《农业经济问题》2001年第2期。

[95] 唐和平、刘富知、黄意欢等:《湖南省茶园适度规模经营的研究》,《湖南农业大学学报:社会科学版》2000年第2期。

[96] 唐亚林:《国家治理在中国的登场及其方法论价值》,《复旦学报(社会科学版)》2014年第2期。

[97] 汪丁丁:《制度分析的特征及方法论基础》,《社会科学战线》2004年第6期。

[98] 汪丁丁:《制度是人际关系的总合》,《经理世界》2010年第5期。

[99] 王富玉、杜越新:《代营制是实现农业适度规模经营的有效途径》,《中国农村经济》1989年第9期。

[100] 王军茂、张来应:《农业综合开发与实现农业现代化——从我省黄淮海平原农业综合开发看实现农业现代化的道路》,《河南农业》1992年第3期。

[101] 王克海:《国外农业现代化的三种类型》,《甘肃农业科技》1979年第1期。

[102] 王利民:《农业现代化的条件与选择—潍坊市农业现代化理论研讨会综述》,《中国农村经济》1999年第6期。

[103]王浦昫:《国家治理、政府治理和社会治理的基本含义及其相互关系辨析》,《国家行政学院学报》2014年第3期。

[104]王其南、范远谋、李仲源、徐亚平:《农业生产方式的深刻变革》《农业技术经济》1989年第2期。

[105]王亚南:《华夏传统社会结构分析》,《毛泽东邓小平理论研究》1989年第4期。

[106]王勇:《农业综合开发中农民专业合作社的管理策略》,《农机化研究》2013年第12期。

[107]文军:《当代中国城乡关系的演变逻辑与城市中心主义的兴起——基于国家、社会与个体的三维透视》,《探索与争鸣》2015年第7期。

[108]温铁军:《农业现代化的误区》,《财经界》2014年第11期。

[109]翁世洪、顾丽梅:《治理理论:一种调适的新制度主义理论》,《南京社会科学》2013年第7期。

[110]吴建坤:《农业适度规模经营的新形式——站办农场建设的实践与思考》,《中国农村经济》1996年第6期。

[111]吴梦蛟:《农业适度规模经营与土地集中机制》,《浙江学刊》1988年第6期。

[112]伍业兵:《农业适度规模经营的两条道路及其选择》,《农业经济》2007年第12期。

[113]习近平:《切实把思想统一到党的十八届三中全会精神上来》,《Beijing Review》2014年第1期。

[114]项南:《欧洲四国考察归来谈农业现代化》,《世界经济》1978年第5期。

[115]谢岳、党东升:《草根动员:国家治理模式的新探索》,《社会学研究》2015年第3期。

[116]熊万胜,石梅静:《企业"带动"农户的可能与限度》,《开放时代》2011年第4期。

[117]熊万胜:《关于小农组织化道理选择的百年纷争》,《文史博览》2010年第10期。

[118]徐永祥:《中国农业:呼唤职业农民》,《甘肃社会科学》2004年第3期。

[119]许庆、章元:《土地调整、地权稳定性与农民长期投资激励》,《经济研究》2005年第6期。

[120]许耀桐、刘祺:《当代中国国家治理体系分析》,《理论探索》2014年第1期。

[121]严海蓉、陈义媛:《中国农业资本化的特征和方向:自下而上和自上而下的资本化动力》,《开放时代》2015年第5期。

[122]颜士敏:《发展适度规模经营,促进江苏农业现代化》,《中国农技推广》2014年第5期。

[123]杨继瑞:《农业的适度规模经营探讨》,《社会科学研究》1987年第5期。

[124]姚文捷:《生猪养殖产业集聚演化的环境效应研究——以南市辖区为例》,《地理科学》2015年第9期。

[125]叶敏、马流辉、罗煊:《驱逐小生产者:农业组织化经营的治理动力》,《开放时代》2012年第6期。

[126]叶敏、熊万胜:《"示范"-中国式政策执行的一种核心机制——以XZ区的新农村建设过程为例》,《公共管理学报》2013年第10期。

[127]俞可平:《推进国家治理体系和治理能力现代化》,《前线》2014年第1期。

[128]俞可平:《走向国家治理现代化——论中国改革开放后的国家、市场与社会关系》,《当代世界》2014年第10期。

[129]张辉:《关于培育新型职业农民的探讨》,《农业经济》2014年第5期。

[130]张康之:《政治文化:功能与结构》,《中国人民大学学报》1999年第1期。

[131]张曙光:《论制度均衡和制度变革》,《经济研究》1992年第6期。

[132]张文明:《农村市民社会的成长与国家统治——以1990年代孟加拉国为例》,《华东师范大学学报(哲社版)》2012年第2期。

[133]张文明:《"新政社合一":农民合作的集体制度困境——以S市某农村合作社为例》,《社会科学》2015年第3期。

[134]张五常:《新制度经济学的来龙去脉》,《交大法学》2015年第3期。

[135]张旭昆:《制度的定义和分类》,《浙江社会科学》2002年第6期。

[136]章乃器:《五年来的粮食工作情况》,《在全国人民代表大会上的发言》,1954年9月。

[137]折晓叶:《合作与非对抗性抵制——弱者的"韧武器"》,《社会学研究》2008年第5期。

[138]郑风田、程郁:《从农业产业化到农业产业区——竞争型农业产业化发展的可行性分析》,《管理世界》2005年第7期。

[139]郑杭生、黄家亮:《从社会成员"无感增长"转向"有感发展"——中国社会转型新命题及其破解》,《社会科学家》2012年第1期。

[140]郑林庄:《美法农业现代化过程中的专业化和一体化》,《世界农业》1979年第1期。

[141]郑玉林:《农业现代化的当前重点问题》,《江淮月刊》1964年第4期。

[142]中共陕西省委政策研究室农财处:《关于重点户、专业户的调查》,《农业经济问题》1983年第3期。

[143]中杰:《关于我国农业现代化问题的讨论》,《经济研究》1963年第12期。

[144]钟甫宁、纪月清:《土地产权、非农就业机会与农户农业生产投资》,《经济研究》2009年第12期。

[145]周雪光:《运动型治理机制:中国国家治理的制度逻辑再思考》,《开放时代》2012年第9期。

[146]周业安、赵晓男:《地方政府竞争模式研究——构建地方政府间良性竞争秩序的理论和政策分析》,《管理世界》2002年第12期。

[147]朱明芬:《农户家庭劳动力非农就业史的调查分析——以浙江为例》,《中国农村经济》2004年第10期。

[148]朱启臻:《新型职业农民的内涵特征及其地位作用》,《中国农业信息》2013年第9期。

[149]朱启臻:《新型职业农民与家庭农场》,《中国农业大学学报(社会科学版)》2013年第2期。

[150]朱文祥、沈月斌、朱紫来:《南市区商品猪基地建设情况调查》,《商业经济与管理》1988年第3期。

[151]邹金鸳:《努力推进"三个集中"加快农村产业结构调整步伐》,《湖南社会科学》1999年第6期。

[152][美]詹姆斯·马奇、约翰·奥尔森:《新制度主义详述》,允和译,《国外理论动态》2010年第7期。

[153][英]鲍勃·杰普索:《治理的兴起及其失败的风险:以经济发展为例的论述》,《国际社会科学杂志:中文版》1999年第1期。

[154]Christopher Carrigan, Cary Coglianese, *The Politics of Regulation: From New Institutionalism to New Governance*, Annu. Rev. Polit. Sci. 2011. 14, pp. 107-129.

[155]Ho, Yhi-min: *Agricultural Development in Tiwan* 1903—1960, Social & Economic Studies, 1967(2), pp. 219-220.

[156]Ira R. Cooke, Elizabeth H. A. Mattison, et al. *Empirical Test of an Agricultural Landscape Model: The Importance of Farmer Preference for Risk Aversion and Crop Complexity*, SAGE Open, April-June 2013, pp. 1-16.

[157]Johan F. M. Swinnen1 and Scott Rozelle,2009,"*Governance Structures and Resource Policy Reform: Insights from Agricultural Transition.*" Annu. Rev. Resour. Econ 33.

[158]Karl Kautsky: *The Competitive Capacity of the Small-scale Enterprise in Agriculture.* Palgrave Macmillan UK ,1894(5), pp. 481-491.

[159]Q. Forrest Zhang and John A. Donaldson: *From Peasants toFarmers: Peasant Differentiation, Labor Regimes, and Land-Rights Institutions in China's Agrarian Transition*,Politics & Society,38(4):458-489

[160] Swinnen, Johan F. M. & Scott Rozelle, *Governance Structures and Resource Policy Reform: Insights from Agricultural Transition.* " Annual Review of Resource Economics,2009 1(1),pp. 33-54.

致　谢

本书基于我的博士论文完善而成。诸多良师益友,还有我的家人,给予了无限的鼓励和帮助,使本书得以顺利完成。

本书的撰写,有幸得到了诸多老师热心、无私的指导和帮助。感谢我的导师纪晓岚教授,从选题、开题到本书撰写、完成,纪老师给予了非常中肯的意见。感谢熊万胜教授的多次悉心指导。熊老师在农村社会学领域颇有造诣,学者之风,让人敬仰。从构思、调研、理论建构及至书稿的完成,包括期间形成的几篇重要文章,均有幸得到了熊老师诸多宝贵指导和鼓励,其中形成的两篇重要的文章是在熊老师全程指导下完成。感谢杨发祥教授、张广利教授、杨君老师、马流辉老师等对书稿提出的中肯而宝贵的意见,感谢华东理工大学教授过我、指导过我的所有老师们。感谢浙江大学宁波理工学院刘炳辉老师给予的无私帮助,提供了很多学习的宝贵机会,推动了本书的顺利完成。感谢陕西师范大学张建雷老师多次的宝贵意见。感谢华东理工大学中国城乡研究中心的诸多老师和同学提供的帮助。

感谢调研期间给予我帮助的嘉兴学院的领导和同事们,感谢嘉兴农经局的科教处、经管中心、产业处、畜牧局等相关部门的负责人;感谢图书馆和档案馆的管理人员不厌其烦地为我翻找资料;特别感谢所有腾出宝贵时间接受我访谈的各位县、镇、村干部和各类经营主体;因为他们,我的调研才得以顺利开展。

本书能够得以顺利出版要感谢浙江省社科联的资助,感谢工作单位嘉兴学院经济学院和研究平台嘉兴学院中国共同富裕研究院的大力支持。感谢浙江大学出版社的傅百荣老师、徐婵老师,感谢他们的耐心沟通和认真仔细的编辑,尤其是傅老师,他严谨负责的态度保证了文字质量,加快了本书的出版速度。

感谢我的先生吴祥松,他的包容和支持让我可以静心完成书稿。感谢小儿石头,感谢你给予妈妈前进的无限动力。

三农发展,任重而道远,希望能用更多真知识贡献绵薄之力。

回首过往,唯有感恩!展望未来,尚需努力!